中国工程科技论坛

矿产资源形势与发展矿业对策

Kuangchan Ziyuan Xingshi Yu Fazhan Kuangye Duice

高等教育出版社·北京

内容提要

矿产资源是国民经济社会发展的物质基础。中国工程院历来高度重视我国矿业工程科技领域的重大战略问题，先后组织开展了一系列战略咨询、考察调研和学术活动，形成了数十份研究报告，为国家战略决策提供了许多重要的咨询意见和建议。当前，全球矿业进入新的发展周期，主要表现为需求增速减缓，总体供大于求，矿业格局正在发生深刻变化。能源资源需求从全面高速增长进入差异化增长时期，矿业发展面临挑战。第 245 场中国工程科技论坛——"矿产资源形势与发展矿业对策"正是在当前全球矿业发展面临挑战的时期召开的。论坛邀请有关院士、专家、行业主管部门和矿业公司技术人员分别就当前国内外矿业形势、我国矿业体制改革等方面各抒己见，献计献策，围绕"矿产资源形势与发展矿业对策"的主题进行深入交流，以期更好地推动该领域的科技创新，为我国实施创新驱动发展战略并建成世界科技强国做出重要贡献。

本书是中国工程院"中国工程科技论坛"系列丛书之一，收入了第 245 场中国工程科技论坛的 8 篇主题报告及 17 篇专题报告，适合矿产资源领域的科技工作者、管理人员以及高等院校师生阅读。

图书在版编目（CIP）数据

矿产资源形势与发展矿业对策 / 中国工程院编著. -- 北京：高等教育出版社，2018.6
（"中国工程科技论坛"系列）
ISBN 978-7-04-049731-1

Ⅰ. ①矿… Ⅱ. ①中… Ⅲ. ①矿产资源-研究-中国 ②矿业发展-研究-中国 Ⅳ. ①TD98②F426.1

中国版本图书馆 CIP 数据核字（2018）第 094387 号

总 策 划　樊代明
策划编辑　黄慧靖　　　　　责任编辑　张　冉
封面设计　顾　斌　　　　　责任印制　毛斯璐

出版发行	高等教育出版社	网　　址	http://www.hep.edu.cn
社　　址	北京市西城区德外大街 4 号		http://www.hep.com.cn
邮政编码	100120	网上订购	http://www.hepmall.com.cn
印　　刷	高教社（天津）印务有限公司		http://www.hepmall.com
开　　本	787mm×1092mm　1/16		http://www.hepmall.cn
印　　张	15		
字　　数	280 千字	版　次	2018 年 6 月第 1 版
购书热线	010-58581118	印　次	2018 年 6 月第 1 次印刷
咨询电话	400-810-0598	定　价	60.00 元

本书如有缺页、倒页、脱页等质量问题，请到所购图书销售部门联系调换
版权所有　侵权必究
物 料 号　49731-00

编辑委员会

主　　任

陈毓川

副 主 任

毛景文　孙　峥

委　　员

亓　锋　郭　敏　田郁溟
苏　杭　王爱云　霍　鹏

目　录

第一部分　综　述

综述 ··· 3

第二部分　主旨报告及报告人简介

关于矿业体制改革的几点建议 ····································· 朱　训　7
矿产资源形势与矿业走势 ··· 王安建　11
我国矿业形势与对策 ··· 刘玉强　19
矿产勘查形势与展望 ··· 吕志成　40
在科技创新引领下"精细勘查、加深勘查"——谈未来20年
　　矿产勘查战略 ··· 赵文津　78
走向"深地"的金属矿业 ·· 古德生　85
能源矿产资源与水资源协调开发及地表生态保护 ·············· 顾大钊　91
发展我国矿业的对策建议 ··· 陈毓川　98

第三部分　专题报告

专题一　发展矿业的重大政策

浅谈新常态下的矿业环境与政策建议 ···························· 陈景河　111
支持地勘单位企业化改革的政策建议 ······················· 陈毓川 等　120

专题二　国有地勘队伍体制改革

国有地勘队伍改革　紧跟国家战略　创新需求谋发展 ········ 田郁溟　125
地质工作在我国矿业发展中的作用——政府在矿产地质
　　勘查上的责任 ·· 王泽九 等　131

深入推进地勘单位改革全面融入经济社会发展——陕西地矿
集团有限公司企业化改革与发展之路 ………………… 马贵锁 134
地勘事业单位改革与地勘行业生产力发展 ………………… 孟 琪 138
地勘单位改革的实践与思考——以陕西地勘单位改革为例 ……… 苟润祥 143

专题三 矿业市场建设

矿产勘查市场建设要点 ……………………………………… 刘益康 153
发展矿业资本市场 建设矿业强国 ………………… 王京彬 等 158
全球矿产资源需求周期与趋势 …………………… 王高尚 等 164
《民法总则》对民事法律行为定义的正本求源 …………… 李显冬 172
"一带一路"沿线国家能源和重要矿产资源潜力与投资
风险评估 ……………………………………… 施俊法 等 182

专题四 矿业与环保

我国绿色勘查做法跟踪与思考 ……………………………… 张福良 187
高效利用资源 聚力环境保护——生态矿业是未来矿业发展的
必由之路 ………………………………………… 裴佃飞 197
全球生态脆弱区绿色矿业发展的成功实践及我国的绿色矿业发展
建议 ……………………………………………… 王东生 206
绿水青山就是金山银山——遂昌金矿可持续发展的实践 …… 何益民 212
高原生态脆弱区的矿业开发之路 …………………………… 王 平 218

附录 主要参会人员名单 ……………………………………… 223
后记 ……………………………………………………………… 233

第一部分

综　述

综　述

2017年4月10日，由中国工程院主办，中国工程院能源与矿业工程学部、中国矿业联合会、中国地质科学院共同承办的第245场中国工程科技论坛——"矿产资源形势与发展矿业对策"在北京召开。中国工程院、全国政协、国土资源部、中国地质调查局、中国地质科学院、中国矿业联合会以及地勘单位和矿山企业的近300位领导、专家和技术人员参加了论坛。

本次论坛是中国工程院2015—2016年"矿产资源强国战略研究"咨询研究项目中"矿产资源勘查开发强国战略研究"子项目的咨询研究成果展示。论坛以报告形式展开，分为大会主题报告和四场专题研讨会（"专题一：发展矿业的重大政策""专题二：国有地勘队伍体制改革""专题三：矿业市场建设""专题四：矿业与环保"），邀请有关院士、专家、行业主管部门和矿业公司技术人员分别作了8个主题报告和21个专题报告，就当前国内外矿业形势、我国矿业体制改革等方面各抒己见，献计献策。

在当前全球矿业发展面临挑战的时期，大家围绕"矿产资源形势与发展矿业对策"的主题进行深入交流，将更好地推动该领域的科技创新，为我国实施创新驱动发展战略并建成世界科技强国做出重要贡献。

朱训同志作为特邀嘉宾在报告中建议，国家应安排一个部门统管矿业，并将矿业确认为独立的第一产业。赵文津院士在谈到未来20年矿产勘查战略时指出，我们应在科技创新引领下实施"精细勘查""加深勘查"。古德生院士指出，我国金属矿业发展面临三大发展主题——"绿色开发""深部开采""智能开采"，深部开采是"深地"探索的重要领域、是现代矿业科技发展的前沿领域，关乎我国矿业的未来。顾大钊院士指出，为有效缓解能源矿产资源开发利用面临的生态环境压力，应实现能源矿产资源与水资源联合勘探和协同开采、坚持开采减损和生态修复并重。陈毓川院士针对发展我国矿业，从"确立矿业为第一产业，加强国家对矿业的领导；确保矿产勘查强度，有效推进国有地勘队伍体制改革；建设好矿业市场，做强矿业；聚焦'一带一路'，走向国际矿业市场；实现矿业发展与生态环境双赢"这五个方面提出了具体、明确且可操作的建议。

矿产资源是国民经济社会发展的物质基础。中国工程院历来高度重视我国矿业工程科技领域的重大战略问题，先后组织开展了一系列战略咨询、考察调研和学术活动，形成了数十份研究报告，为国家战略决策提供了许多重要的咨询意见和建议。当前,全球矿业进入新的发展周期,主要表现为需求增速减缓,总体供大于求,矿业格局正在发生深刻变化。能源资源需求从全面高速增长进入差异化增长时期,矿业发展面临挑战。通过举办高水平的学术论坛,把握科技发展新趋势、敏锐抓住科技革命新方向,在矿业领域切实发挥工程科技的支撑和引领作用。

中国工程科技论坛创办于 2000 年,已经成功举办了 200 多场。在各位院士和专家的共同努力下,中国工程科技论坛已发展成为中国工程科技界交流学术思想、凝聚集体智慧的重要平台,日益成为工程科技战略研究和服务国家科学决策的重要学术支撑。

第二部分
主旨报告及报告人简介

关于矿业体制改革的几点建议

朱 训

中国人民政治协商会议全国委员会

一、矿业应被确认为独立产业

矿业是国民经济的基础产业,人们的食、衣、住、行、用、医六个方面和国家的经济、社会建设与发展都离不开矿产资源。

早在新中国成立之初,毛泽东同志在"开发矿业"的题词中就是把矿业作为一个独立产业加以对待的。

新中国成立之后的相当长的一段时间里,在国家文件和科学研究资料中,通常把"矿业企业"和"工业企业"合称为"工矿企业"。可见,当年也是把矿业作为独立产业对待的。

在联合国制定的产业分类《国际标准产业分类》中,将产业分为10类,A类为农业、B类为矿业(包括探矿和采矿),均属基础产业。世界矿业大国和矿产消费大国大都把矿业作为一个独立产业。

在我国,长期以来一直未将矿业作为独立产业,而是将矿业与工业混在一起。这种情况可能与对矿业特点认识不清有关。

矿业与一般工业不尽相同的特点主要是有以下几点。

1. 矿业布局的唯一性

工业布局可以按照人们的主观意志安排,而矿业布局受制于可供开发矿产地所处的地理位置。矿山企业只能在经过地质勘探工作发现与探明的矿产地就地进行建设开发,不可能到无矿可采的地方去建设矿山。

2. 矿业原料的不可再生性

矿业所需的原料是不可再生的矿产资源,而工业原料可以到市场去寻找购买。

3. 矿业劳动环境的艰苦性

矿业企业一般都在边远艰苦地区,不能在无矿的城市建设矿山企业,而工业则不然。

4. 矿业的先行性

矿业处于生产链的最前端，矿业后续经济社会效益更大。矿业的发展可以带动许多产业的发展、可以促进劳动力大规模就业、可以促进矿业城镇的兴起等。

鉴于以上情况，建议国家将矿业从工业中分离出来作为一个独立的产业。

二、矿业应定位为第一产业

（一）第一产业的含义

第一产业是指从自然界获取产品为后续的加工产业（第二产业）提供原料的产业。

农业从土地中获取农产品，为人类提供了赖以生存的粮食。没有农业，人类就难以生存和发展。

矿业则是从在地球演化或发展过程中经地质作用形成的矿床中获取矿产品，为工业提供"粮食"和"血液"（石油）。没有矿业，工业便成无米之炊。

农业属于第一产业是众所公认的；从产业性质来说，矿业类同于农业，因而将矿业划为第一产业是恰当的。

（二）将矿业定为第一产业是国际通行做法

联合国制定的产业分类《国际标准产业分类》中，将农业和矿业（包括探矿和采矿）均划归为第一产业。世界矿业大国和消费大国（如俄罗斯、美国、巴西、澳大利亚、加拿大、南非等）大都把矿业作为第一产业对待。

而我国长期以来一直未将矿业作为第一产业对待。2003年国家统计局发布的《三次产业划分规定》将属于矿业在后一阶段工作的采矿业划分为第二产业，将属于矿业第一阶段工作的矿产勘查与科学研究业、技术服务业列入第三产业。

我国目前对矿业的划分法扭曲了矿业产业的性质，将同属于矿业的两个阶段人为地划分在两类性质不同的产业里，显然是不合适的。

建议国家将矿业重新定位为第一产业。

三、国家应由一个部门统管矿业

党中央和国务院历来重视矿业建设与发展，矿业管理工作水平不断提升。但是，鉴于目前的管理体制，矿业依然是多头管理，没有一个统一的部门管理矿业，对矿业进行统一规划、指导和管理。目前，我国自然资源产业都有相对统一的管理部门,如农业有农业部、水利有水利部,唯独矿产资源没有统一的管理部门,而世界大多数矿业大国都由一个部门管理矿业,因此我国也应由一个部门统管矿业。

设立统一的矿业管理部门,对矿业的发展有很多便利之处:

第一,有利于将矿业作为一个整体纳入国民经济体系当中;

第二,有利于制定矿业统一发展的战略和发展规划;

第三,有利于制定统一的、具体的方针政策和行业行为准则;

第四,有利于协调不同行业间的矛盾;

第五,有利于解决行业内遇到的共同问题;

第六,有利于我国矿业企业参与国际市场竞争。

四、建议国家设立"矿工日"

矿工是我国产业大军的重要成员。据2010年全国人口普查资料,我国矿工有809 350人,是一支特别能战斗的队伍。

矿工在我国革命史上做出过重大贡献,如安源大罢工对推动革命产生过重要影响。工农红军就有相当一部分来自矿工。

矿工对新中国社会主义建设事业也做出了重大贡献。当今,由矿业职工勘查开发的矿产有150多种,人们日常生活所需的95%的能源、80%的工业原材料、70%以上的农业生产资料都是矿工辛苦工作提供的。

矿工劳动量大,每年采掘矿石量达上百亿吨。矿工多在井下作业,劳动环境极其艰苦、危险性大,生活环境和条件与一般职工相差甚远,在他人心目中的地位也不高。

为了激励矿业职工在艰苦条件下继续为实现"两个一百年"的梦想、实现中华民族的伟大复兴继续努力奋斗,建议借鉴俄罗斯、德国等国家设立"矿工节"的做法,参照国务院设立"科技工作者日"的做法,在我国设立"矿工日"。

"矿工日"可以考虑定在每年的2月17日,就是这一天(即1950年2月17日)毛泽东同志在莫斯科为留学生题写了"开发矿业"。正是这个题词,几十年来一直激励着千万矿业职工为开发矿业做出重要贡献。

朱训 1930年5月16日生于江苏省滨海县五汛镇，江苏阜宁人，教授级高级工程师。原国家地质矿产部部长，全国政协第八届委员会秘书长，中共第十二、十三、十四届中央委员会委员，国际欧亚科学院院士，俄罗斯自然科学院荣誉院士，俄罗斯南俄理工大学名誉教授，乌克兰国立矿业大学名誉博士，中国矿业联合会名誉会长，中国自然辩证法研究会名誉理事长、地学哲学委员会名誉理事长，中国徐霞客研究会名誉会长、名誉理事长，河南理工大学名誉校长，中国地质大学教授，中国找矿哲学学科创始人。先后发表数百篇学术论文。著有《找矿哲学概论》《就矿找矿论》《运用辩证唯物主义指导地矿工作》《探索求真奉献》《地质科学与地矿产业》《马克思主义在中国的胜利》《矿业城市转型研究》《邓小平人民政协理论的形成与发展》《朱训矿业文集》《朱训地矿文集》《朱训论文选》等多部著作。与他人合著与主编有《德兴斑岩铜矿》《中国矿情》《中国矿业史》《中国人民政治协商会议全书》等多部著作。

矿产资源形势与矿业走势

王安建
中国地质科学院全球矿产资源战略研究中心

一、引　　言

未来全球矿产资源供需形势如何？目前的矿产品市场价格能维持多久？近年来，由于经济转型，中国能源和重要矿产资源消费增速放缓，加之全球经济不景气，国际矿产品市场供过于求态势凸显，矿产品价格处于下行状态，矿业周期论再度成为业界讨论的热门话题。矿业周期怎样变化？世界矿业走势如何？显然，无论是生产者还是投资者，对未来矿产资源需求趋势都充满着期待。

二、矿产资源消费遵循"S"形规律

矿产资源消费与经济社会发展之间存在着内在的本质联系。这种联系不断重复出现，在一定条件下经常发挥作用，并决定着矿产资源需求的必然趋势。

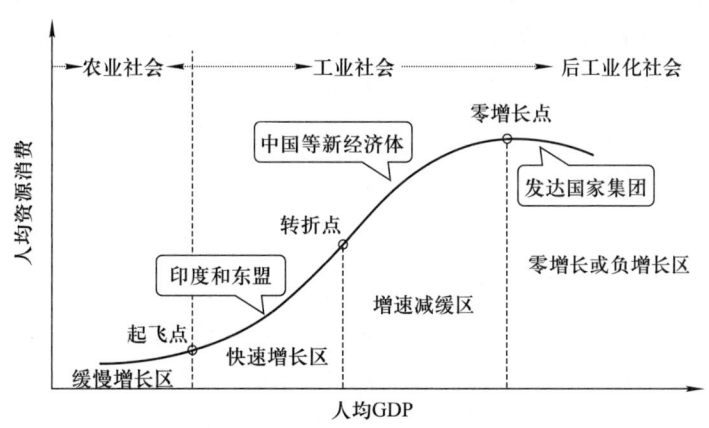

图1　人均矿产资源消费与人均GDP（国内生产总值）"S"形模型

随着经济发展，矿产资源消费呈现缓慢增长、快速增长、减速增长到零增长或负增长的"S"形演化轨迹。根据矿产资源消费增速变化，可确定资源消费的起飞点、转折点和零增长点。不同国家、相同种类矿产资源消费的起飞点、转折点和零增长点具有相对固定的人均 GDP 位置(图1)。依据三个关键点,可将曲线划分为矿产资源消费缓慢增长区、快速增长区、增速减缓区、零增长或负增长区。

目前,发达国家集团处于资源消费零增长或负增长区,中国等新兴经济体处于资源增速减缓区,印度和东盟处于资源消费快速增长区,许多发展中国家仍处于前工业化的缓慢增长区。

矿产资源消费"S"形规律揭示了从农业社会到工业社会再到后工业社会的能源与矿产资源消费的演变趋势。

(一) 农业社会

农业社会人类创造的 GDP 很少,能源消费主要用于维持基本生活需要,少量矿产资源用于制造简单的劳动工具,因此能源和矿产资源消费处于低水平,且随着人均 GDP 的增长,资源消费增长缓慢。这一发展阶段人均 GDP 低于 2 500~3 000 美元。

(二) 工业化社会

进入工业化社会,经济增长由农业转向以制造业为主的工业,随着人均 GDP 的快速增长,社会财富积累、基础设施建设和城市化水平迅速提高,人均能源和主要矿产资源消费呈现快速增长态势。这一时期的人均 GDP 大致处于 3 000~20 000 美元区间,其中能源与矿产资源消费的两个关键点值得高度关注(图2)。

(1) 人均 GDP 6 500~7 500 美元。这一时点,一次能源消费强度到达顶点,对应于粗钢和水泥等高能耗大宗矿产品消费强度的顶点、第二产业增加值占 GDP 比重的峰值点和城市化速率开始减缓的转折点。此点之前,随着经济的发展,创造单位 GDP 的能耗持续增加,粗钢和水泥消费快速增长,第二产业占比持续增大,城市化率快速上升。此点之后,尽管经济持续发展,但创造单位 GDP 的能耗开始下降,粗钢和水泥消费增速开始减缓,消费强度逐渐走低,第二产业占比开始下降,城市化速率开始由快速转向中速。能源消费强度的变化可能缘于粗钢和水泥等大宗矿产品消费速率和消费强度的下降以及第二产业的比重降低和城市化速率放缓。

(2) 人均 GDP 10 000~12 000 美元。这一时点,钢铁和水泥消费到达零增长点,人均一次能源消费和工业部门终端能源消费同时到达转折点,一些国家铜、铝、铅和锌消费增速到达转折点,社会财富积累水平、基础设施完备程度和城市化率到达新的转折点。此点之后,随着经济的发展,人均一次能源和工业部门终端能源消费增速放缓、人均粗钢和水泥消费不再增长或呈缓慢下降状态,人均

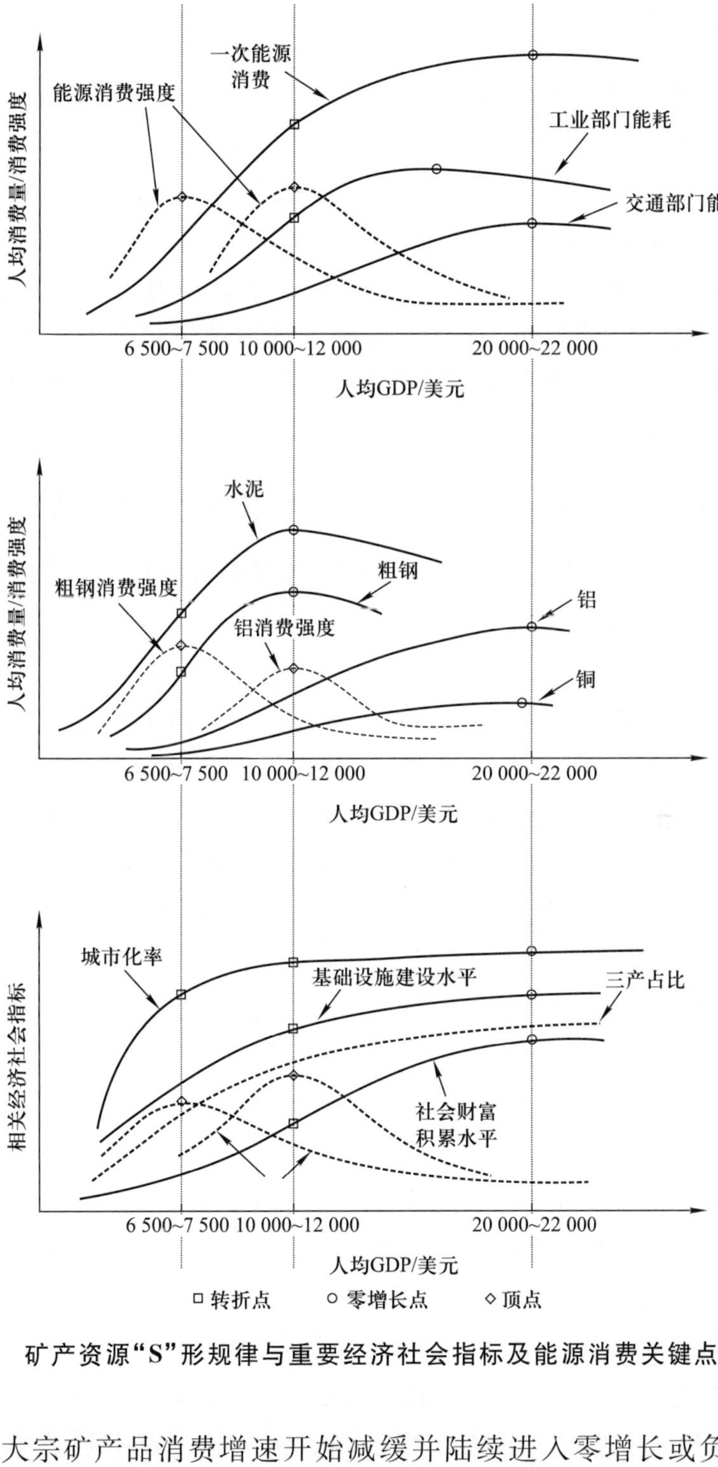

图 2 矿产资源"S"形规律与重要经济社会指标及能源消费关键点的关系

铜、铅、锌等大宗矿产品消费增速开始减缓并陆续进入零增长或负增长阶段,城市化速率进入缓慢增长期,基础设施建设和社会财富积累水平增速放缓,工业化经济发展开始进入成熟期。

(三) 后工业化社会

进入后工业化社会，一次能源消费和交通部门终端能源消费到达零增长点，电力消费增速放缓，基础设施基本完备，社会财富积累步入较高水平，大宗矿产资源消费均处于零增长或负增长阶段，以高新技术为特色的低能耗、低物耗的第三产业成为GDP的主要贡献者。基础设施建设和社会财富积累基本完成，居民生活水准达到较高水平。这一时期人均GDP超越 20 000~22 000 美元。

矿产资源消费"S"形规律表明，人均矿产资源消费增长具有极限。如果人类能够有效地控制自身数量的非理性增长，随着经济的发展，人类对矿产资源的需求将不会无限增长。

三、我国主要矿产资源需求增速放缓，但国内供应形势仍不容乐观

作为世界第二大经济体、第一大能源消费国和近20个种矿产消费第一大国，我国经济发展和矿产资源消费趋势对全球经济发展、矿产资源需求以及矿业走势具有重大影响。

研究表明，我国经济经过十几年的快速发展，人均GDP已经接近12 000美元(PPP)，伴随着城市化水平的不断提高、基础设施和社会财富积累水平的持续提升，我国已经进入工业化中期至晚期发展阶段，矿产资源消费整体处于"S"形规律的增速减缓区，除铁（粗钢）和水泥消费已经到达零增长点外，锰、铜、铝、铅、锌、镍、硫、磷和钾等重要大宗矿产资源消费增速已经开始减缓，预计需求峰值将在2017—2025年间陆续到达（图3）。

尽管我国许多重要矿产资源的消费增速减缓，但是总量还将呈缓慢增长态势，我国国内资源供应形势并不容乐观。首先，资源不足这个基本国情一直没有改变，尽管近年来找矿成果显著，但是庞大的人口基数、大宗或重要矿产资源人均拥有量大幅低于世界人均水平者比比皆是。国内矿产资源供应能力严重不足，使我国对外依存度超过50%的矿种超过10种。其次，我国一些重要矿产资源品质不佳，国内供应能力受市场影响较大。以铁矿为例，我国公布的铁矿资源储量超过850亿t，测算结果表明，如果铁矿石价格在60美元/t，可供储量不足100亿t。"国际铁矿石价格越高，我国对外依存度越低；国际铁矿石价格越低，我国对外依存度越高"已然成为我国铁矿供应的"怪态"。事实上，目前我国重要矿产资源消费增速放缓，并没有改变国内资源供应严重不足的本质。以铜为例，2030年我国累计需求2.1亿t铜，即使是保持70%的对外依存度，国内也要供应铜7 200万t，目前，我国铜储量仅3 000多万吨，包括西藏在内的全部储量开发出来也难以满足自身需求的30%，铜资源供应形势十分严峻。并非仅仅如

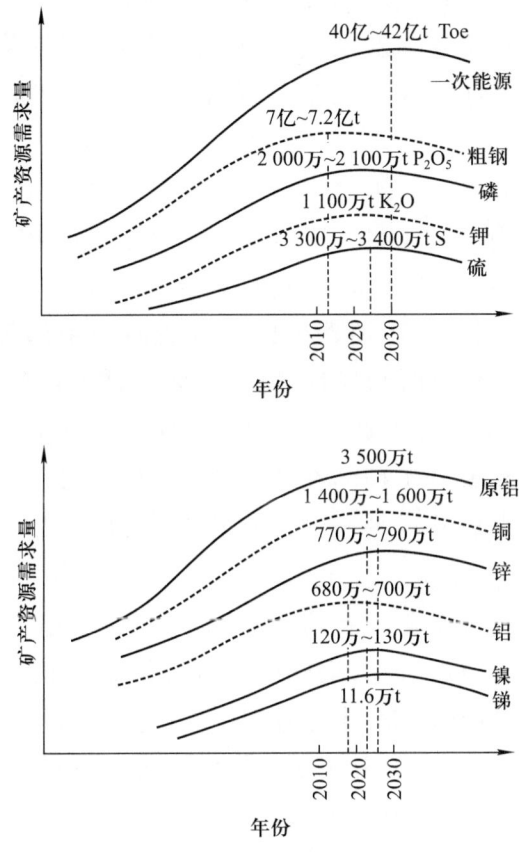

图 3 中国主要大宗矿产资源需求趋势及峰值需求量预测

此,许多大宗矿产资源如铝、铅、锌、铀、铬、锰、锡、锑等的供应都需要予以高度关注。

四、印度和东盟新兴经济体矿产资源消费增速较快,但对全球市场拉动有限

发达国家集团铁、铜、铝等大宗矿产资源消费一直保持平稳下降态势,伴随着中国等新兴经济体重要矿产资源消费增速减缓并陆续到达峰值,处于快速发展的印度和东盟等国家和地区资源消费对全球需求趋势具有重要的影响。

东盟和印度均处于矿产资源消费"S"曲线的快速增长区。东盟10国的人口约6亿,2015年人均GDP约6 200美元,近年来经济平均增长率为5%左右,发展欲望强烈。根据东盟10国的国情和发展规划,预计粗钢消费将从2015年的0.85亿t增长到2030年的2.8亿t,铜消费从近80万t增长到330万t,铝消费从近160万t增长到650万t。鉴于我国大力推动"一带一路"倡议,东盟国家的资源消费有望超出预期。

与东盟10国不同,尽管印度也处于矿产资源消费快速增长区,但是由于其体制、宗教、族姓文化等差异和发展模式选择的不同,对印度矿产资源需求的预测面临许多不确定性。印度能否把精英经济和工业化经济有机融合,将决定其未来资源消费的速度和数量。2015年,印度人均GDP为4 300美元,根据印度的发展规划和近年来的实践,预计2030年印度的粗钢消费将会从2015年的0.89亿t增长到2030年的2.1亿~2.3亿t,铜消费将从49万t增长到215万~235万t,铝消费将从147万吨增长到385万~425万t。

事实上,由于发达国家资源消费量的持续衰减和中国等新兴经济体消费增速减缓并逐渐进入衰减期,即便是对印度和东盟经济发展保持乐观的判断,估计2020—2030年之间二者对全球矿产资源需求的拉动也十分有限。考虑到许多大型跨国矿业公司一些重要矿种的在建或拟建的产能还没有完全释放出来,全球矿产品供过于求或供需基本平衡的态势将维持,矿产品低位徘徊的趋势可能会持续一段时间。

全球矿产资源消费及矿业发展具有周期性。20世纪,发达国家涉及9亿人口集中完成工业化以及战后重建,全球矿产资源消费增长经历了1945—2000年的第一周期。进入21世纪以来,伴随着中国13亿人口的工业化过程,全球矿产资源消费增长正经历着自2000年开始,大约将在2030年结束的第二周期。之后,随着印度和东盟等国家和地区进入快速工业化过程,全球矿产资源需求将进入快速增长的第三周期(图4)。目前,第二周期矿产资源需求仍处于缓慢上升阶段,预计在2020年左右进入平缓期,在某种意义上说,在2030年之前全球矿业将不得不面临新的考验。这一时期也为国际矿业并购提供了难得的机遇。

五、战略新兴产业矿产正在成为各国关注的热点,需求量将陡增

与传统的大宗矿产资源消费趋势不同,战略新兴产业所需矿产无论从种类还是数量都在不断拓展,并得到了前所未有的关注。

近年来,各国高度重视战略性矿产的研究与开发。欧盟和美国等大多数发达国家分别制定了符合自身利益和发展的战略性矿产目录。虽然不同国家对战略性矿产或战略新兴产业矿产具有不同的定义,但是主要"三稀"矿产和非金属矿产尽在目录中。锂、钴、铌、钽、锆、铍、锗、镓、铟、稀土、钪、铼、铂族金属、金刚石、萤石、石墨等被认为是未来战略新兴产业发展不可或缺的重要矿产资源,也是"中国制造2025"的重要关键性矿产。

以新能源汽车产业发展为例,据知美国特斯拉电动汽车厂全部建成后,仅石墨的年需求量或将超过10万t。根据我国新能源汽车发展规划,估计到2020年,我国汽车保有量为2.55亿辆,其中新能源汽车保有量为632万辆,占总保有

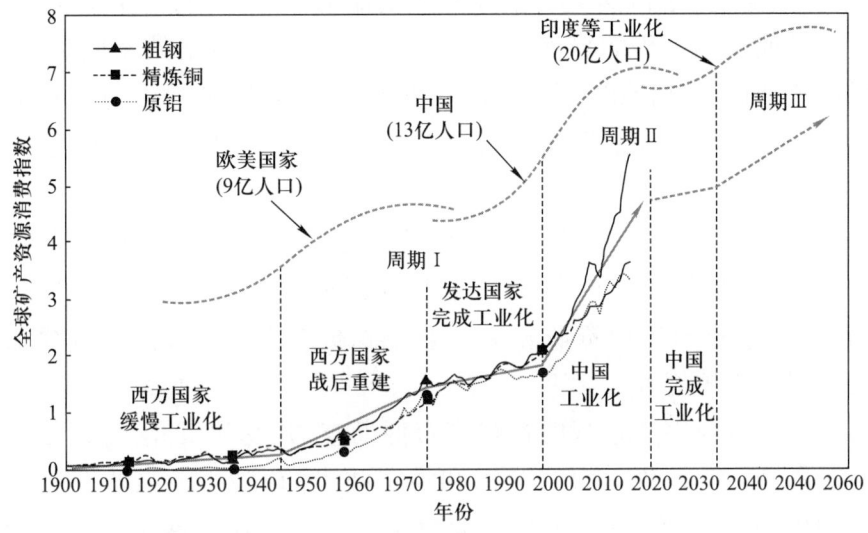

图 4　全球矿产资源需求与矿业周期

量的 2.5%；到 2025 年，我国汽车保有量为 3.3 亿辆，其中新能源汽车保有量为 3 262 万辆，占总保有量的 9.9%。预测 2020 年和 2025 年仅我国新能源汽车动力电源用原材料需求：碳酸锂分别为 10 万~14 万 t 和 41 万~57 万 t，分别相当于 2016 年全国消费量的 1.6 倍和 6.6 倍；钴分别为 1 万~2.4 万 t 和 4.1 万~9.84 万 t，分别相当于 2016 年全国消费量的 38% 和 157%；镍分别为 1.5 万~1.7 万 t 和 6.3 万~7.1 万 t，分别相当于 2016 年全国消费量的 1.7% 和 6.9%；石墨分别为 8 万 t 和 32.8 万 t，分别相当于 2016 年全国消费量的 13% 和 53.4%。显然，未来战略新兴产业矿产的需求量和市场不容小视。

六、对策与建议

（1）中国仍处于工业化发展中期至晚期，基础设施建设和社会财富积累水平远低于发达国家。除粗钢和水泥外，主要矿产资源消费总体上仍将处于上升态势，尽管消费增速放缓，但人均资源消费仍高位运行，并将持续一段时间，矿产资源安全供应问题不容忽视。

（2）尽管近 10 年找矿成果显著，资源保障程度有所提高，但资源禀赋不佳，供应能力不足的局面没有发生根本改变。未来 5~10 年是我国大宗矿产资源供需矛盾最突出的时期，国家应给予找矿勘查工作长期、稳定的支持，确保国家矿产资源安全。

（3）近年来我国煤、铁、铜、铝、铅、锌、镍、磷、钾等重要矿产资源消费占全球的比例一直在 40%~50%，由于中国需求增速放缓，境内外相关产能惯性释放，印度、东盟和其他"金砖国家"资源需求接续能力有限,全球主要矿产品供需基本面供过于求或基本平衡的局面已经形成,世界矿产品价格处于低位波动状态。要紧紧抓住全球矿产品价格下行震荡、企业经营困难、矿业资金链不通畅的有利时机,收购或并购那些资源品质优、规模较大、具有发展潜力的矿山或公司,提高我国矿业的国际竞争能力。

(4)未来5~10年,东盟、印度、巴西等国家是我国主要矿产资源需求的重要接替者,资源需求将处于上升态势,也是我国相关产业转移的重要地域,契合"一带一路"倡议,我国矿产资源相关产业应积极"走出去",分享后续工业化国家工业化过程的资源红利。

(5)强化战略新兴产业战略性矿产资源勘查、开发和研究,特别是小品种矿产资源的找矿、勘查、评价、选矿、分离和加工技术的研发,加强非金属材料学的研究,为"中国制造2025"和进入后工业化阶段高端工业发展做好资源和技术准备。

王安建 1953年生,理学博士,教授、博士生导师。中国地质科学院全球矿产资源战略研究中心名誉主任、中国环境科学学会常务理事、中国可持续发展研究会理事、国际地质科学联合会"为后代寻找资源"(resourcing future generation, RFG)计划新行动战略执行委员会(New Action Strategy Implementation Committee, NASIC)委员。长期从事早前寒武纪地质学、经济地质学、区域成矿学、资源经济学方面的研究与教学工作。先后主持和负责国家"973"计划(课题)、科技部科技攻关(课题)、科技支撑计划(课题)和国家基础性工作、国土资源大调查和财政部、国家发展和改革委员会(简称发改委)、全国人大、中国工程院等的项目20余项。主持中国矿产资源国情调查(全国矿产资源利用现状调查)和我国新一轮矿产资源保障程度论证项目,摸清了我国矿产资源家底。创新金顶超大型铅锌矿盐丘成矿新模型、提出兰坪—思茅盆地中的"中轴"构造具有早期大陆裂谷的特征,揭示了经济发展与能源和矿产资源消费的内在联系,创建了以"S"形规律为核心的资源需求理论。出版专著4部,在国内外学术刊物上发表论文160余篇,获授权国家发明专利2项。获国土资源科学技术奖一等奖2项、二等奖6项。

我国矿业形势与对策

刘玉强

中国矿联绿色矿山促进工作委员会

一、矿业形势概况

2003—2008年,中国经济的高速发展带动了全球经济的繁荣,全球矿业经济经历了空前的繁荣与发展。然而,自2007年次贷危机以后,尽管中国经济快速向好,但无论是新兴经济体还是发达经济体,复苏道路尽显疲态。2008年金融危机以后,全球经济发展放缓,中国进入工业化中后期建设,需求放缓,印度、东盟等新兴经济体对资源需求快速上升,全球配置资源格局发生重大变化。2011年以来,世界经济总体延续复苏态势,但复苏步伐明显放缓。由于全球金融危机的深层次矛盾尚未得到有效解决,尤其是进入2011年下半年,希腊债务危机所引发的整个欧洲主权债务危机的蔓延也使全球经济发展不确定、不稳定因素增多,影响世界经济复苏及能源资源需求和消费,全球矿业呈现下行趋势,需求有所减缓,资本市场出现困难,资源价格剧烈振荡。2012年,中国经济开始步入下行通道,令本来就低迷的全球经济雪上加霜,这种态势持续至今,全球矿产品需求动能持续减弱,矿业投资呈削弱趋势,大宗商品及主要矿产品价格呈现高位下跌趋势。

2016年,在政府大力推进供给侧改革及一系列稳增长措施的支持下,我国矿业经济总体运行稳定,矿产品价格、进出口贸易呈回升态势,采矿业固定资产投资继续下降,去产能、去库存、降成本与调结构作用逐步显现。其主要表现在煤炭行业化解过剩产能实现脱困发展取得了阶段性进展,去产能任务超额完成,市场供需严重失衡局面得到改善,价格理性回归,企业经营状况有所好转。铁矿石价格触底反弹、合理回归,铁矿企业经营状况环比逐月好转。有色金属行业生产平稳、需求稳定增长、价格明显回升、效益好于预期。非金属矿产量、销量、价格等指标基本保持稳定或有所回升,行业运行质量趋于改善。化学矿开采亏损企业比上一年有所减少,磷矿产量增速趋稳,钾肥保持快速增长。

二、我国矿业总体情况

我国疆域辽阔,地质构造条件复杂,成矿条件较好,矿种齐全、资源基本配套,是一个具有自己特色的矿产资源大国。截至 2015 年年底,全国已发现矿产 172 种,其中能源矿产 12 种、金属矿产 59 种、非金属矿产 95 种、水气矿产 6 种。全国已发现的具有查明资源储量的矿产 162 种。

经过新中国成立以来 60 多年持续不断的努力和发展,我国已经建成了包括能源工业、钢铁工业、有色金属工业、化肥工业、非金属及建材工业在内的相对比较完整的矿业及其原材料加工工业体系,为保障国家经济建设做出了巨大的贡献。

(一)矿山企业基本情况

进入 21 世纪,国土资源部不断推出有力措施打击非法采矿和其他违法行为,特别是近年来实施的最低开采规模与资源整合政策,实行整装勘查与整合开发,对矿山企业数量的结构调整起到了积极的推进作用。全国非油气矿山企业数量由 2005 年的 126 696 个减少到 2015 年的 83 648 个,减少了约 34.0%(图 1)。

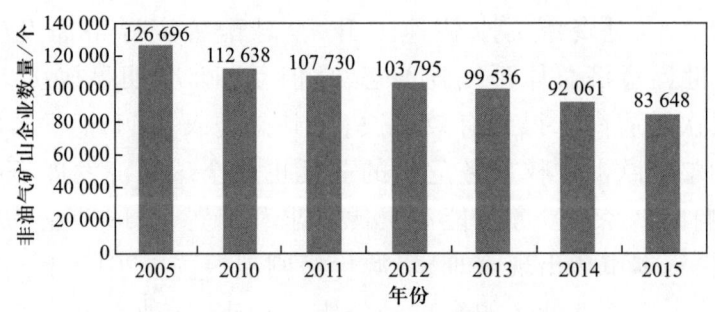

图 1　全国非油气矿山企业数量

按矿山生产建设规模统计(表 1),2010 年我国有大型矿山 4 708 家、中型 5 477 家、小型 53 247 家、小矿 49 206 家,分别占非油气矿山总数的 4.18%、4.86%、47.27%、43.69%。2015 年有大型矿山 4140 家、中型 6 667 家、小型 48 390 家、小矿 24 451 家,分别占非油气矿山总数的 4.95%、7.97%、57.85%、29.23%。由此可见,"十二五"末与"十一五"末相比,大中型矿山及小型矿山总量变化不大,小矿山减幅比例较大,达 50.31%,产业集中度进一步提高。

表 1　我国矿山建设规划情况

年份	大型	中型	小型	小矿	合计
2010	4 708	5 477	53 247	49 206	112 638
2015	4 140	6 667	48 390	24 451	83 648

(二)矿山开采总量规模状况

为了保障国家经济建设的快速发展,近10年我国矿山开采总量规模发展很快。2005年全国非油气矿山开采总量为52.49亿t;而到2015年,开采矿石总量(原矿量)达到96.28亿t(图2)。在矿山企业数量大幅度减少的同时,矿石总量增加了43.79亿t,增长83.43%,体现了矿业产业规模化发展进一步加大。但与2014年相比,2015年矿石总量减少了6.63亿t,其中煤炭减少1.85亿t、铁矿石减少1.33亿t,这主要是受当前矿业经济不景气、矿山企业停产减产的影响。

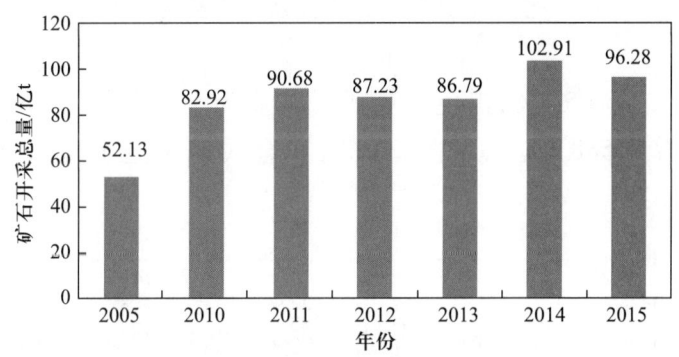

图2 全国非油气矿山开采矿石总量

(三)矿业从业人员变化情况

近10年来,由于企业增效与产业结构调整等原因,矿山从业人员呈持续下降趋势。全国各类非油气矿山企业从业人员由2005年的769.16万人减少到2010年的699.16万人、2015年的519.01万人(图3)。10年中减员250.15万人,减少32.5%。与2010年相比,2015年全国非油气矿山企业从业人员减少180.15万人,减少了25.8%。其中减幅较大的行业有:① 能源矿山减少了78.66万人(其中煤矿减少78.49万人,减少了20.07%),减少19.85%;② 黑色金属及冶金辅助原料矿山减少19.09万人,减少37.00%;③ 有色金属(包括稀有、稀土和分散元素)矿山减少6.26万人,减少16.06%;④ 建材及其他非金属矿产开发减少80.29万人,减少45.71%。

(四)矿业固定资产投资情况

"十二五"期间,中国采矿业固定资产投资6.72万亿元,较"十一五"时期增长74.7%。2015年,采矿业固定资产投资近1.3万亿元,较2014年下降11.6%(图4)。其中,煤炭开采和洗选业为4 008亿元,下降14.4%;石油与天然气开采

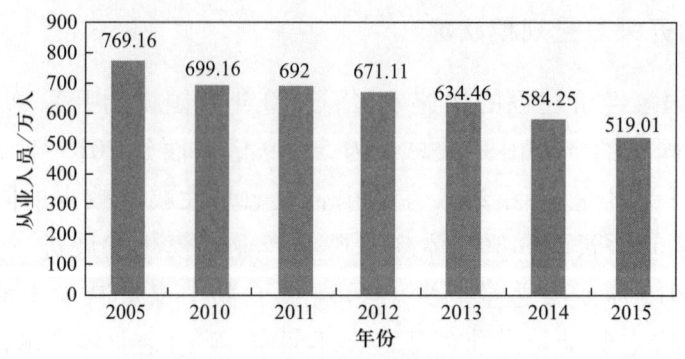

图 3　全国非油气矿山企业从业人员变化情况

业为 3 425 亿元,下降 5.7%;黑色金属矿采选业为 1 366 亿元,下降 17.8%;有色金属矿采选业为 1 588 亿元,下降 2.3%;非金属矿采选业为 2 092 亿元,增长 2.1%。

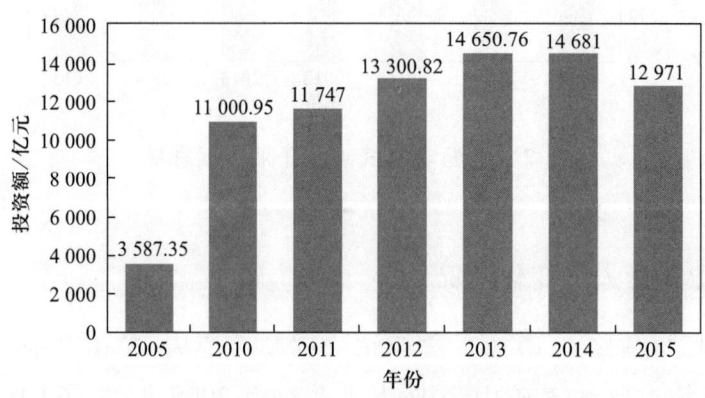

图 4　全国采矿业固定资产投资图

(五) 矿山企业完成矿业产值

2005 年我国矿业总产值为 5 007.79 亿元,2010 年为 15 656.11 亿元,2015 年为 11 735.62 亿元(图 5)。其中,2015 年能源矿产总产值为 6 886.36 亿元(其中煤炭为 6 730.36 亿元),占各类矿山总产值的 58.68%;黑色金属矿产总产值为 902.32 亿元(铁矿总产值为 876.90 亿元),占各类矿山总产值的 7.69%;有色金属矿产总产值为 900.86 亿元,占各类矿山总产值的 7.68%;贵重金属矿产总产值为 472.93 亿元,占各类矿山总产值的 4.02%;稀有、稀土和稀散元素矿产总产值为 31.59 亿元,占各类矿山总产值的 0.27%;冶金辅助原料矿产总产值为 75.11 亿元,占各类矿山总产值的 0.64%;化工原料矿产总产值为 726.77 亿元,占各类矿山总产值的6.19%;建材及其他非金属矿产总产值为1 665.56亿元,占各类矿山总产值的14.19%;矿泉水和地下水总产值为74.11亿元,占各类矿山总产值的0.63%。

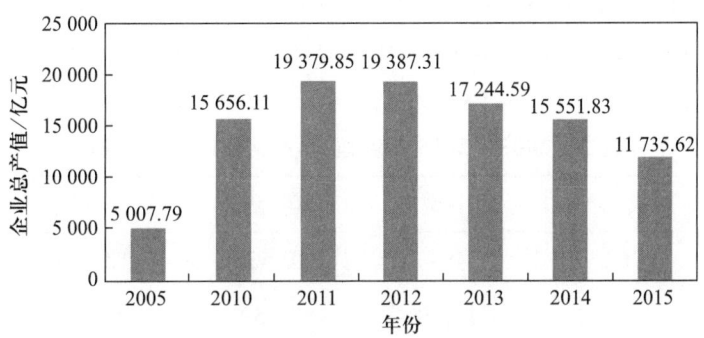

图5　全国非油气矿山企业总产值

三、我国大宗及重要矿产资源开发利用现状

(一)煤炭资源开发利用现状

1. 产量情况

长期以来,我国能源消费以煤炭为主,是世界煤炭生产大国、消费大国和出口大国。据国家统计局数据,"十一五"期间,我国煤炭产量增幅较大,原煤产量由2005年的22.05亿t增加到2010年的32.35亿t(图6),年均增幅8%;"十二五"期间,我国煤炭产量比较稳定,2011—2016年煤炭产量分别为35.2亿t、36.5亿t、36.8亿t、38.7亿t、37.5亿t、33.6亿t。同时,据国土资源部统计年报,我国

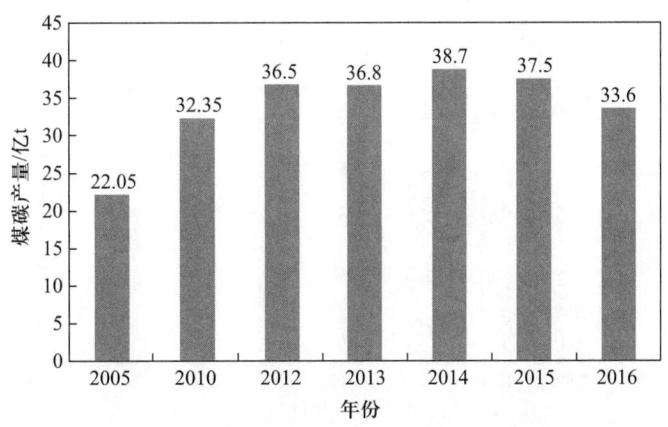

图6　2005—2016年我国煤炭产量情况

煤炭产量相对集中在中西部地区,其煤炭产量占全国产量的90%以上。

2. 矿山企业情况

进入21世纪以来,尤其是"十二五"期间,我国煤矿数量大幅减少(表2),由2005年的23 570个减少到2015年的9 686个,减少58.9%。其中小矿减幅最大,由2005年12 278个减少到2015年的1 582个,减少87.1%。

表2 2005—2015年我国各类煤矿矿山企业数

年份	大型	中型	小型	小矿	合计
2005	262	494	10 536	12 278	23 570
2010	571	1 179	7 559	5 048	14 357
2011	621	1 301	7 624	3 814	13 360
2012	678	1 329	7 618	3 383	13 008
2013	730	1 370	7 396	3 019	12 488
2014	790	1 431	7 067	1 902	11 190
2015	817	1 444	5 843	1 582	9 686

数据来源:《全国非油气矿产资源开发利用统计年报》。

(二)铁矿资源开发利用现状

1. 产量情况

"十一五"时期是我国铁矿石产量增长速度最快的五年。全国规模以上铁矿企业产量由2005年的4.2亿t增加到2010年的10.7亿t(图7),年均增长20.6%。"十二五"期间,我国铁矿石产量相对较平稳,2014年产量达到最高,

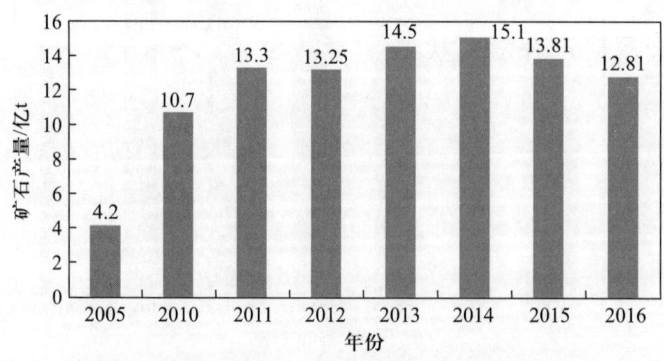

图7 2005—2016年我国铁矿石产量情况

2011—2016 年我国铁矿石产量分别为 13.3 亿 t、13.25 亿 t、14.5 亿 t、15.1 亿 t、13.81 亿 t、12.81 亿 t,连续两年下降。

我国铁矿石产量超过亿吨的省份有:河北、四川、辽宁等。

2. 矿山企业情况

我国铁矿规模以下矿山数量多,大中型矿山少,产业集中度低。表 3 数据表明,近年来出现了小矿数量逐年减少、规模以上矿山数量逐年增多、产业集中度有所提高的可喜现象。从 2005 年到 2015 年 10 年间,铁矿山总数由 3 778 个增加到 4 052 个,其中大型矿山由 60 个增加到 159 个、中型矿山由 118 个增加到 370 个、小型矿山由 1 409 个增加到 2 677 个,而规模以下的小矿则由 2 191 个减少到 846 个;规模以上矿山数量所占比例从 2005 年的 42% 提高到 2015 年的 79.1%。

表 3　2005—2015 年我国各类铁矿矿山企业数

年份	大型	中型	小型	小矿	合计
2005	60	118	1 409	2 191	3 778
2010	101	239	2 365	1 545	4 250
2011	109	262	2 394	1 438	4 303
2012	115	290	2 417	1 385	4 207
2013	138	312	2 501	1 218	4 169
2014	161	363	2 690	919	4 133
2015	159	370	2 677	846	4 052

数据来源:《全国非油气矿产资源开发利用统计年报》。

(三) 有色金属矿产开发现状

根据有色金属工业协会统计数据显示,我国十种有色金属(铜、铝、铅、锌、镍、锡、锑、汞、镁、海绵钛)2005 年产量为 1 639 万 t,2016 年为 5 283 万 t(图 8),与 2005 年相比增加了 222.3%。

2016 年,我国六种精矿产量为 900.3 万 t,与 2005 年相比增长了 88.0%。其中,铜精矿含铜量达 185.07 万 t,增长 143.5%;铅精矿含铅量达 222.75 万 t,增长 95.4%;锌精矿含锌量达 463.05 万 t,增长 82.3%;镍精矿含镍量达 8.99 万 t,增长 24.86%;锡精矿含锡量达 9.72 万 t,减少了 22.6%;锑精矿含锑量达 10.75 万 t,减少了 28.33%(见表 4)。

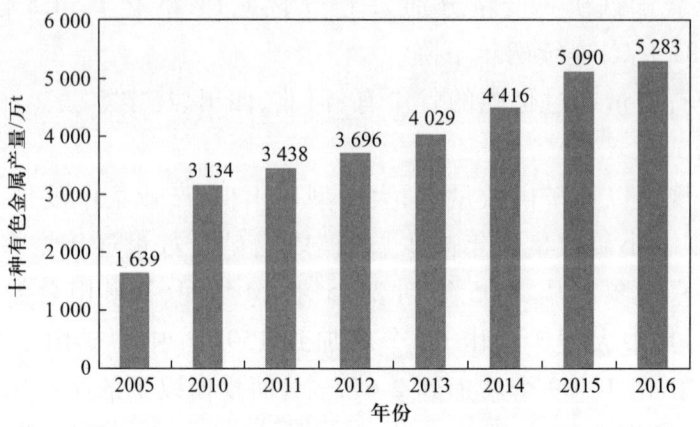

图 8 2005—2016 我国十种有色金属产量情况

表 4 2005—2015 年我国六种有色金属精矿（金属含量） 单位：万 t

矿产	2005 年	2010 年	2011 年	2012 年	2013 年	2014 年	2015 年	2016 年
铜精矿	76	115.6	127.2	160	165	192	166.71	185.07
铅精矿	114	198.1	240.6	283	320	298	233.50	222.75
锌精矿	254	384.2	405	493	550	540	474.89	463.05
镍精矿	7.2	8.0	9.0	9.3	9	9	9.29	8.99
锡精矿	12.56	9.1	9.4	8.52	10	10	11.02	9.72
锑精矿	15	12.3	12.4	13.2	12	15	11.14	10.75
合计	478.76	727.3	803.6	967.02	1066	1064	906.55	900.3

（四）钨矿开发利用现状

目前我国钨矿开发主要分布在江西、湖南和河南三省，以及广东、广西、云南、福建、内蒙古、安徽、湖北等地。2005 年全国钨精矿（65% WO_3）产量为 9.94 万 t，2015 年的产量为 12.91 万 t，2016 年的产量为 12.41 万 t（图 9）。

2016 年，我国钨精矿产量居全国前三位的江西、湖南、河南的产量分别为 55 605 t、40 171 t、21 763 t，分别占当年钨精矿总产量的 44.8%、32.4%、17.6%。

2015 年，我国钨矿企业有 150 家，其中大型矿山 4 个、中型矿山 23 个、小型矿山 98 个，规模以上矿山数量与 2005 年相比增加了 35 个，集约化水平有很大提高（表 5）。

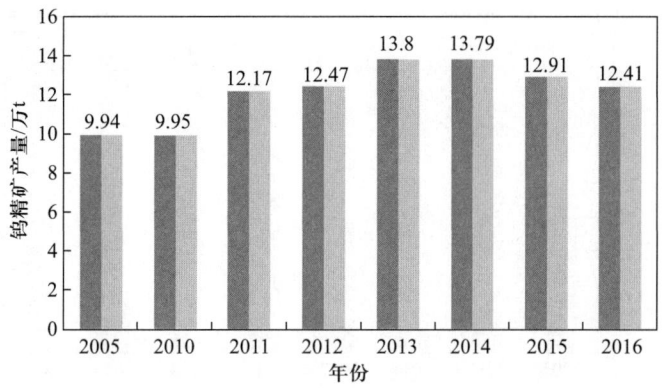

图 9　2005—2016 年我国钨精矿产量情况

表 5　2005—2015 年我国各类钨矿矿山企业个数

年份	大型	中型	小型	小矿	合计
2005	1	12	77	64	154
2010	4	19	107	19	149
2011	4	22	106	23	155
2012	4	21	107	23	155
2013	3	27	102	23	155
2014	4	22	103	25	154
2015	4	23	98	25	150

数据来源：《全国非油气矿产资源开发利用统计年报》。

（五）金矿资源开发现状

1. 产量情况

2005 年我国生产黄金 224.05 t，2016 年黄金产量达到 453.486 t，增长了 102.4%（图 10）。其中，矿产金完成 394.883 t、有色副产金完成 58.604 t。我国仍将继续保持世界第一黄金生产国的霸主地位。

2016 年，十大黄金集团累计完成矿产金产量 158.169 t，占全国总产量的 40.05%。其中，中国黄金集团公司矿产金产量为 42.074 t，占 10.65%；紫金矿业集团股份有限公司（国内）的产量为 24.228 t，占 6.13%；山东黄金集团有限公司（国内）的产量为 37.083 t，占 9.39%；山东招金集团有限公司的产量为 21.178 t，

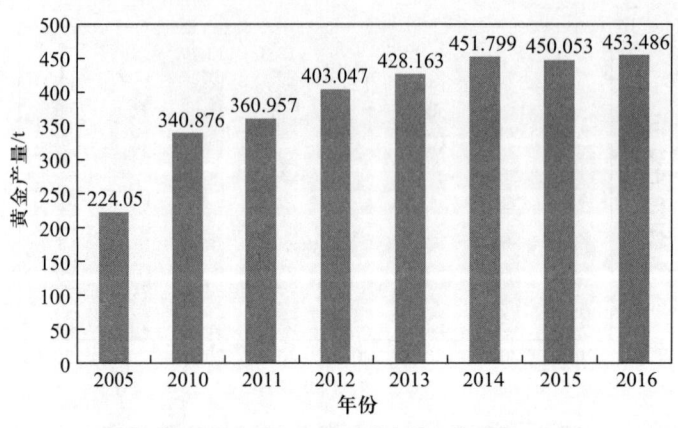

图 10　2005—2016 年我国黄金产量情况

占 5.36%；灵宝黄金股份有限公司的产量为 2.956 t，占 0.75%；埃尔拉多黄金公司（中国）的产量为 5.668 t，占 1.44%；云南黄金矿业集团股份有限公司的产量为 9.077 t，占 2.30%；湖南黄金集团有限责任公司的产量为 5.961 t，占 1.51%；山东中矿集团股份有限公司的产量为 4.456 t，占 1.13%；灵宝金源矿业股份有限公司的产量为 2.622 t，占 0.66%。

2. 企业情况

2015 年我国开发金矿的矿山企业有 1 620 家（表 6），其中大型金矿企业 79 个，与 2005 年相比增加了 69 个；中型金矿企业 187 个，增加了 130 个；小型金矿企业 1 052 个，增加了 409 个；小矿 302 个，减少了 918 个。

表 6　2005—2015 年我国各类金矿矿山企业数

年份	大型	中型	小型	小矿	合计
2005	10	57	643	1 220	1 750
2010	54	118	833	636	1 641
2011	58	122	828	629	1 637
2012	57	130	868	583	1 638
2013	60	140	937	496	1 633
2014	78	184	1 054	294	1 610
2015	79	187	1 052	302	1 620

数据来源：国土资源部通报。

四、我国矿产品市场需求与价格状况

(一)煤炭供需与价格情况

近几年来,我国煤炭市场供大于求矛盾突出,煤炭价格大幅下跌,煤炭价格指数由 2011 年最高时的 195.9 点下降到 2015 年的 131.1 点,下降了 64.8 点,行业经济效益大幅下降,企业经营压力加大。2016 年下半年,煤炭价格迎来一波反弹,煤炭价格指数由年初的 115.8 点回升到年底的 160 点。CCTD 秦皇岛煤炭价格由年初的 365~375 元/t 回升到 11 月中旬的高点 695~705 元/t,之后到年末回落到 639 元/t;全年平均价格为 473.5 元/t,与 2015 年相比回升 53.6 元/t,增长 12.8%。山西焦肥精煤综合售价由 2016 年年初的 569 元/t 回升到年末的 1 489 元/t。表 7 所示为 2005—2016 年我国煤炭供需情况。

表 7　2005—2016 年我国煤炭供需情况　　　　单位:亿 t

年份	产量	出口量	进口量	表观消费量
2005	21.51	0.24	0.26	21.66
2010	32.50	0.19	1.65	33.96
2011	35.20	0.15	1.82	36.87
2012	36.5	0.09	2.89	39.30
2013	36.8	0.07	3.27	40.00
2014	38.7	0.06	2.91	41.55
2015	37.5	0.05	2.04	39.49
2016	33.64	0.09	2.56	36.11

(二)铁矿石供需与价格情况

近年来,随着我国钢产量的急剧增长,铁矿石的消费量逐年大幅攀升,我国成为世界最大的铁矿石消费国,国内铁矿石生产远不能满足钢铁工业快速发展的需求,同时由于进口矿的价格优势,导致我国铁矿石对外依存度逐年攀升(表 8)。用生铁产量折合成铁矿石成品矿消耗量(系数为 1.55)计算出我国铁矿石对外依存度,2015 年我国铁矿石对外依存度达 89%。进口铁矿石平均到岸价由 2011 年的历史最高点 163.84 美元/t,2016 年降至 56.3 美元/t。

表 8 2005—2015 年我国铁矿石供需情况

年份	铁矿石产量/亿 t	生铁产量/亿 t	进口量/亿 t	对外依存度/%	进口矿到岸价/美元
2005	4.68	3.44	2.75	52	55.80
2010	10.70	5.97	6.19	67	128.40
2011	13.30	6.41	6.86	69	163.84
2012	13.25	6.64	7.43	72	130.00
2013	14.51	7.11	8.13	74	129.03
2014	15.10	7.14	9.33	85	100.42
2015	13.81	6.91	9.53	89	60.53
2016	12.81	—	10.24	>80	56.30

数据来源:国家统计局、冶金矿业企业协会。

(三) 有色金属供需与价格情况

近年来,随着国民经济的快速增长,对有色金属需求也大幅增加。我国十种有色金属表观消费量由 2005 年的 1 680 万 t 增加到 2015 年的 5 560 万 t,每年都要大量进口国外原料,主要表现在铜、铝、铅、锌、镍等大宗有色金属矿产资源缺口逐年加大,而钨、钼、锡、锑等矿产资源优势逐年降低。有色金属冶炼使矿产资源的对外依存度逐年提高。表 9 为 2005—2015 年我国十种有色金属对外依存度情况。

表 9 2005—2015 年我国十种有色金属对外依存度情况   单位:%

| 年份 | 对外依存度 | | | | |
	铜	铝	铅	锌	镍
2005	59	31	14.9	16	63
2010	68	42	16.6	28	83
2011	67	47	13.9	26	87
2012	68	44	17.2	10	88
2013	66	64	12.9	13	89
2014	70	30	16.0	19	88
2015	69	37	20.1	27	90

以铜价为例,LME(伦敦金属交易所)铜价由 2010 年年初的 7 000 美元/t 上涨到 2011 年年初的 1 万多美元每吨,但 5 月受美债影响铜价下跌至 8 500 美元/t,随后又反弹至 9 800 美元/t,进入 7 月先后受希腊债务危机和欧债危机的影响再次大幅下滑至 6 600 美元/t,波动幅度达到了 30%以上。2015 年,由于美元持续走强和石油等大宗矿产品暴跌,导致铜价出现断崖式下跌,最低下探到 5 500 美元/t。表 10 为 2010—2015 年 LME 六种基本金属价格情况。

表 10　2010—2015 年 LME 六种基本金属价格情况　　　　单位:美元/t

年份	铜价	铝价	铅价	锌价	锡价	镍价
2010	7 535	2 173	2 148	2 161	20 406	21 809
2011	8 821	2 398	2 402	2 193	26 113	22 894
2012	7 950	2 044	2 060	1 948	21 114	17 536
2013	7 322	1 845	2 141	1 909	22 304	15 004
2014	6 862	1 867	2 164	2 164	21 892	16 867
2015	5 502	1 663	1 787	1 933	16 084	11 835

(四)钨矿供需与价格情况

最近几年,我国经济持续快速增长,特别是硬质合金产量大幅增长,导致钨消费量逐年增加。我国钨矿的消费结构大致如下:硬质合金 49.2%、特钢 25.4%、钨加工材料 19.3%、化工及其他 6.1%。表 11 为 2009—2016 年我国钨(W)矿生产与需求情况。

表 11　2009—2016 年我国钨(W)矿生产与需求情况　　　　单位:万 t

项目	2009 年	2010 年	2011 年	2012 年	2013 年	2014 年	2015 年	2016 年
矿山钨精矿产量	9.59	9.95	12.17	12.47	13.80	13.79	12.91	12.41
折合 W 金属	4.94	5.13	6.27	6.43	7.11	7.11	6.65	6.39
W 消费量	2.75	3.00	3.30	3.42	3.32	3.40	4.15	4.18
净出口量	1.03	2.19	2.61	2.04	1.73	2.17	2.16	1.90

国内钨精矿和 APT 价格于 2011 年分别达到历史高位(表 12),随后由于国内外市场需求的持续疲软,价格持续震荡下行,甚至跌到了生产成本线以下,

2016 年价格分别为 6.87 万元/t、10.66 万元/t,跌幅分别达 50.07%、50.4%,为历史上所罕见。图 11 为 2014 年 1 月至 2016 年 12 月国内钨精矿月均价格走势。

表 12　国内钨精矿、APT 年度均价　　　　　　　单位:万元/t

项目	2008 年	2009 年	2010 年	2011 年	2012 年	2013 年	2014 年	2015 年	2016 年
钨精矿	8.36	6.24	8.57	13.76	12.04	12.86	10.39	7.35	6.87
APT	13.13	9.71	13.19	21.49	18.41	18.97	16.28	11.30	10.66

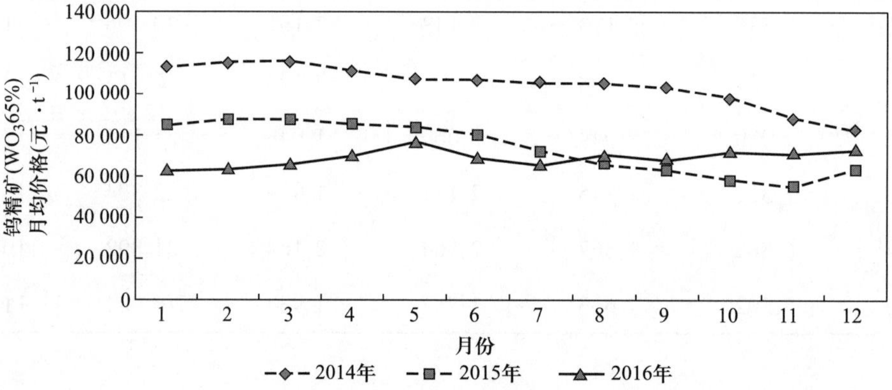

图 11　2014 年 1 月至 2016 年 12 月国内钨精矿月均价格走势

(五) 金矿供需与价格情况

自 2002 年黄金价格进入牛市以来,国际金价于 2011 年 9 月曾一度突破 1 900 美元/盎司[①],2012 年一直在 1 500~1 800 美元/盎司之间做巨幅波动,2013 年金价开始雪崩式下跌,至 2013 年 12 月底,金价已跌至 1 200 美元/盎司。2014 年全年金价在 1 100~1 300 美元/盎司之间波动。2015 年全年金价在 1 000~1 300 美元/盎司之间波动。2016 年,国际金价全年在 1 050~1 400 美元/盎司之间波动,均价为 1 246.14 美元/盎司,相比 2015 年的 1 156.19 美元/盎司增长了 7.78%。目前金价在 1 200 美元/盎司左右徘徊。

2016 年,上海黄金交易所全部黄金品种成交量为 4.87 万 t,同比增长 42.88%;成交额为 13.02 万亿元,同比增长 62.63%;是全球最大的场内实金交易市场(图 12)。

2016 年,上海期货交易所黄金累计交易量为 6.95 万 t,同比增长 37.30%,交

---

① 1 盎司(oz)= 28.349 523 1 克(g)。

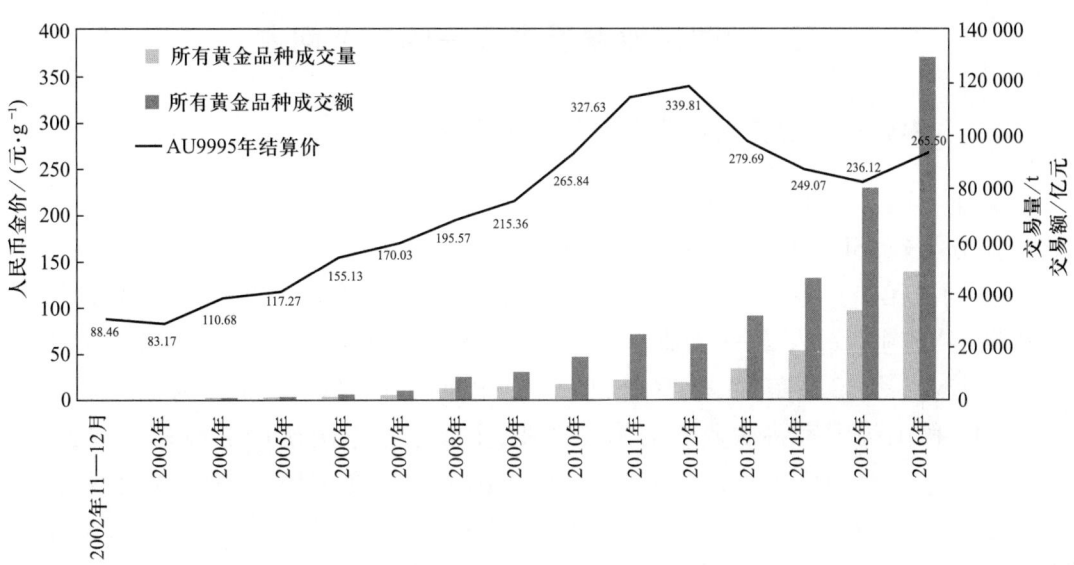

图 12　2002—2016 年上海黄金交易所交易情况

易量位居全球前三;交易额为 18.685 万亿元,同比增长 55.92%(图 13)。

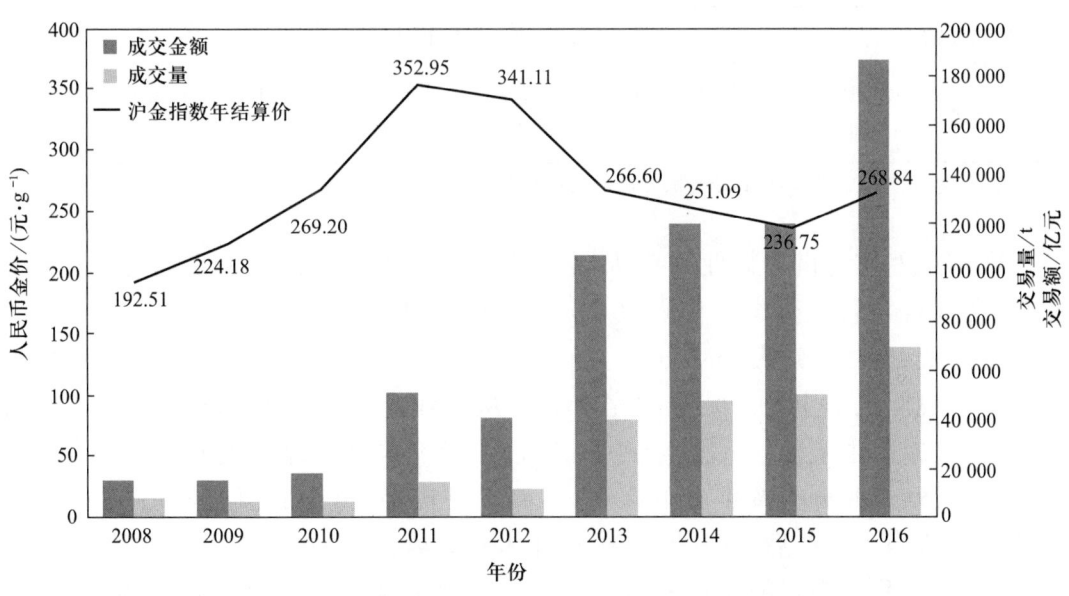

图 13　2008—2016 年上海期货交易所交易情况

五、我国矿业发展中存在的主要问题

(一)中国采矿业在三次产业中的定位问题

矿业中的许多深层次问题,源自于矿业的产业定位。联合国现行的《国际标准产业分类》(ISIC-4.0版)中,将"矿业"独立列为B门类,包括采矿和探矿,将"矿业"划入第一产业。目前,全球主要矿业大国和矿产品消费大国多数按照国家规则将"矿业"划入第一产业。其中,澳大利亚、新西兰等国家明确将矿业列为第一产业(表13);美国、俄罗斯、加拿大、巴西等国家将矿业作为第一产业对待;日本、德国等国家将矿业划为第二产业,主要基于本国矿产资源相对贫乏,工业化主要建立在利用境外矿产品基础之上,国内矿业在国民经济中贡献不大,地位无足轻重,将其作为制造业的一个车间,符合他们的国情。由此可见,全球绝大多数的矿业大国和矿产品消费大国将矿业列为第一产业或作为第一产业对待,这已成为国际共识。

表13 世界主要大国的矿业归属

产业归属状况	第一产业	第一产业对待	第二产业
国家	澳大利亚、新西兰、南非等	美国、加拿大、巴西、智利、俄罗斯、沙特阿拉伯等	日本、中国(采矿业)等

注:本表所说"大国",包括矿业大国和矿产品消费大国。

我国虽然作为世界矿业生产大国与矿产品消费大国,但是,正如前文所述,根据《国民经济行业分类与代码》(GB/T 4754—2011),将采矿业划为B门类,划入第二产业,而将矿产勘查业划入M门类(属于广义的"技术服务业"),划入第三产业。我国把本应探采结合的完整矿业从产业定位上,分割为第二与第三两个产业,其原因主要为:一是因新中国成立后,整个经济管理体制从苏联移植,实行计划经济,产业分类按生产单位划分,而不是按经济活动性质划分;二是国家矿业管理体制改革滞后,探矿与采矿管理体制分离;三是中国学界思想认识尚未统一。显然,我国现行的矿产勘查业与采矿业的产业定位很不符合探矿业与采矿业互相依存与互相促进内在联系的客观实际,也不利于建立与完善适应我国社会主义市场经济发展的矿业管理体制。因此,遵循矿产勘查业与采矿业自身特性,科学调整其产业定位,已成为促进矿业发展的首要问题。

(二)矿业管理分散问题

我国是矿业生产和消费大国,在有关工业主管部门和经济贸易委员会有关工业局撤销后,矿业管理分散在发展和改革委员会、工业和信息化部、国土资源部、环保部等多个部委,而没有一个集中统一的矿业主管部门。为此,对矿业的一些宏观性、战略性、政策性问题缺乏系统研究和分析,事实上已经对矿业的可持续发展产生不利影响。这种管理分散的局面应尽快结束。为此提出两个方案:一是将国土资源管理部门与有关部门管理矿业的职能进行整合和延伸,把相同性质的管理职能集中起来,有利于节约管理资源,提高效率,由国土资源部承担起矿业管理的职能;二是组建能源与矿业部,使矿产资源、矿产开发的宏观管理职能到位,实现对矿业集中统一管理。

(三) 矿业市场结构性改革问题

当前,矿产需求不振,投资持续下降,价格低位徘徊,下行压力仍然很大,但与此同时,全球矿业发展也表现出一些不同以往的新变化:传统市场容量相对缩小,新的发展领域不断拓展;传统增长动力逐步减弱,新的发展动能正在形成;传统治理模式趋于弱化,新的合作机制显露生机。

"2016中国国际矿业大会"开幕式上,姜大明部长表示,要在结构性改革中培育矿业发展新动能。在经济发展新常态下,中国矿业体制机制僵化、资源约束趋紧、生态问题突出、民生诉求增多等矛盾和问题更加凸显,必须依靠改革引领矿业走出困局,大力推进资源税费制度改革,建立矿产资源国家权益金制度,有效降低企业成本。同时逐步开放油气和新能源勘探开发市场,扩大矿业权竞争性出让领域,完善政府对矿产资源领域监管服务,用改革清除体制机制障碍,激发矿业活力。

(四) 国家矿业税费政策合理修订问题

由于产业定位问题,目前矿山企业需要交纳的税、费、金很多,主要包括土地使用税、资源税、增值税、采矿权价款、资源补偿费、环境治理保证金、土地复垦保证金、水土设施保持费等,各项费用要占企业产值的20%~30%。以铁矿山企业为例,目前世界铁矿企业平均销售税费负担率约为12%,澳大利亚矿企负担率约为5%~12%,巴西约为4%~12%,国内铁矿企业的税费负担率平均在25%以上,是世界平均水平的两倍多。

反应比较强烈的一是环境治理保证金。企业已连续交纳多年,地方政府没有建立返还渠道。企业一边在治理矿山开采产生的环境问题(土地塌陷、生态环境恢复等)需要花费大量资金,一边还要交纳环境保证金,承载着双重压力。而大量环境保证金在地方政府账上不能使用。二是土地复垦保证金。我们在实地调研时,部分矿山企业反映,在办理采矿证前,需按土地复垦方案确定的投入资金的20%的比例上缴土地复垦保证金,给企业带来很重的负担。三是矿山企业增值税抵扣少、造成税率较高。我国增值税率为17%,经各项抵扣后,一般企业能达到3%~5%。而矿山企业由于其自身特点,能够抵扣的内容很少,税率要达到13%~16%,因此也增加了矿山企业负担。四是水土设施保持费。根据山东省政府新颁布的水土保持条例规定,以兖州煤业为例,企业水土设施保持费按原煤产量0.5元/t标准收取,费用由之前300万元/年提高到1 800万元/年。

另外,存在现有政策落实不到位现象。例如《关于全面推进资源税改革的通知》(财税〔2016〕53号)中规定,对剩余可采储量下降到原设计可采储量的20%(含)以下矿井,确认为衰竭期煤矿,享受30%税收减免优惠政策;对鼓励利用的低品位矿、废石、尾矿、废渣、废水、废气等提取的矿产品,由省级人民政府根据实际情况确定是否减税或免税,并制定具体办法等。但在实际操作中,企业很难享受到政策优惠。

当前矿产品价格已连续几年下降,许多国内矿山企业已处于亏损状态,部分企业已出现减薪现象,因此亟须国家从顶层设计上科学合理制定税费水平,减轻企业税费负担,促进我国矿业可持续发展。

六、中国矿业在新常态下可持续发展的对策建议

(一) 关于矿业在三次产业中地位的调整建议

调整中国矿业在三次产业中的地位,可在以下两个方案中选一。

一是在修改《国民经济行业分类》(GB/T 4754—2011)的同时,同步修改2003年版的《三次产业划分规定》,将原划入第二产业的"采矿业",原划入第三产业的地质勘查业的一部分("矿产地质勘查"中类),一并移入第一产业,并合称"矿业"。

二是在修改《国民经济行业分类》(GB/T 4754—2011)时,暂不改《三次产业划分规定》,以保证体制转换中的数据衔接,但在执行中做一些技术处理,为进一步改革深化预留余地。

具体做法是:在基础统计中,采矿业仍列在第二产业,矿产地质勘查业仍列在第三产业,但不论类别高低(前者为门类,后者为中类)都保留统计数字的独立地位,不作归并;在综合处理时,第二产业中的门类划分,不必同GB/T 4754—2011严格对口,建议划分为五组——初级产业(采矿业)、制造业、一次能量生产(水电、风电、太阳能利用)及采水业、二次能量生产业(火电、核电、煤气)、建筑业。如将来有关业界能够达成共识,在条件成熟时,第三组也可作为初级产业并入第一组,进而全部移入第一产业。这样,产业发展同自然的关系显得层次分

明,产业划分更加科学合理,有利于产业政策的统筹规划。

(二)加快矿业法律法规的修改和完善

建议加快矿业法律法规修改的进程,并提出如下建议:一是建立清晰的矿产资源产权制度,厘清相关权利主体权属利益关系;二是进一步规范和完善矿业权出让方式,使其法制化;三是加强对矿业权人的合法权益的切实维护;四是进一步明确矿业权人主体资格;五是参照世界通行规则,革新现行的矿业金、费、税征收制度;六是建立具有系统功能的矿区生态环境修复制度;七是依法治矿,完善现行《中华人民共和国矿产资源法》(以下简称《矿产资源法》)中法律责任的有关规定。

(三)制定构建国家级大型和特大型矿业集团的鼓励政策

一是国家制定重点矿产发展战略和中长期发展规划。切实发挥行政干预,加强对构建和发展国家级大型及特大型矿业集团公司的协调、支持与宏观指导。

二是深化国有矿山企业管理体制和运行机制改革。运用市场机制,鼓励大型矿业企业对中小型矿业主体进行兼并、重组和升级改造,实施跨地区、跨行业的联合、并购、重组,着力提高矿业产业集中度,形成规模经营和集约化经营的矿产资源开发模式。

三是制定国家专项经济政策,激励做强做大国有矿山企业。例如,制定矿业企业重组的资金扶持政策,建立国家关于国有大中型矿山企业淘汰落后工艺、实行关键技术装备更新改造和扩大生产规模的专项补贴政策等。

四是积极发展矿业混合所有制经济,推进矿业规模经营。党的十八届三中全会明确要求"国有资本、集体资本、非公有资本等交叉持股、相互融合的混合所有制经济,是基本经济制度的重要实现形式"。国家对重要国有大中型矿山企业或新建国有矿山,实行扩大产能的国家基金投入制,国有资本投资项目允许非国有资本参股。允许更多国有矿业经济和其他所有制经济发展成为混合所有制矿业经济,以利于国有资本放大功能、保值增值、提高竞争力,有利于各种所有制资本取长补短、相互促进、共同发展。由国有资本、企业资本和私人资本组成的混合所有制经济,允许企业员工持股,实行股份制经营管理,形成资本所有者和劳动者利益共同体,调动一切积极因素,激励做强做大矿山企业。

(四)制定培育和发展矿业资本市场政策,特别是矿产勘查风险资本市场政策

一是国家应下力培育和发展中国矿业资本市场,特别是注重培育和尽早启

动矿产勘查风险资本市场。鼓励大型矿业企业在国内直接上市融资、境外直接上市融资、买壳上市融资与造壳上市融资及公开发行债券融资等,引导矿业企业借助于资本市场力量,或直接合资进行矿业采选,或间接进行矿山企业改制重组、股权转移等。对于矿产勘查投资充分借鉴境外作法,尽早启动和加强培育矿产勘查风险资本市场,充分发挥证券交易所在勘查投资中的重要作用。境外矿产勘查资金主要来源于投资公司的筹资、公司之间的参股、个体的投资,多通过股票认购或交易的形式操作。因此,股市是勘查资本的最主要来源,证券交易所是最主要的勘查投资平台。例如,在温哥华股票交易所,就有上千家上市的矿产勘查公司,其中有数百家仍在积极从事矿产勘查融资活动。

二是在当前国家矿业资本市场尚不发达、矿产勘查风险资本市场尚未启动的特殊时期,充分发挥国家财政对矿业"微观参与"的作用。国家运用市场机制,以提高国家货币资本在矿业发展中的运营效率和质量为出发点,总结与发展中央财政设立的危机矿山找矿专项补贴和地质勘查专项补贴的成功范例。或实行专项补贴,设立专项基金,运用低息贷款,采取国家资本金注入等多种形式,解决目前国有地勘单位和矿山企业对货币资本高强度的需求;或运用国家外汇储备支持国有地勘单位和矿山企业到境外进行矿产勘查及矿业开发,国家支持与引导国有地勘单位和矿山企业到利用境外资本市场上市融资,提升国内矿产勘查和矿业开发国际竞争能力,做强做大国家矿产勘查与矿业开发企业。

(五)充分发挥中国矿联在国家治理体系中的作用

党的十八大提出全面深化改革战略部署,行业协会、商会与行政机关脱钩是全面深化改革的重要内容,党的十八届三中全会提出的改革的目的就是要实现国家治理体系和治理能力的现代化。姜大明部长在中国矿联五届五次理事会上的讲话指出,社团组织是国家治理体系的一部分,行业协会和商会具有专业信息、人才、机制等方面的优势,可以做企业想做但单个企业做不到的事、做市场需要做但没有人牵头的事、做政府想做但手又够不着的事。例如在服务企业走出去、矿产资本市场建设、诚信体系建设、社团标准制定、第三方评估、绿色矿产建设、新技术与新方法推广等方面拓展服务空间和服务领域,充分发挥中国矿联在国家治理体系中的作用,促进矿业健康协调可持续发展。

参 考 文 献

[1] 国土资源部矿产开发管理司.全国非油气矿产资源开发利用统计年报(2005—2014)[R].2015.
[2] 国土资源部信息中心.国土资源形势分析报告(2012—2013)[R].2014.

[3] 国家统计局. 统计年鉴(2001—2014)[M]. 2015.
[4] 中国矿业联合会. 中国地质调查局地质调查工作项目《重要矿产资源勘查开发利用总量调控与结构调整总量调控》任务二《资源型地区矿业可持续发展综合评价研究》之绿色矿业发展综合评价研究(2013—2014)[R]. 2015.
[5] 中国矿业联合会. 中国工程院咨询项目《矿产资源形势与勘查开发战略研究》之子课题——我国矿业形势分析研究[R]. 2014.
[6] 邢新田. 关于完善矿产勘查政策要点建议[J]. 中国国土资源经济, 2012, 25 (1): 15-18.
[7] 邢新田. 完善矿业权管理的政策措施建议[C]// 矿产资源、资产、资本关系的理论与实践. 2014.
[8] 邢新田. 中国冶金矿山企业协会编制国家铁矿行业十年发展规划[C]// 促进国家矿业发展政策与措施的综述. 2015.

刘玉强 1957年生,山东烟台人。本科、硕士就读于中国地质大学(武汉),博士就读于原长春地质学院,中国地质科学院博士后。曾任内蒙古109地质队副大队长兼技术负责,内蒙古地质矿产厅(局)科技处副处长、处长,山东省地勘局副总工程师,山东省国土资源厅总工程师,中国矿业联合会专职副秘书长、副会长兼总工程师,中国矿联储量评审中心主任兼总工程师,中国矿联绿色矿山促进工作委员会会长。在地矿核心刊物和学术会议上独立发表论文30余篇,先后找到内蒙古乌尼特大型煤田,主持完成部重点项目"山东省胶莱盆地1:20万金矿成矿预测",主编有《山东省金矿床及金矿床密集区综合信息成矿预测》《山东省金、铁、煤矿床成矿系列及成矿预测》《山东省矿产资源总体规划》《固体矿产地质勘查、资源储量报告编制文件及规范解读》。主持1 000余份大型煤炭、金属、非金属储量地质报告和核实报告的评审备案工作。

矿产勘查形势与展望

吕志成

国土资源部矿产勘查技术指导中心

一、我国矿产资源供需形势及勘查现状

（一）供需形势分析及 2020 年和 2030 年研判

矿产资源是国家经济发展和产业转型升级的关键基础，人口基数、经济总量、发展阶段、产业结构等因素决定了中长期内我国对矿产资源的消耗将保持在高位，大部分重要矿产产量、消费量持续为全球最大，主要矿产对外依存难以发生根本性改善。

能源矿产方面，石油、煤炭等矿产产量、消费量均为全球第一，所占比重大都超过 40%。"十二五"期间，一次能源生产总量为 177.2 亿 t 标准煤，较"十一五"时期增长 28.0%；消费总量为 206.2 亿 t 标准煤，增长 27.7%。其中，原油产量为 10.5 亿 t，增长 9.7%；石油消费量为 25.2 亿 t，增长 33.5%，消费量增幅远高于产量增长。原煤产量为 192 亿 t，增长 30.2%；消费量为 183 亿 t，增长 30.0%。非能源矿产方面，钢铁、主要有色金属和黄金的产量、消费量也位居世界首位，占比基本在 40% 以上。"十二五"期间，铁矿石产量为 69.8 亿 t，较"十一五"时期增长 71.0%；铜、铝、铅、锌等有色金属产量为 2.1 亿 t，增长 73.4%；黄金产量为 2 100 t，增长 44.7%。与石油一样，主要非能源矿产消费量基本远大于产量，需大量进口以满足需求。图 1、图 2 分别为重要矿产全球产量、消费量的占比及预测。

总体来看，尽管经过努力，国内重要矿产资源储量大幅增长，但依靠国内资源无法满足需求的局面不会根本性改变，重要矿产对外依存度仍会在较长时期内维持在较高水平。预计到 2020 年，石油、铁矿石、铜、铝等矿产的对外依存度分别为 60%、80%、70%、50% 以上；到 2030 年，对外依存仍将高企或增加，预计分别为 70%、85%、80%、60% 左右，资源供应风险仍将在较长一段时期内存在（图 3）。

与此同时，石油、铁矿石、铜、铝、金等重要矿产资源静态保障年限呈下降态势，预计 2020 年总体保障年限总体在 10 年左右，2030 年将进一步下降至 10 年

以下,能源资源安全保障受到严峻挑战(图4)。

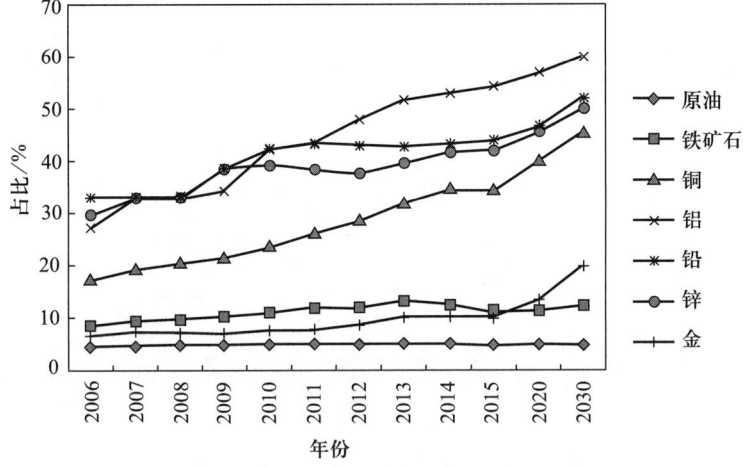

图 1　重要矿产全球产量占比及预测

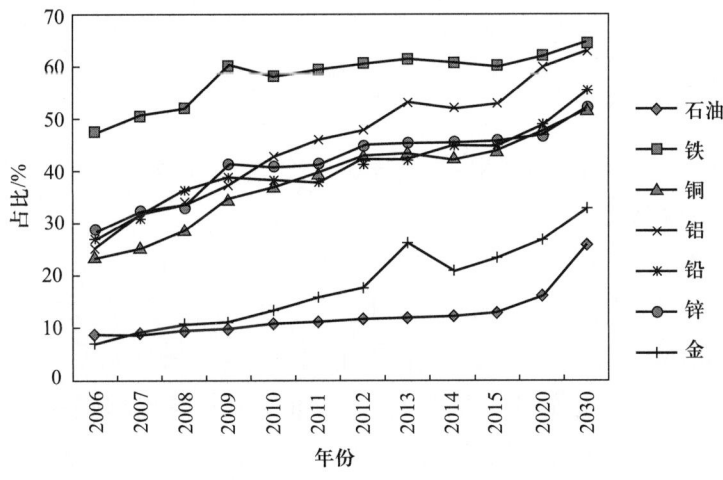

图 2　重要矿产全球消费量占比及预测

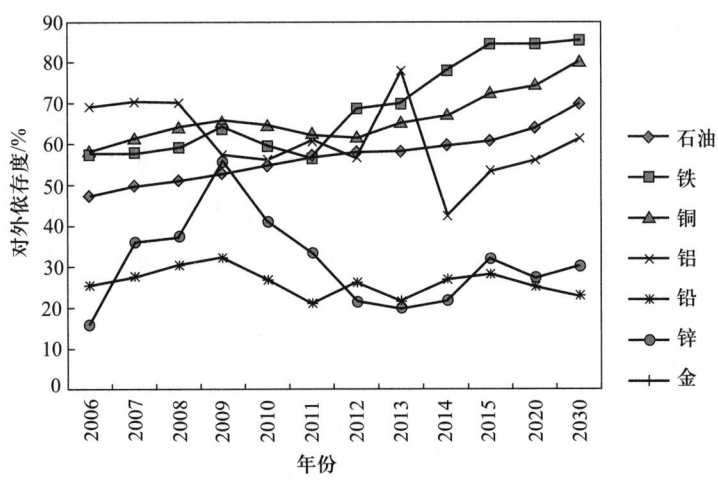

图 3　重要矿产对外依存情况及预测

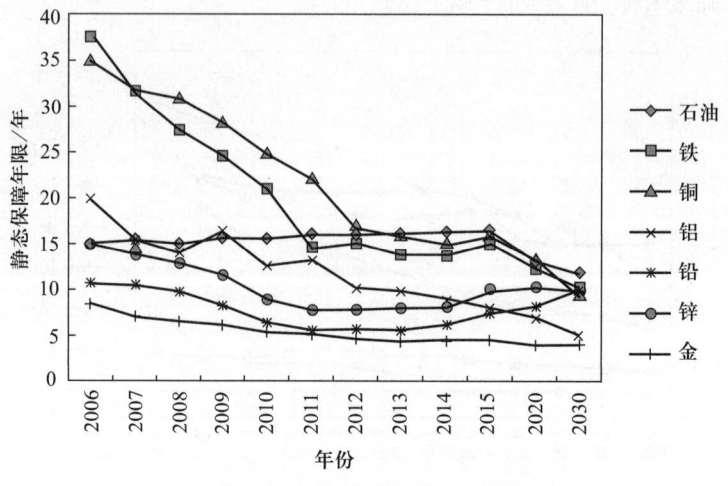

图 4 重要矿产静态保障年限及预测

静态保障年限(年)=基础储量/年度消耗量

(二) 矿产勘查现状

1. 2006 年以来,国内非油气矿产勘查资金投入先增后减,2012 年达到峰值后下降,2016 年回落至 2007 年水平

2006—2016 年,全国非油气矿产勘查累计投入资金 2 954.07 亿元[①],其中,中央财政 285.04 亿元,占 9.65%;地方财政 699.93 亿元,占 23.69%;社会资金 1 969.1 亿元,占 66.66%(图 5)。其中,"十二五"资金投入较"十一五"期间投入增长 50%,但由于近年来全球市场形势变化和我国经济发展结构性调整,经济增长放缓,对矿产品的需求发生变化,国内环保意识增强,勘查投资外部环境进一步收紧,勘查投入 2012 年达到顶峰之后急剧下滑,且降幅逐年有所扩大(图 6),2016 年全国矿产勘查资金总投入为 170.37 亿元,同比下降 29.08%,基本与 2007 年(165.37 亿元)持平,国内勘查市场依然趋冷(表 1)。

与中央财政和地方财政相比,社会资金下滑更为明显,2016 年投入 94.45 亿元,仅为 2012 年峰值的 1/3,同比下降 37.94%,占总投入的 55.44%,是 2006 年以来最低水平。中央财政与地方财政投入降低较少(中央财政同比下降 17.95%,地方财政同比下降 11.85%),起到了保障矿产勘查工作、稳定勘查市场的作用。

---

① 本报告内出现的全国地质勘查投入、单矿种地质勘查投入及完成钻探工作量数据来自全国地质勘查进展通报。

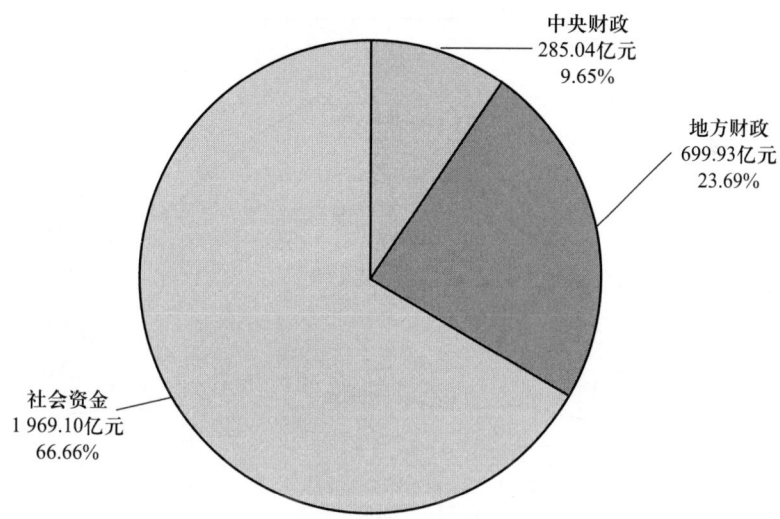

图 5　2006~2016 年非油气矿产勘查投入资金来源结构图

表 1　2011—2016 年非油气矿产勘查资金投入　　　　　　　　　　单位：亿元

年份	总投入	中央财政	地方财政	社会资金
2006	124.86	13.26	36.67	74.93
2007	165.37	23.73	44.07	97.57
2008	228.41	21.78	49.14	157.49
2009	261.05	20.08	66.33	174.64
2010	331.82	34.33	62.35	235.14
2011	355.04	24.72	73.78	256.54
2012	414.10	35.79	96.92	281.39
2013	363.82	36.72	93.48	233.62
2014	299.01	24.11	63.77	211.13
2015	240.22	27.75	60.27	152.20
2016	170.37	22.77	53.15	94.45

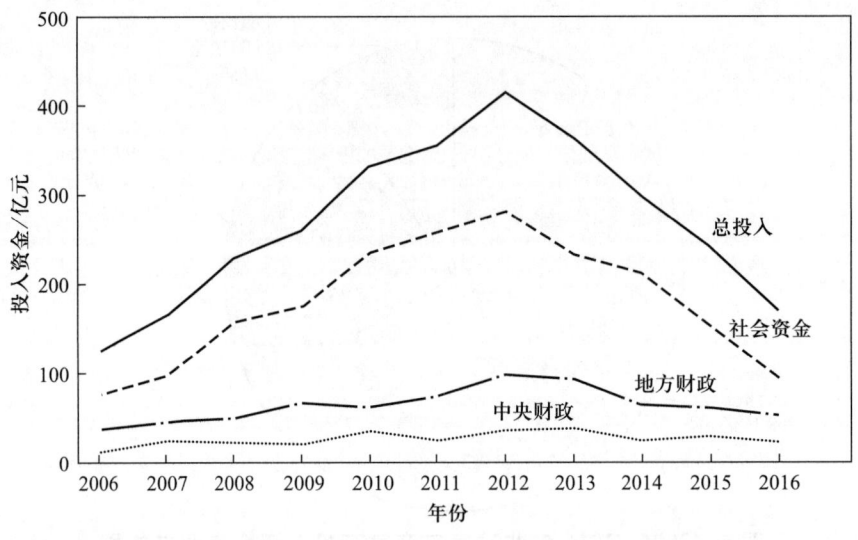

图 6　2006—2016 年非油气矿产勘查资金投入变化

中央财政油气地质工作投入力度不断加大,非油气投入逐年减少。以地质矿产调查评价专项资金投入为例,2011—2016 年油气资金投入逐年增加,2016 年投入 11.12 亿元,比 2011 年增长 462%,占总投入的 15.94%;非油气资金投入逐年减少,2016 年投入 13.08 亿元,比 2011 年降低 44.15%,占总投入的 18%(表 2、图 7)。并且,专项主要投入以 1∶50 000 为主的矿产地质调查工作。

表 2　2011—2016 年地质矿产调查评价专项中油气、非油气资金投入及占比

项目	2011 年	2012 年	2013 年	2014 年	2015 年	2016 年	合计
矿调专项总投入/亿元	57.97	62.12	70.27	74	62.18	69.78	396.31
油气投入/亿元	1.98	2.93	2.51	3.18	12.98	11.12	34.68
非油气投入/亿元	23.42	21.02	24.53	22.11	14.05	13.08	118.22
油气投入占比/%	3.41	4.71	3.57	4.29	20.87	15.94	—
非油气投入占比/%	40.41	33.84	34.91	29.88	22.6	18.75	—

随着我国经济结构调整的不断深入,不同矿种资源的需求在持续分化。从不同矿种勘查投入变化来看,2012 年以后各矿种呈现出三种变化趋势:快速

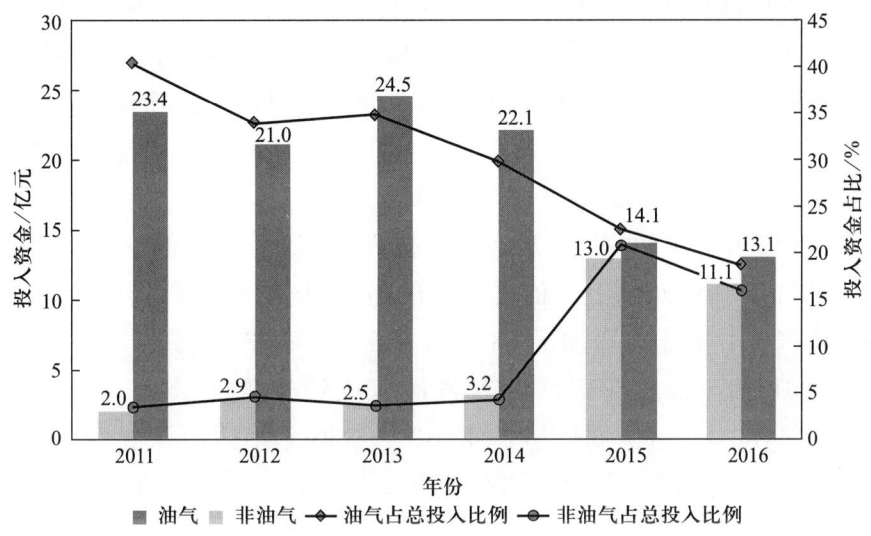

图 7 2011—2016 年地质矿产调查专项中油气、非油气资金投入及占比变化

下滑、缓慢下行、波动趋稳。煤炭和黑色金属矿产勘查资金投入持续快速下滑（图 8）。在矿产勘查资金投入峰值的 2012 年，煤炭勘查资金投入高达 121.91 亿元，远远超过其他矿种；2012 年后，煤炭勘查资金投入断崖式下滑，到 2015 年降至 32.38 亿元，年均下降 35.3%。煤炭和黑色金属矿产勘查资金投入的快速下滑，与下游的煤炭采选业、黑色金属采选业产能过剩密切相关。贵金属和有色金属矿产勘查资金投入呈缓慢下行的趋势。有色金属矿产勘查资金投入

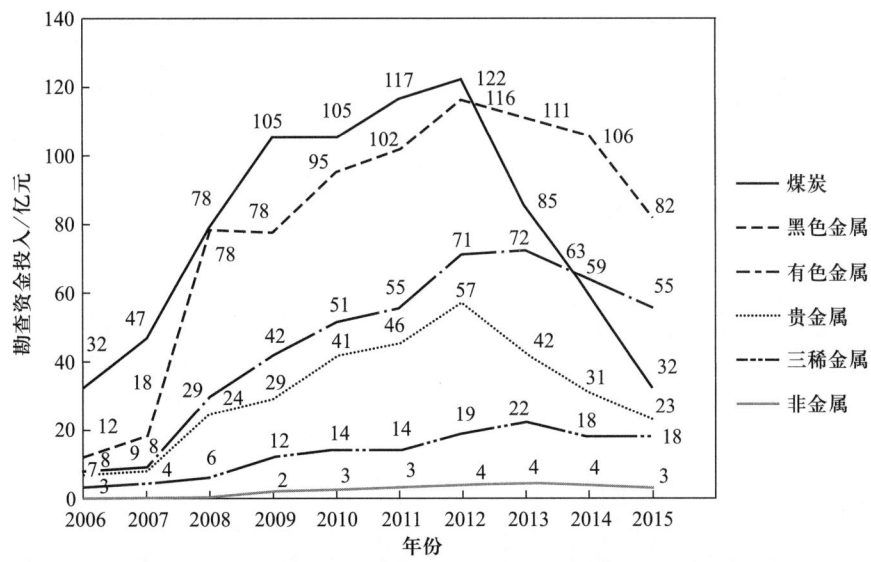

图 8 2006—2015 年非油气矿产勘查资金投入变化

在2012年达到峰值115.95亿元,之后缓慢下降,到2015年降至82.14亿元,年均下降10.8%。三稀金属(稀有、稀土、稀散)和非金属矿产在波动中总体趋稳。三稀金属矿产勘查资金投入在2006年以后快速上升,到2013年升至4.30亿元,之后在3.7亿元上下波动,投入总体强度不大。非金属矿产的投入呈稳定增长的趋势,近年投入一直在20亿元左右。

2011—2015年单矿种勘查资金投入排在前五位的是煤炭、金、铜、铁、铅锌大宗矿产,均在140亿元以上。值得注意的是,钾盐和石墨勘查资金投入逐年上升,2015年较2011年分别增加了68.86%和63.26%(图9)。

2006—2015年,非油气矿产勘查累计完成钻探工作量为17 923万m(图10),"十二五"较"十一五"同比增长42.6%,在2012年达到峰值(2 638万m)后急剧减少,2015年完成钻探工作量仅为2012年峰值的一半(53%)。

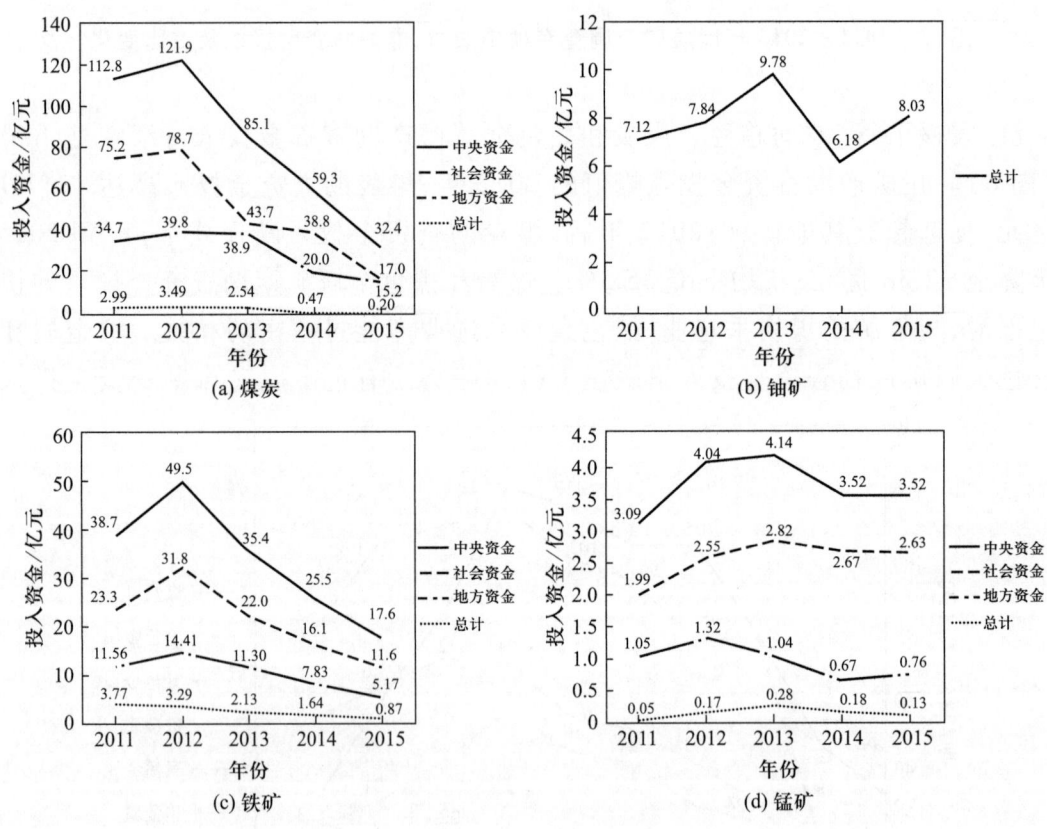

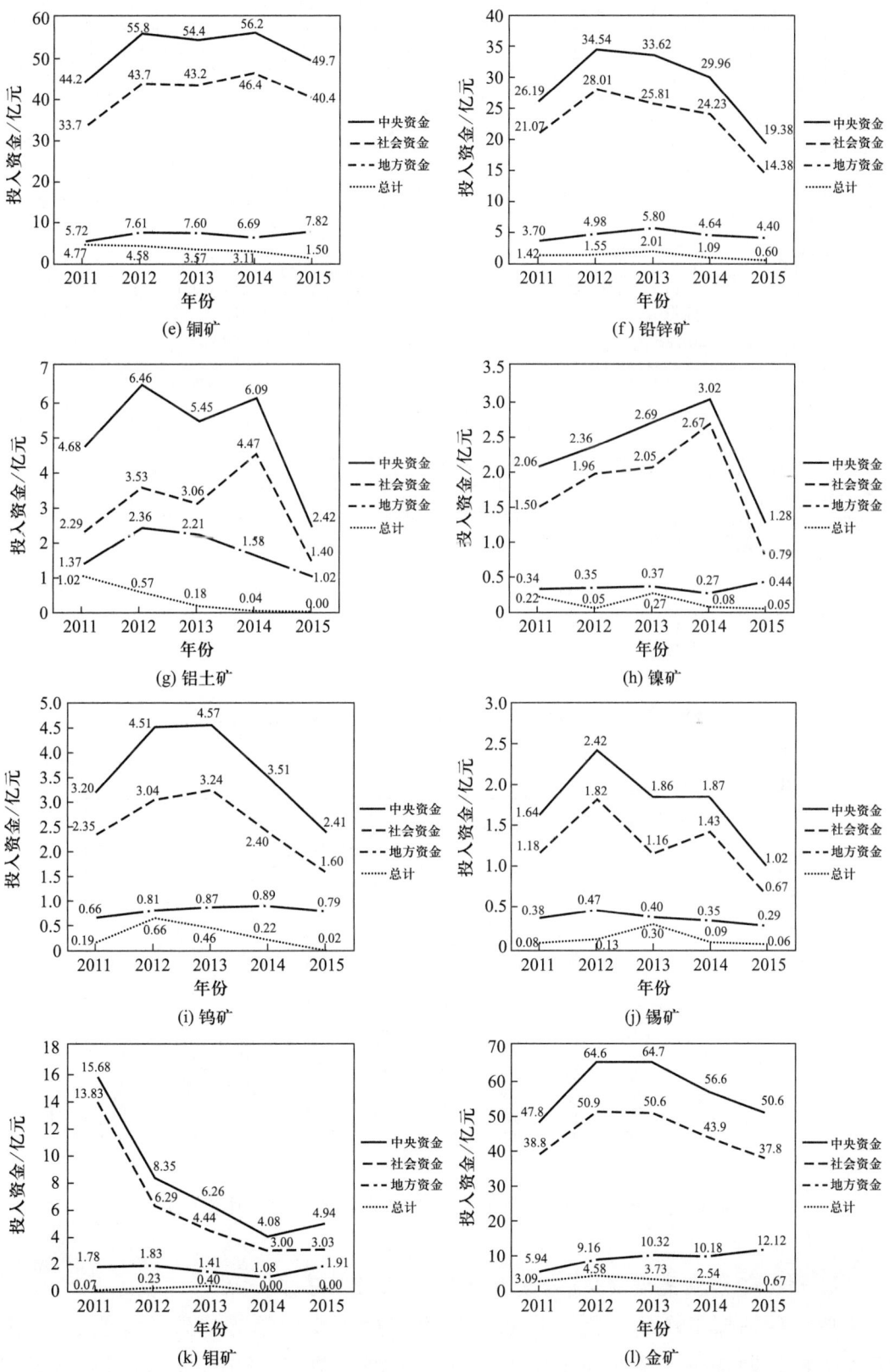

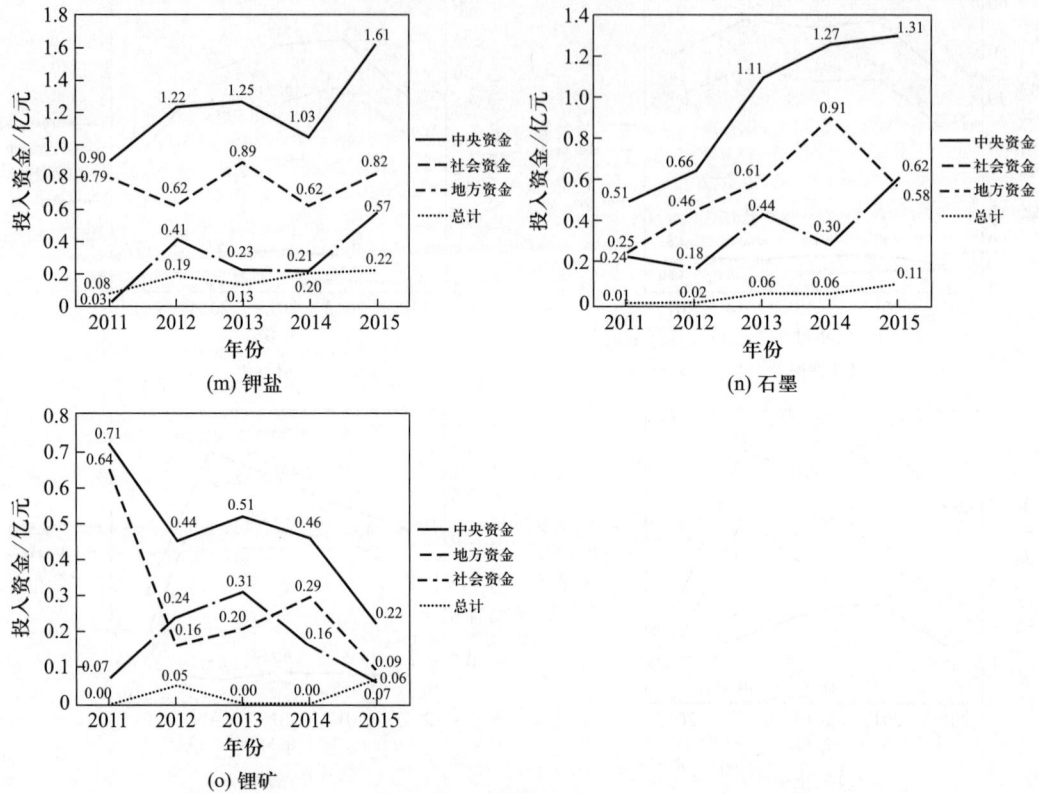

图 9 2011—2015 年非油气重要矿产勘查资金投入变化

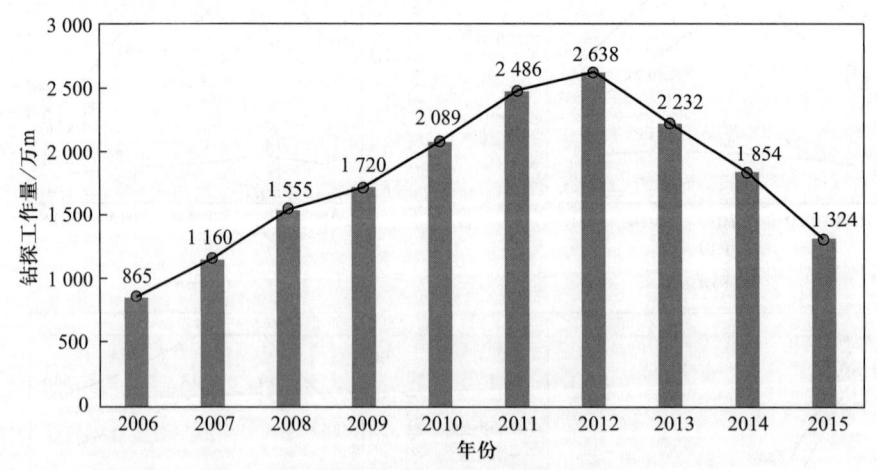

图 10 2006—2015 年非油气矿产勘查年度钻探工作量变化

2. 钻探工作量先增后减,与资金投入变化趋势基本一致

单矿种钻探工作量变化趋势基本与资金投入变化趋势一致。煤炭、铁、钼、锂等矿种的勘查投入及钻探工作量呈逐年下降趋势;铝土矿、镍、钨、锡、等矿种的勘查投入及钻探工作量先增后减，2015 年较 2011 年均有所下降；铀、锰、铅锌、金矿、钾盐、石墨的勘查投入及钻探工作量亦是先增后减，不同的是，2015 年较 2011 年投入钻探工作量基本持平或有所增加（表3、图11）。

表3 "十二五"期间非油气矿种勘查投入与钻探工作量一览表

矿种	勘查投入		钻探工作量	
	资金/亿元	同比增长/%	进尺/万 m	同比增长/%
煤炭	416.20	0.5	3 172	12.2
铀	38.95	—	303.54	—
铁矿	168.16	75.2	1 171	89.2
锰矿	18.46	111.7	108	156.6
铜矿	259.75	140.5	1 176	120.7
铅锌矿	144.81	40.6	839	123.0
铝土矿	25.23	94.1	229	124.3
镍矿	11.39	80.5	63	103.0
钨矿	18.35	83.5	139	91.1
锡矿	8.94	11.8	50	−7.7
钼矿	38.94	44.2	288	56.4
金矿	293.69	135.0	1 727	167.8
三稀矿种	6.67	30.0	34	133.3
钾盐	6.01	—	8.82	—
石墨	4.86	—	30.93	—

3. 探矿权投放总体呈下降趋势

2011—2015 年共投放非油气探矿权 6 226 个[①]。2015 年，出让探矿权 948 个，较 2011 年下降 30.6%（图12）。截至 2015 年年底，全国有效期内非油气探矿权共计 28 425 个，同比减少 17.1%（表4）。

---

① 本报告探矿权数据来自《2015 中国国土资源公报》。

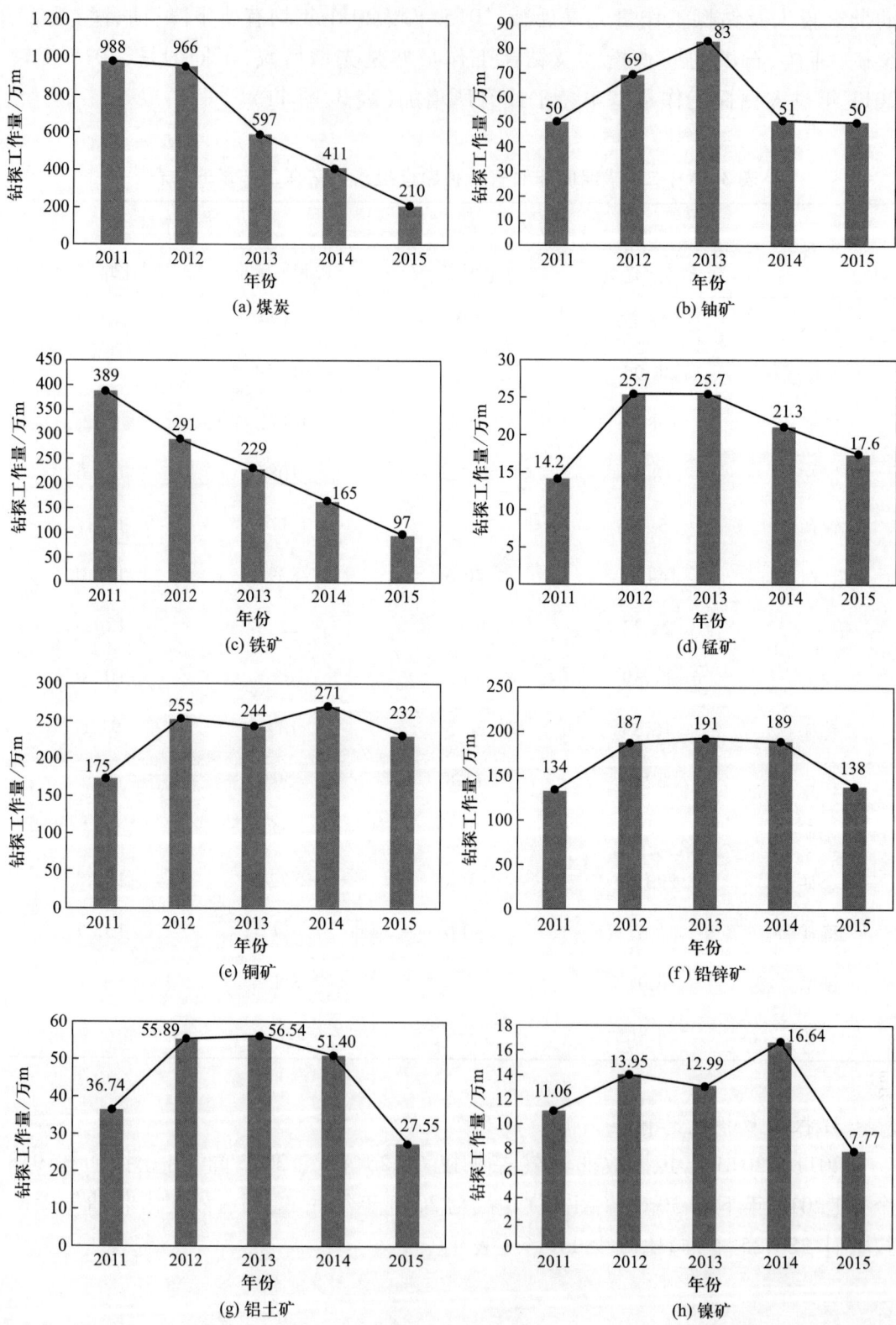

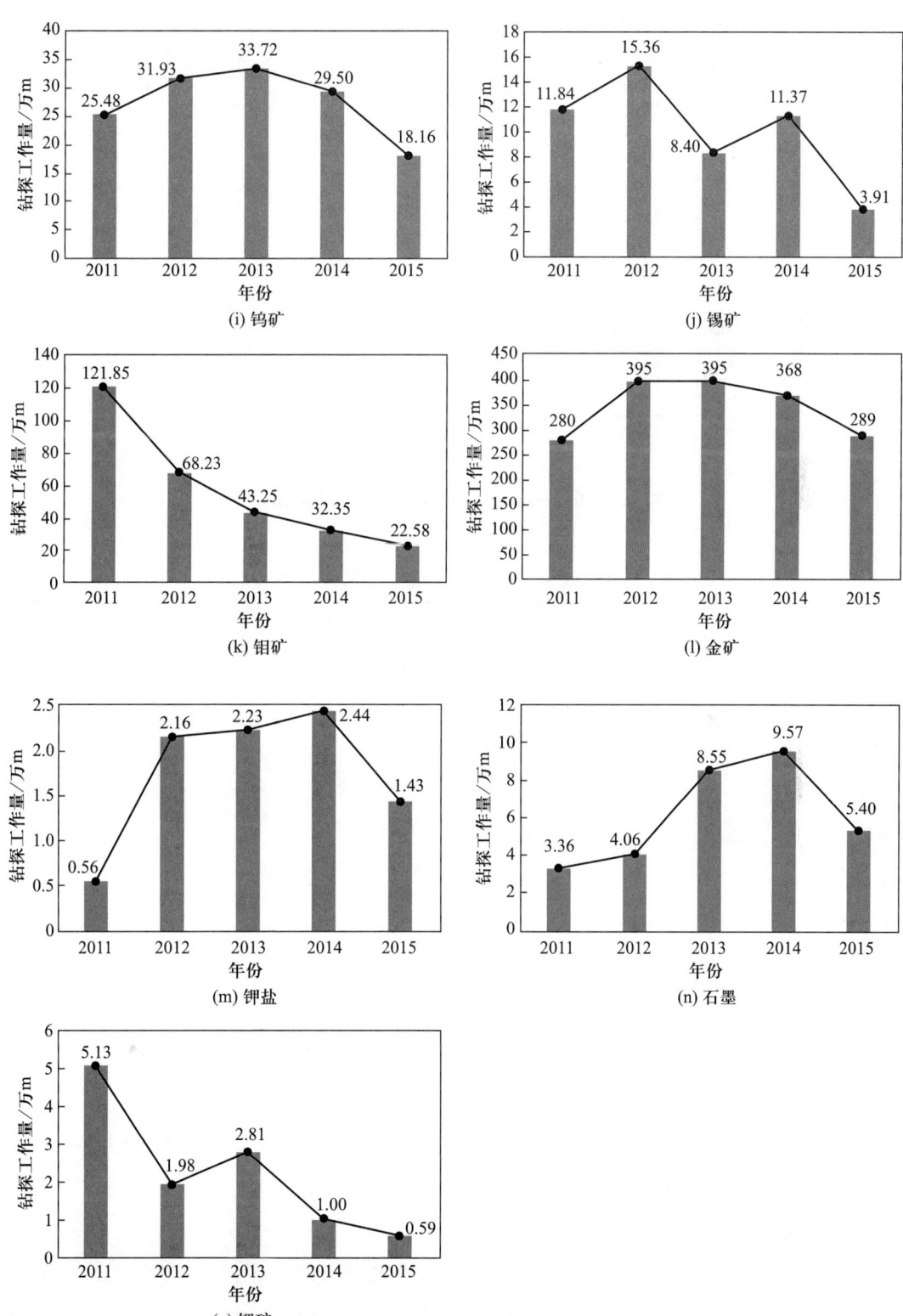

图 11　2011—2015 年非油气矿产勘查钻探工作量变化

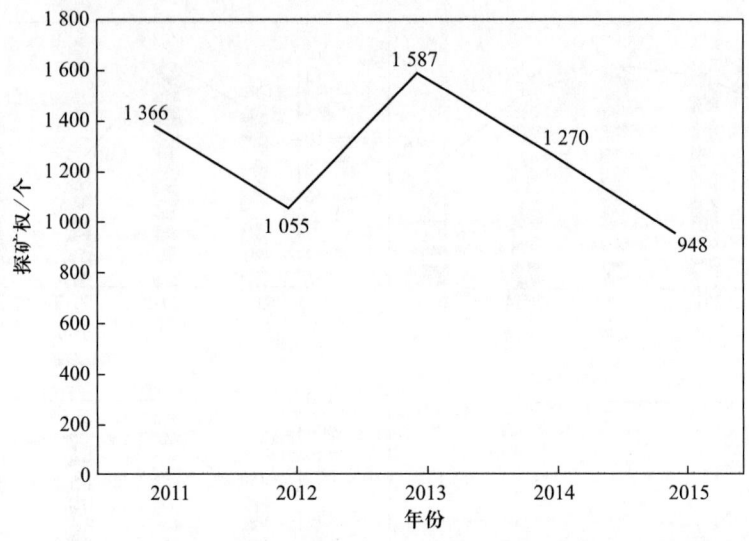

图 12 2011—2015 年探矿权投放变化情况

表 4 截至 2015 年年底非油气探矿权

省份	能源矿产	黑色金属矿产	有色金属矿产	铂族金属矿产	贵金属矿产	稀有稀散稀土矿产	冶金原料非金属矿产	化工原料非金属矿产	特种非金属	建材及其他非金属	水气矿产	合计
北京	16	—	—	—	—	—	—	—	—	—	—	16
天津	54	—	—	—	—	—	—	—	—	—	—	54
河北	15	203	123	—	173	—	12	2	2	15	1	546
山西	44	25	31	—	10	—	—	2	1	8	—	121
内蒙古	281	515	1 862	1	794	12	40	16	3	222	12	3 758
辽宁	33	137	192	1	180	1	13	11	46	67	1	682
吉林	59	130	146	—	302	—	4	4	7	97	25	774
黑龙江	117	26	271	3	363	—	6	4	8	40	4	842
上海	—	—	—	—	—	—	—	—	—	—	—	—
江苏	80	13	34	—	12	3	—	17	2	8	2	171
浙江	37	7	143	—	80	5	164	2	5	31	—	474
安徽	70	198	436	—	215	1	20	8	16	68	1	1 033
福建	70	79	61	—	96	7	22	3	—	40	2	380
江西	115	124	815	2	506	40	99	10	6	128	4	1 849

续表

省份	能源矿产	黑色金属矿产	有色金属矿产	铂族金属矿产	贵金属矿产	稀有稀散稀土矿产	冶金原料非金属矿产	化工原料非金属矿产	特种非金属	建材及其他非金属	水气矿产	合计
山东	70	167	54	—	573	1	9	16	8	84	—	982
河南	37	102	201	—	125	3	9	18	—	26	2	523
湖北	32	79	89	—	54	2	4	65	—	16	—	341
湖南	50	79	241	—	190	3	5	11	4	17	3	603
广东	27	66	383	—	109	18	3	2	—	10	4	622
广西	11	97	458	1	325	3	1	23	2	34	3	958
海南	—	—	44	—	50	4	1	—	—	2	—	101
重庆	62	22	12	—	1	2	2	9	—	1	—	111
四川	93	169	837	8	519	29	12	86	—	41	4	1 798
贵州	151	93	260	1	89	—	1	40	1	6	8	650
云南	179	459	1 314	4	330	7	3	79	—	18	—	2 393
西藏	5	68	456	—	78	8	2	2	2	1	1	623
陕西	92	129	255	—	252	6	1	18	1	19	3	776
甘肃	23	129	288	2	530	10	8	3	—	10	1	1 004
青海	31	94	469	—	286	2	—	8	—	32	4	926
宁夏	21	—	11	—	3	—	3	6	—	23	4	71
新疆	609	511	2 576	—	952	47	9	327	4	200	8	5 243
总计	2 484	3 721	12 062	23	7 197	214	453	792	118	1 264	97	28 425

二、2011—2015 年找矿突破战略行动成果

全国找矿突破战略行动由国土资源部、发展和改革委员会、财政部、科技部四部委共同组织,自 2011 年实施以来,成效显著,油气及重要矿产勘查取得系列重大突破,在确定了具体找矿目标任务的 18 种能源和重要矿产中,除煤层气和锡矿外,其他矿种均完成或超额完成五年目标任务,其中金、铅、锌、镍、钨、钼 6 种矿产提前完成 10 年找矿目标(表 5);基础地质调查保持快速推进势头,能源矿产调查评价取得重要新发现;基础地质理论研究引领地质找矿工作向新区新类型拓展,潜力评价和找矿预测工作有效指导地质找矿工作;深地、深海探测和航空物探能力显著增强;矿产资源节约与综合利用工作取得积极进展,矿产资源

开发利用水平显著提高。

表5 全国找矿突破战略行动重要矿种目标完成情况

领域	矿种	单位	5年目标	8~10年目标	5年成果	完成率/%	与"十一五"比较/%	评估结论
能源矿产	石油	10^8 t	65	100~120	61	94	107	基本完成
	天然气	10^8 m³	35 000	70 000	39 204	112	128	完成
	煤层气	10^8 m³	8 500	17 000	3 505	41	211	未完成
	页岩气	10^8 m³	6 000	15 000	5 441	91	—	基本完成
	煤炭	10^8 t	3 000	4 000	2 990	100	73	完成
	铀	10^4 t	×	×	×	105	142	完成
其他固体矿产	铁矿石	10^8 t	100	>250	133	133	81	超额完成
	锰矿石	10^8 t	7.5	15	7.7	103	353	完成
	铜	10^4 t	2 000	3 000	2 341	117	111	完成
	铝土矿	10^8 t	8	14~20	9.6	120	142	完成
	金	t	2 000	3 500	4 949	247	166	超额完成
	铅锌	10^4 t	4 000	>6 000	6 068	152	120	超额完成
	镍	10^4 t	15	>30	279	1 860	152	超额完成
	钨	10^4 t	200	>400	460	230	698	超额完成
	钼	10^4 t	350	450~500	1 560	446	350	超额完成
	钾盐	10^8 t	3	>5	3.6	120	36	超额完成
	锡	10^4 t	200	>400	79	40	118	未完成
新发现矿产地	大中型矿产地	处	500	—	736	147	—	超额完成
	亿吨级油田	处	4~6	—	11	275	—	超额完成
	千亿方气田	处	7~9	—	13	186	—	超额完成

注:油气矿产为新增探明地质储量、固体矿产为新增查明资源储量;大中型矿产地为主要固体矿产产地。完成率90%~100%为基本完成,100%~120%为完成、>120%为超额完成。

（一）矿产勘查取得重大成果

1. 新增一大批矿产资源储量

2011—2015 年，全国找矿突破战略行动矿产勘查取得重大突破，新增一大批重要矿种的资源储量，这是新中国成立以来，在开采消耗持续加大的情况下实现保有资源储量普遍增长的五年。其中，新增资源储量达到大型规模以上的有 150 余处。

据全国矿产资源储量通报，2011—2015 年，我国主要矿种勘查新增资源储量为：煤炭 2 990 亿 t、铁矿石 132.7 亿 t、锰矿石 7.7 亿 t、镍 279.2 万 t、铜 2 341 万 t、铝土矿 9.6 亿 t、铅锌 6 068 万 t、钨（WO_3）460 万 t、锡 78.7 万 t、钼 1 559.5 万 t、金 4 949.4 t、钾盐 3.6 亿 t、晶质石墨 9 065.02 万 t、磷矿石 58.1 亿 t。

2. 新发现一批矿产地

随着找矿突破战略行动的深入推进，重要矿产查明资源储量稳步增长，煤炭、铀、铁、铜、铝土矿、铅锌、钼、金等重要矿产勘查新获一批具有重大影响的大型以上规模矿产地。

2006—2015 年，新发现矿产地 4 344 处，其中，大型及以上 890 处、中型 1 132 处、小型 2 322 处（图 13）。"十二五"期间新发现矿产地数量 1 505 处，同比下降 47%。2015 年新发现矿产地仅 160 处，仅为 2008 年峰值的 24.62%（图 14）。

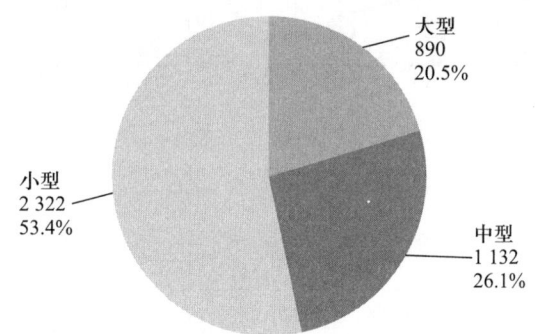

图 13　2006—2015 年非油气矿产勘查新发现矿产地规模数量结构图

2011—2015 年，主要矿种勘查新发现矿产地数量变化总体呈下降趋势（图 15）。2015 年新发现矿产地铁矿仅为 11 处、煤矿仅为 18 处，均为五年来新低。

3. 发现和评价了一批世界级大矿

找矿突破战略行动以来，发现了一批世界级大矿。到目前为止，我国新发现的大营铀矿、朱溪、大湖塘钨矿、多龙铜矿、三山岛金矿、沙坪沟钼矿、双尖子山银矿、火烧云铅锌矿、甲基卡锂矿等世界级矿床均在整装勘查区内。

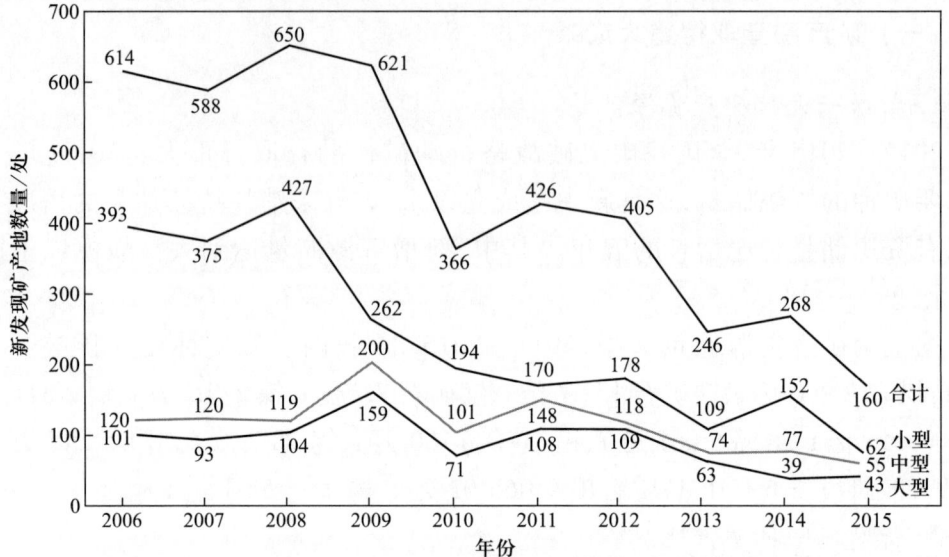

图 14　2006—2015 年非油气矿产勘查新发现矿产地数量变化

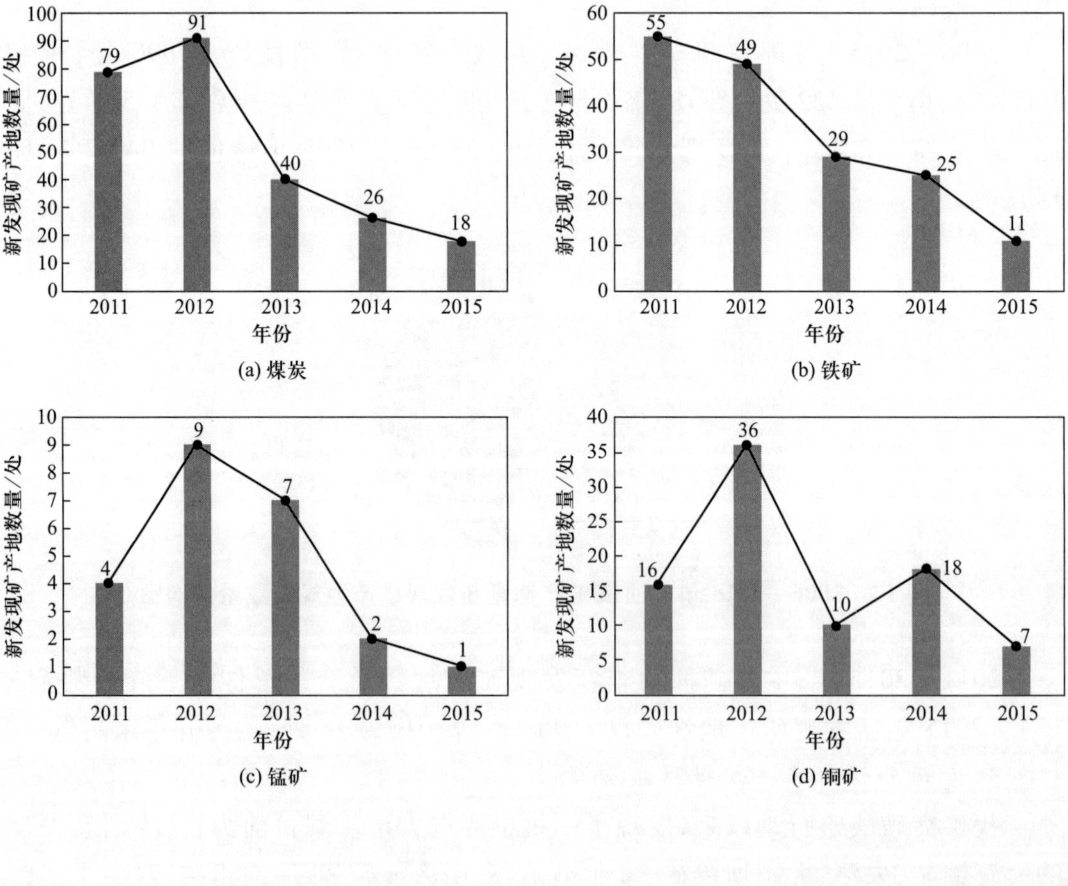

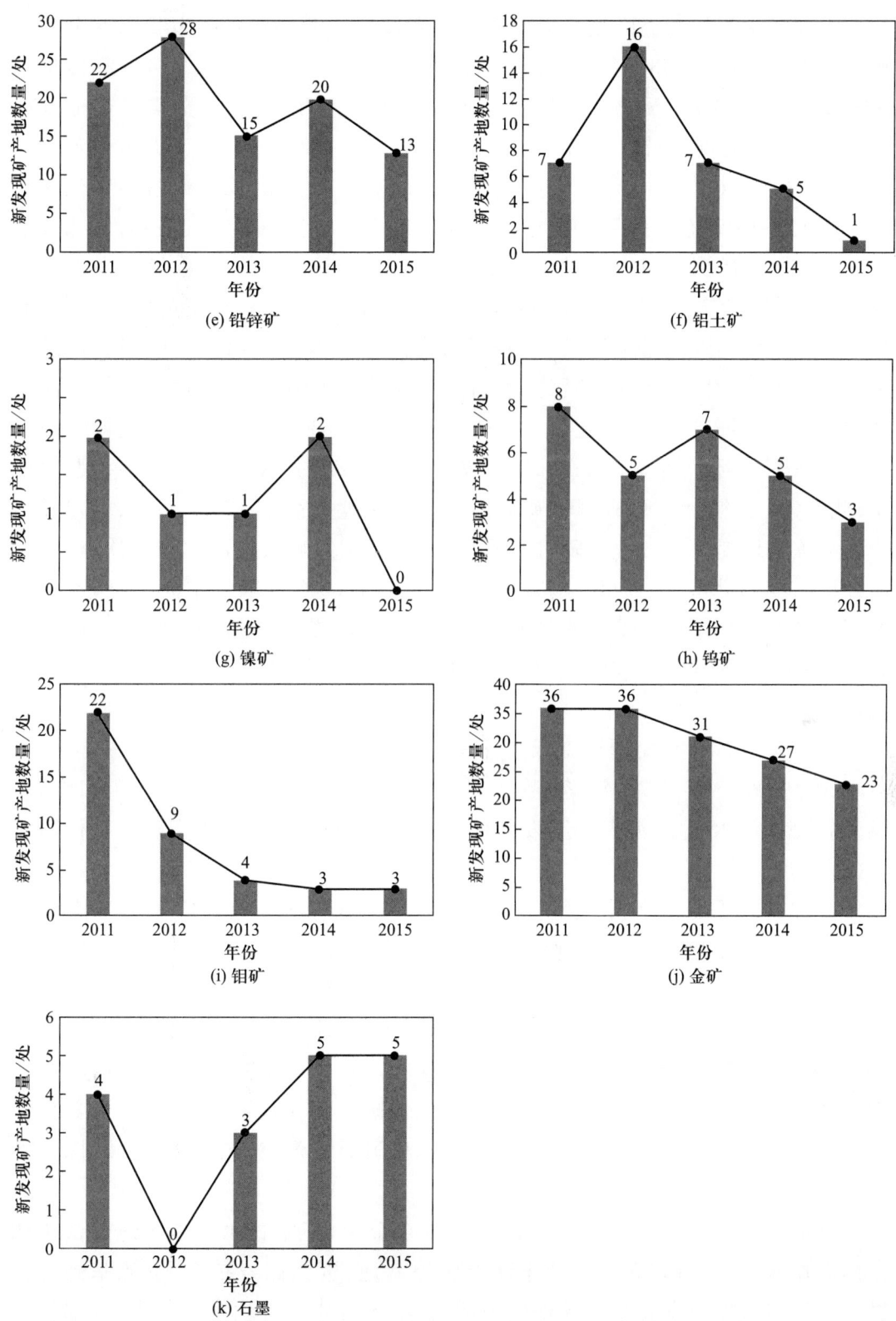

图 15 2011—2015 年单矿种新发现矿产地数量变化

西藏多龙整装勘查区铁格隆南探获铜资源量1 100万t,成为我国首个千万吨级铜矿床;山东莱州—招远地区向深部拓展,累计探明资源量4 500 t,其中400 t以上矿床3处,跃居世界第三大金矿集区;云南鹤庆北衙金矿提交金资源量334 t,共生的铜、铅锌、铁、银都分别达到大型规模(铜74万t、铅锌257万t、铁1.73亿t、银6 277 t),是目前我国少有的高品质金多金属矿床;贵州铜仁锰矿新增资源量3.65亿t,实现了中国40多年来锰矿找矿又一重大突破;青海祁漫塔格夏日哈木镍矿探获镍资源储量106.17万t,在中国实现了自金川以来镍矿勘查的又一重大突破;江西朱溪(236万t)与大湖塘(107万t)钨矿的突破,连续刷新了单一矿床钨资源量世界第一的新纪录;内蒙古双尖子山银矿的资源量已超过2万t,稳居中国银单矿床资源量之首;新疆发现了中国目前资源量最大、品位高的火烧云铅锌矿,资源量已达1 894万t;四川甲基卡外围新增氧化锂资源量88万t,累计探明资源量188.77万t,成为世界少有的、我国最大的特大型锂矿床,此外,李家沟及党坝、业隆沟矿区共探明氧化锂资源量125.42万t,为建设川西新能源基地提供了资源保障;内蒙古浩尧尔忽洞发现大坞淀大型晶质石墨矿,累计探明资源量超1 775万t;新疆奇台黄羊山石墨勘查取得重大突破,资源潜力超6 000万t,有望形成新的晶质石墨资源基地;黑龙江鸡西石墨资源储量扩大,已探明石墨矿物总量达5 000万t,进一步稳固了我国石墨资源全球第一的地位。

4. 形成一批大型能源资源勘查开发基地

2011—2015年,找矿突破亮点纷呈,多点开花,全国范围内形成了铜、铅锌、镍、钨、钾盐等46个资源勘查开发基地,提升了我国大宗紧缺矿产资源的保障程度(表6)。

从查明资源储量来看(表7),46个资源勘查开发基地中的大型矿产地查明资源储量在全国大型矿产地查明资源储量中占有较大比重。涉及的13个重点矿种中,除镍(占比32.07%,下同)、钼(48.55%)、银(41.90%)、锡(42.49%)、锑(46.97%)5个矿种占比在30%~50%外,其余8个矿种占比超过50%,钨(90.82%)、冶金级铬铁(100%)两个矿种占比更超过90%,而这46个大型矿产地总面积为63.07万km^2,仅占我国陆域国土面积的6.57%。46个资源勘查开发基地在我国矿产资源勘查开发和国家资源安全维护方面发挥了支柱作用。

从地域分布上来看,一方面,以山东胶东金矿、辽宁鞍山—本溪地区铁矿和江西九瑞地区铜、钨矿为代表的东部老资源基地,资源储量扩大,资源基础得到进一步稳固。以山东胶东金矿基地为例,找矿突破战略行动实施以来,深部找矿不断取得突破,新增资源量1 840 t,成为世界第三大金矿集区。另一方面,以黔东地区锰矿、四川甲基卡锂新能源基地等为代表的西部新基地不断涌现,如内蒙古新巴尔虎右旗乌努格土山—甲乌拉地区铜铅锌多金属矿、黔东—湘西地区锰铅锌矿、西藏拉萨—山南地区铬铜铅锌矿、西藏改则地区铜锂钾矿、甘—陕南部金铅锌矿、新疆喀什—克州地区铁锰铜铅锌金矿、新疆奇台黄羊山石墨矿等资源基地,东西并重的格局初步形成。

从矿种来看,一方面,铜、铅锌、镍、钨、钾盐等我国大宗矿产基地的形成,提升了我国大宗紧缺矿产资源的保障程度。以铜矿为例,找矿突破战略行动实施以来,发现了多龙铜矿、甲玛铜矿、普朗铜矿等大型铜矿,形成了拉萨—山南地区、云南迪庆等资源基地,新增资源储量 2 341 万 t,相当于以往 60 年查明总量的 1/5。另一方面,石墨、锂等新兴产业所需矿产基地的形成,有力支持了我国战略新兴产业的发展。例如在四川甲基卡矿区探获的亚洲最大的锂辉石矿床(189 万 t),促成了甘孜地区资源基地的形成;黑龙江鸡西石墨深加工基地进一步得到稳固。

表6 全国大型资源勘查开发基地列表

序号	名称	面积/km²	已查明资源储量情况
1	山西柳林—霍州地区铝土矿资源勘查开发基地	13 220.79	煤 227.96 亿 t,铝土矿 5.1 亿 t
2	内蒙古新巴尔虎右旗乌努格土山—甲乌拉地区铜、铅锌多金属矿资源勘查开发基地	10 089.71	铜 267.5 万 t,金 6.5 t,铅锌 136.2 万 t,钼 54.8 万 t,银 2 166 t
3	内蒙古大兴安岭南麓铅锌、铜矿资源勘查开发基地	37 726.99	铁 10.41 亿 t,铅锌 624.93 万 t,钨 5.3 万 t,银 5 624 t,锡 33.46 万 t
4	内蒙古通辽铀矿资源勘查开发基地	3 200.29	
5	内蒙古二连铀矿资源勘查开发基地	9 500.80	
6	内蒙古白云鄂博铁稀土石墨矿资源勘查开发基地	6 267.45	铁 14.68 亿 t,金 71.3 t,石墨 1 781.97(1 775.58)万 t,稀土 1 890 万 t,磷 1.87 亿 t
7	内蒙古东胜地区煤铀矿资源勘查开发基地	5 457.33	煤 921.82 亿 t
8	内蒙古乌拉特霍各乞—东升庙铜、铅锌矿资源勘查开发基地	9 085.84	铜 153.7 万 t,铅锌 1 054.2 万 t,钼 18.7 万 t

续表

序号	名称	面积/km²	已查明资源储量情况
9	内蒙古阿拉善石墨矿资源勘查开发基地	8 578.22	石墨 1 710.46 万 t
10	辽宁鞍山—本溪地区铁矿资源勘查开发基地	10 530.27	铁矿 184.42 亿 t
11	辽宁丹东—凤城地区金矿资源勘查开发基地	8 582.72	铁矿 4.35 亿 t,金矿 109.4 t,铅锌 111.8 万 t,磷矿 0.43 亿 t
12	黑龙江鸡西—双鸭山地区石墨、金矿资源勘查开发基地	22 936.62	铁 1.22 亿 t,金 80.6 t,钨 3.6 万 t,石墨 6 821.4 万 t
13	安徽省铜陵铜矿资源勘查开发基地	5 558.82	铁 0.9 亿 t,铜 497.44 万 t,金 273.8t,钨 6.23 万 t
14	江西九瑞铜、钨矿资源勘查开发基地	7 164.84	铜 406.5 万 t,金 112.3 t,钨 219.7 万 t,银 1 189 t
15	江西德兴铜、钨矿资源勘查开发基地	6 236.51	铜 999 万 t,金 336.9 t,钨 236 万 t,钼 29.8 万 t,银 853 t
25	云南鲁甸巧家地区铅锌矿资源勘查开发基地	19 456.38	煤 81.99 亿 t,铅锌 1 034.86 万 t,银 3 376 t
16	江西赣州钨、锡多金属矿资源勘查开发基地	10 670.10	钨 112.2 万 t,锡 67.6 万 t
17	江西赣中锂矿资源勘查开发基地	4 093.79	铁 4.35 亿 t,钨 18.3 万 t,钼 3.4 万 t
18	江西相山铀矿资源勘查开发基地	1 673.50	
19	山东胶东金矿资源勘查开发基地	11 097.81	金 2698.86 t,钨 3.8 万 t,钼 60.4 万 t,石墨 532.1 万 t,磷 5.15 亿 t
20	河南洛阳—陕西渭南金、铅锌多金属矿资源勘查开发基地	10 704.70	金 490.74 t,铅锌 669.75 万 t,钼 428.38 万 t,银 2 881.1 t
21	湖南安化地区锑、金矿资源勘查开发基地	11 650.22	金 121.4 t,锑 151.9 万 t

续表

序号	名称	面积/km²	已查明资源储量情况
22	湖南郴州—衡阳地区钨、锡多金属矿资源勘查开发基地	11 945.78	铁 0.21 亿 t,锰 1.04 亿 t,铜 6.3 万 t,金 86.7 t,铅锌 567 万 t,钨 156.3 万 t,钼 13.3 万 t,银 2 983 t,锡 160.6 万 t,石墨 2 759.7 万 t
23	广东韶关铅锌矿资源勘查开发基地	5 245.74	铅锌 914.5 万 t,钨矿 39.96 万 t,银 4 219 t,锡 2.9 万 t
24	广西德保—崇左锰铝土矿资源勘查开发基地	35 520.90	锰矿 0.55 亿 t,铜 14.1 万 t,铝土矿 9.65 亿 t,金 4.9 t,钨 20.1 万 t,银 2 086 t,锡 4.9 万 t,稀土 1.65 万 t
26	四川甘孜地区锂矿资源勘查开发基地	13 441.62	铜 8.2 万 t,镍 30.7 万 t,氧化锂 757.83 万 t
27	四川攀西钒钛铁石墨矿资源勘查开发基地	15 484.54	铁 69.27 亿 t,铜 125.1 万 t,金 14.4 t,铅锌 131.4 万 t,银 1 895 t,石墨 606 万 t,稀土 50 万 t
28	四川米仓山地区晶质石墨矿资源勘查开发基地	2 247.13	石墨 687 万 t
29	贵州遵义—重庆武隆铝土矿资源勘查开发基地	5 888.99	铝土矿 4.04 亿 t
30	贵州铜仁—湖南湘西地区锰铅锌矿资源勘查开发基地	7 153.77	锰矿 2.87 亿 t,铅锌 545.4 万 t
31	贵州贞丰—普安金矿资源勘查开发基地	8 961.28	金 356.4 t,锑 27.7 万 t,磷矿 51 529 万 t
32	云南迪庆铜多金属矿资源勘查开发基地	9 210.14	铜 460.8 万 t,金 97.2 t
33	云南兰坪—保山—镇康地区铅锌铁资源勘查开发基地	22 449.91	铁 2.8 亿 t,铜 36 万 t,铅锌 1 791.7 万 t,银 9 375 t,锡 4.3 万 t
34	西藏昌都地区铜铅锌矿资源勘查开发基地	8 554.18	铜 940.6 万 t,铅锌 90 万 t,钼 45.6 万 t

续表

序号	名称	面积/km²	已查明资源储量情况
35	西藏拉萨—山南地区铬铜铅锌矿资源勘查开发基地	45 096.01	铜 1 907.93 万 t，金 100 t，铅锌 705.88 万 t，钼 112.78 万 t，银 8 014.7 t，铬铁矿 500 万 t
36	西藏改则地区铜锂钾矿资源勘查开发基地	33 311.69	铜 2 000 万 t，金 195.7 t，钾盐 1.39 亿 t，氯化锂 6 048 万 t
37	甘肃定西陇南—陕西宝鸡地区金铅锌资源勘查开发基地	21 433.30	金 235.44 t，铅锌 1 646.07 万 t，银 991 t，锑 14.9 万 t，磷 46 433.6 万 t
38	青海都兰地区金矿资源勘查开发基地	18 728.59	金 255.7 t
39	青海柴达木油气钾锂铜镍多金属矿资源勘查开发基地	38 627.03	铅锌 50 万 t，镍 106 万 t，钾盐 2.95 亿 t，氯化锂 501.4 万 t
40	新疆哈密地区铜镍铅锌矿资源勘查开发基地	33 742.91	煤矿 368.38 亿 t，铜 524.7 万 t，金 95 t，铅锌 141.4 万 t，镍 48.3 万 t，钼 19 万 t，银 3 077 t
41	新疆罗布泊钾盐资源勘查开发基地	5 884.50	铜矿 13.1 万 t，镍矿 163.43 万 t，钾盐 3.45 亿 t
42	新疆奇台黄羊山石墨矿资源勘查开发基地	5 577.92	石墨 6 000 万 t
43	新疆西天山和静地区铁金矿资源勘查开发基地	11 381.50	铁矿 4.6 亿 t，金 106.9 t
44	新疆伊犁铀矿资源勘查开发基地	959.44	
45	新疆喀什-克州地区铁锰铜铅锌金矿资源勘查开发基地	33 041.66	铁 5.46 亿 t，铜 54 万 t，金 116.4 t，铅锌 222.4 万 t
46	新疆和田地区铅锌锂矿资源勘查开发基地	3 311.95	铅锌 1 724.68 万 t

数据来源：中国地质调查局。

表7 全国大型资源勘查开发基地中大型矿产地占全国大型矿产地查明资源储量比例表

矿种	单位	全国大型矿产地查明储量	基地大型矿产地查明储量	占比/%
铁	亿t	593.23	302.67	51.02
锰	万t	74 307.87	44 536.37	59.93
铜	万t	11 734.52	9 336.79	79.57
铝土	万t	357 159.71	188 102.2	52.67
金	t	10 575.2	7 472.28	70.66
铅锌	万t	19 039.28	12 162.17	63.88
镍	万t	1 086.31	348.43	32.07
钨	万t	904.54	821.49	90.82
钼	万t	1 619.44	786.16	48.55
银	t	116 287.4	48 729.8	41.90
钾盐	万t	93 078.8	77 902.4	83.70
锡	万t	644.26	273.76	42.49
石墨	万t	17 256.31	14 205.24	82.32
锂	万t	10 936.46	7 307.23	66.82
锑	万t	414.1	194.5	46.97
冶金级铬铁	万t	500	500	100.00
磷	万t	152 089.37	120 995.9	79.56
稀土	万t	2 700	1 890	70.00

数据来源:中国地质调查局。

5. 整装勘查区、老矿山找矿成果显著

2011—2015年,整装勘查区在"公益先行,商业跟进,基金衔接,整装勘查,快速突破"新机制实施下,找矿效果显著。全国整装勘查区投入315.40亿元,占全国固体矿产勘查总投入的15%,其中中央财政53.75亿元、地方财政41.48亿元、社会资金220.16亿元。整装勘查区新增资源储量、新发现大中型矿产地数量所占比例远高于资金所占比例。2011—2015年全国新增备案资源储量中,67%的铜矿、52%的锰矿、53%的铝土矿、47%的金矿、41%的镍矿以及43%的新发现大中型矿产地来自整装勘查区(图16)。

通过开展矿山深边部找矿,179个矿山新增资源储量达大中型矿床规模,有

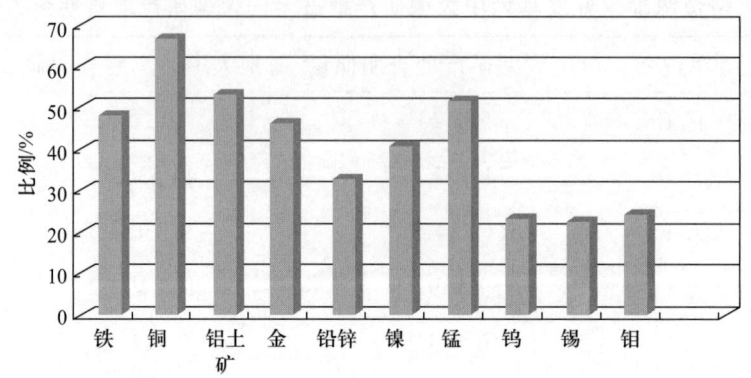

图 16　整装勘查区部分矿种占全国五年新增资源储量比例柱状图

效缓解了矿山后备资源不足的状况,平均延长服务年限 10 年,稳定职工就业 40 余万人。其中,西藏罗布莎矿区新增富铬铁矿 450 万 t,超过矿区以往累计探明资源储量;河南老湾金矿新增资源量 100 t,一跃成为桐柏—大别山地区最大的金矿床;四川拉拉铜矿在矿区外围新层位发现厚层富矿体,新增铜资源量 63 万 t。老矿山找矿丰富和发展了我国找矿预测理论,开辟了找矿第二空间,带动了深部勘查技术方法进步,推动了矿产勘查开发向深部拓展。

(二) 矿产勘查科技创新成果

1. 创建了成矿地质体、成矿构造与成矿结构面、成矿作用特征标志"三位一体"勘查区找矿预测理论与方法体系,指导找矿成果显著

创建了以成矿地质体、成矿构造和成矿结构面、成矿作用特征标志、空间模型结构研究为核心内容的勘查区找矿预测理论与方法体系,有效地降低了找矿标志的不确定性,显著提高了找矿预测可信度,实现了矿床学、矿床地球化学研究与矿产勘查紧密结合,为推进我国找矿突破提供了系统的方法体系。提出了勘查区找矿预测地质模型的构建方法,具有很强的实践性。首次研建了符合我国成矿地质特征的 25 种找矿预测地质模型,涵盖了非岩浆后生热液型铅锌矿、矽岩型铁矿、次火山热液型金银矿及铅锌矿、岩相构造带控矿的铬铁矿,红层盆地边缘深大断裂控制的花岗岩容矿的铀矿等我国主要矿床类型(图 17),为矿产勘查提供了类比标准。该预测理论与方法体系指导找矿实践取得巨大成功,经济效益、社会效益十分显著。

2. 全国矿产资源潜力评价成果有效指导地质找矿

该项工作既是对我国自新中国成立以来地质矿产成果资料的一次系统总结提升,也是我国矿产资源潜力评价理论方法研究的一次重要创新发展,完成

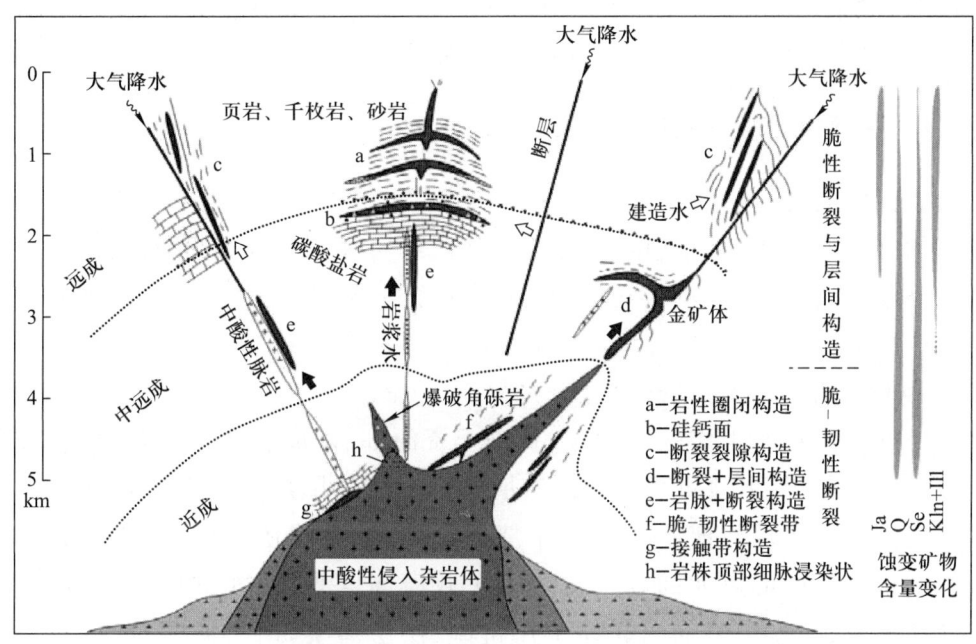

图 17　中低温岩浆热液型金矿找矿预测地质模型

了对全国主要矿产资源的潜力评价，基本掌握了25种能源和重要矿产资源家底，圈定了近5万个资源预测区，为我国矿产资源规划、管理、保护和合理开发利用，矿产资源勘查开发布局，宏观经济结构调整等提供了科学依据。创新了物化遥多元信息用于矿产预测的方法，为矿产预测提供了重要基础支撑。创立了矿床模型综合地质信息预测理论方法，建立了新的矿产资源潜力评价技术方法体系。

3．基础地质理论研究引领地质找矿工作向新区新类型拓展

建立了青藏高原地质成矿理论，通过"特提斯多岛弧盆系构造理论"和"陆缘增生-大陆碰撞成矿理论"，重塑了青藏高原地质演化过程，揭示了青藏高原区域成矿规律。指导发现了30多处大型以上矿床。开展了中国陆块海相成钾规律及预测研究，大幅度扩大了柴达木西部钾盐资源远景，推算氯化钾资源量为3.5亿t。

4．钻探、物探等探测技术进步，深部找矿能力显著增强

2 000 m固体矿产钻探技术及装备已在勘查中广泛应用，其中山东三山岛金矿区最大钻探深度已达4 006 m。自主研发的无人机航空物探综合测量系统、数字式航空氦光泵磁力仪与测量系统等多套关键仪器设备达到国际先进水平；研制了一套抗干扰技术体系，包括仪器设备、处理软件及采集技术的创新，极大地缓解了人文干扰对物探应用效果的影响；3D井-地磁测联合反演（SWMI3D）、

地-井方位激电（IP）联合反演及井中 TEM 等一批地下物探新技术已投入找矿一线，提高了异常解释精度，加大了有效勘探深度。

（三）主要经验做法和存在主要问题

找矿突破战略行动的组织实施，四部委密切协作，部省两级有效联动，地方政府和国土资源管理部门高度重视，积极探索，研究制定了一系列政策措施，企业和地勘单位、科研院所积极响应，形成了生动的找矿局面，积累了许多好做法、好经验。

1. 部省联动，层层落实责任

为做好全国找矿工作的组织实施，国土资源部、发展和改革委员会、科技部、财政部组织编制了《找矿突破战略行动总体方案》，并共同成立了领导小组，统筹国家资源产业布局与地质找矿工作部署，研究解决找矿实施过程中遇到的政策和体制机制方面的重大问题。省级人民政府高度重视，相继成立了省级领导小组或指挥部，建立了多部门联动工作机制，层层落实责任，协调解决找矿工作中遇到的问题。办公室等机构，明确责任、落实方案、研究促进找矿突破的政策措施，务实推进。

2. 创新机制，激发活力

深入落实"公益先行，商业跟进，基金衔接，整装勘查，快速突破"地质找矿新机制，准确定位不同资金的使用方向：财政专项资金做基础地质调查，企业投资主要开展风险勘查。通过公开竞争方式，引入优势企业投资找矿，并出台相关政策，促进企业和地勘单位联合，按照市场机制约定各方权利义务，加速资本和技术融合，形成了各类资金统筹部署、合理分工、有机衔接、规模投入的局面。

3. 锁定重点地区，集中力量加快突破

针对紧缺的大宗矿产，在全国优选了 117 片最有希望突破的地区设立整装勘查区，优先部署基础调查工作，通过引入企业，集中资金加大投入、组织队伍联合作业、安排专家巡回指导，加快找矿进程。

4. 建立地质找矿激励机制，调动各方面积极性

面对当前矿业的不景气，各省积极建立地质找矿重大成果奖励制度，奖励取得重大成果的地勘单位和个人，调动各方面积极性，鼓励社会资金的投入，实现利益共享。青海、贵州、吉林等省份仍坚持加大省级财政投入，通过设置项目、招标、比选及自选项目申报、配置高风险矿种探矿权、配置先进设备等方式，充分调动了国有地勘单位找矿积极性。

5. 加强资料管理,提供社会服务

进一步加强地质资料汇交环节的监管,确保地质资料按期依法汇交。利用现代信息技术,加强建设国家地质资源数据中心,实现数字化地质资料在全国范围内数据共享,为企业和地勘单位提供全面、快捷、方便、高效的地质资料和信息服务。

但同时也暴露出了一些问题。一是矿产勘查经费投入大起大落,不利于保持一只精良的找矿队伍。二是相对于"十一五"期间,新发现矿产地数量大幅下降。出现这种现象可能与找矿难度越来越大、发现矿产地的成本越来越高、财政资金投入更前期地质工作后拉动作用不强、探矿权投放大幅减少等因素有关。三是现有勘查理论与方法不能满足深部找矿的需要。四是深勘精查力度不够,可供开采的资源储量保障时间短。尽管"十一五"以来,尤其是找矿突破战略行动实施以来,各重要矿种均提交了大量资源量,但这些资源量要转变为可供开采的储量还有很多工作要做,要加大深勘精查的力度。例如铁矿,目前的资源量有900多亿吨,但真正具有经济价值的可采储量只有60亿t,不到总量的7%。

三、矿产勘查形势研判

(一)矿产勘查投入将延续下行趋势,降中趋稳

在经历了10年的快速扩张之后,我国地质勘查行业自2012年开始进入调整下行阶段。由于矿产品市场疲软,随着经济形势持续走低,矿产品价格大幅下跌,矿产资源开发利润空间缩水严重,造成社会资金投入地质勘查的热情降低,对地质勘查工作造成一定程度的影响。加之,探矿权投放缩紧,导致新发现矿产地的数量急剧减少。据国土资源部全国地质勘查进展数据显示,2013年全国重要矿产勘查投入363.82亿元,相比2012年的414.10亿元下降12.14%;2014年全国重要矿产勘查投入299.01亿元,同比下降17.81%;2015年全国矿产勘查投入240.22亿元,同比下降19.66%;2016年全国矿产勘查投入170.37亿元,同比下降29.08%,基本与2007年勘查投入(165.37亿元)持平。

2017年中央经济工作会议提出,要深化供给侧结构性改革,提高供给结构对需求结构的适应性;适度扩大总需求,保持社会需求的适度增长。中央供需双向发力的政策信号以及2016年年初以来铁、煤炭、铜、锌、金等矿产品价格总体稳步持续上涨,大宗矿产品供需失衡压力进一步缓解,意味着地质勘查行业的深度调整基本到位(表8)。总体判断,2017年矿产勘查投入总体趋稳,大宗矿产投入出现局部回升,战略性新兴矿产投入持续攀升。

表 8 主要矿产品价格变化

时间	原油/(美元/桶)	煤炭/(美元/t)	金/(美元/盎司)	螺纹钢/(元/t)	铜/(元/t)
2011 年	111.3	125.7	1 571.5	4 550.0	65 757
2012 年	111.7	105.5	1 669.0	3 831.0	57 318
2013 年	108.7	90.9	1 411.2	3 820.0	52 980
2014 年	98.9	77.9	1 266.4	3 008.0	48 500
2015 年	52.4	63.5	1 160.1	2 067.0	40 584
2016 年	46.4	60.1	1 250.8	2 361.0	38 203
2017 年 1 月	55.6	71.3	1 215.0	3 369.0	48 040
2017 年 2 月	56.52	75.6	1 255.0	3 565.0	48 000

(二)矿产勘查重点及结构正在发生重大变化

经济新常态下,伴随着生态文明建设等一系列国家战略的实施,对矿产资源保障的需求正在发生变化,一个显著的变化就是对矿种的需求倾向性更加明显。虽然矿产品是刚性需求,但国家对矿产品需求结构已经发生了变化。具体表现在:一是天然气、煤层气、页岩气以及铀矿、地热、浅层低温地热等清洁能源资源的勘查将成为重点;二是新兴产业发展需要的矿产资源将成为矿产勘查的重点;三是对一些传统矿产资源的需求增速将放缓,维持长时间高位需求的态势,以煤炭、铁矿等为主的大宗矿产勘查投入将延续下行态势,今后一段时期内可能不再作为勘查重点(图18);四是围绕国家生态文明建设等战略的实施,地勘行业面临结构调整,从以矿产勘查为主转向资源与环境并重,不断扩大服务领域,人才需求发生重大变化等挑战。

1. 矿产勘查热点矿种多样化,新兴战略性矿种勘查关注度上升

由于全球矿业市场低迷,矿产资源需求正在发生结构性变化,煤炭、钢铁出现较严重的产能过剩。通过需求对接、基础性地质经费投入、技术服务等手段,积极引导社会资金从产能过剩的矿种转向铜、铀、金、钾盐等国家紧缺矿种和国家大力发展的战略新兴产业所需的矿种。煤炭与铁矿投入显著下降,2015 年,煤炭勘查投入在非油气矿产勘查中的占比从 2011 年的 37% 下降至 16.5%,铁矿勘查投入在非油气矿产勘查中的占比从 2011 年的 12.6% 下降至 9%,而铜、铀、金、钾盐等矿种勘查投入保持高位,石墨、锂矿等新兴战略矿产资源正在逐步成

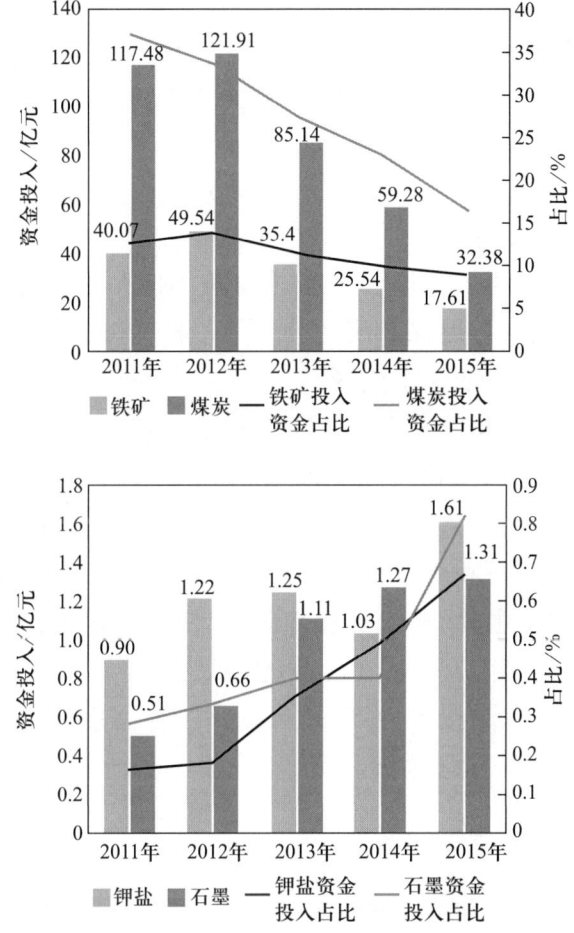

图 18　2011—2015 年煤炭、铁、石墨、钾盐资金投入及占比变化

为地质找矿热点。

未来，要加强以下三类矿产的勘查：

（1）大宗支柱性矿产（经济建设之必须，工业之主食）：富铁、铜、铝、铅锌、金、镍、钨、锡、锑、铀矿等，主要围绕 46 个大型以上勘查开发基地以及 300 个重要老矿山深部和外围开展勘查工作；

（2）紧缺矿产（一直以来具有较高的对外依存度）：锰矿、钾盐、铬铁矿等；

（3）战略新兴矿产：三稀（稀土、稀有、稀散）矿产以及新兴战略性其他矿产，当前以重稀土、锂、铍、铌、钽、钴、锆、金刚石、石墨、钛、萤石、硅藻土、高纯石英矿产资源等为主。

2. 部分重要矿种的勘查布局发生重大变化

我国锡矿勘查传统优势地区在南方，如湖南锡田地区、云南腾冲—梁河地区等，近年来在北方大兴安岭南麓维拉斯托矿床取得突破，新增备案资源储量 12.9

万 t，开辟了我国锡矿勘查的新格局。铀矿勘查布局从南方硬岩型铀矿勘查逐渐向北方砂岩型铀矿转移，改变了我国铀矿勘查的格局。

3．矿产勘查空间格局发生变化，西部地区逐渐成为矿产勘查主战场

2011—2015年，我国西部地区矿产勘查投入比例逐年上升，中、东部地区比例不断缩小。2015年，西部地区矿产勘查资金投入已占据全国的六成以上，已经成为我国矿产勘查的主战场。

中东部成矿区带和西部工作程度高的地区，围绕一批资源好、潜力大的大型勘查开发基地和矿集区，开展深部和外围找矿，通过机制创新，公益性和商业性结合，产学研结合，发现一批优质资源。

特殊地区，如生态保护区、民族地区（藏区）、大/小兴安岭林区、草原区、长江经济带等，大力倡导绿色勘查、和谐勘查，在矿产勘查开发过程中惠及当地居民，保护好生态。国家出资潜力较大的矿产地，以矿产资源和矿产地储备为主。坚决不能把生态文明建设和矿产勘查开发对立起来。只有把矿产勘查开发和生态文明建设相协调才是主动、积极和有作为的，决不能因噎废食。对于国家集中连片困难地区，尤其是赣南、乌蒙山区、南疆五地州等，结合攻坚脱贫，围绕找矿潜力较大的地区，加大财政投入力度，适当提高工作程度，更快、更好地将资源优势转化为经济效益，造福当地群众。

（三）矿产勘查将逐步走向深部

随着地表浅部工作程度的提高，矿产勘查的深度将呈现不断加深的趋势。经过2003年以来10年的新一轮矿产勘查热潮，近地表和浅部的找矿空间不断缩小，开拓深部找矿空间成为矿产勘查的必然选择。传统大宗矿产深部勘查是未来矿产勘查的重点领域。难识别矿、新类型矿是科技发展和社会进步对矿产勘查的新需求。我国铁、铜、金、煤等主要固体矿产的勘查和开采深度主要在500 m以浅，加拿大金矿、镍矿、铜锌矿的平均开采深度约2 400 m，南非金矿最大开采深度达5 000 m。与世界矿业发达国家相比，我国矿产的开采深度和勘查深度相对较浅，深部仍有很大的找矿空间。危机矿山接替资源找矿工作的实施，在800~1 000 m范围内探明了一批资源储量，证明了深部找矿潜力巨大。

"向地球深部进军"是习近平总书记在全国科技创新大会上发出的总动员令，是地质科技创新的总体战略方向。《国土资源"十三五"科技创新发展规划》明确了"十三五"期间我国将以深地、深海、深空为主攻方向和突破口，构建"三深一土"的国土资源战略科技新格局。到2020年，我国深地探测战略将形成深至2 000 m的矿产资源开采能力、3 000 m的矿产资源勘探成套技术能力，储备一批5 000 m深度的资源勘查前沿技术，并显著提升6 500~10 000 m深的油气

勘查技术能力。同时,深层油气勘查深度将达到 10 000 m。通过对地球深部探测计划的实施,将有效拓展第二找矿空间和地下发展空间。

(四) 实现找矿突破更加依赖于科技创新

随着露头矿、易识别矿、浅部隐伏矿寻找殆尽,难识别矿、新类型矿和深部隐伏矿成将成为下阶段矿产勘查的主要目标。深部矿埋藏较深、矿化信息弱,因而无论是地球物理还是地球化学的探测技术,探测深度越大,地质背景就越复杂,探测获得信息的准确性、可靠性就越低,针对深部找矿的特点,对大探测深度的物化探方法技术及综合方法技术应用提出了迫切需求。当前我国深部资源勘查理论和技术还不能满足需求,探测深度、精度和分辨力与国际相比还有差距,勘查仪器设备依赖进口,严重影响深部资源的探测开发。

(五) 矿产勘查新理念将逐步形成

(1) 矿产勘查更加注重地质、技术经济、环境及社会效益综合评价。长期以来,矿产勘查多注重地质因素,忽略技术、环境及综合评价,无法适应经济社会可持续发展的要求,无法保障国民经济持续高速增长对矿产资源的供给的需求,也无法解决日益加剧的由矿产勘查开发而引发的生态环境问题和一系列经济社会问题。除考虑传统的地质矿床因素和经济因素外,对矿产的评价更应注重效率和经济性,更应注重开展技术、经济及环境效益综合评价,避免盲目提高勘查程度,减少储量积压,减少呆矿,提高找矿成果的含金量及经济价值。因此,"健全矿产勘查综合评价标准体系,加强综合评价"成为勘查的新理念。

(2) 绿色勘查、和谐勘查将贯穿于矿产勘查的全过程。随着生态文明建设的不断深入和找矿突破战略行动的持续推进,生态保护和矿产勘查之间、矿地之间的矛盾愈益凸显,地质勘查的工作范围和空间正在被各类保护区迅速挤压,许多具有良好找矿前景的勘查区不得不戛然而止、半途而废,一大批已设立的国家和省级整装勘查区,因需要避开后建的自然保护区而被迫"中途下马"及相继退出。另外,重要成矿区带部分分布在少数民族地区,由于宗教信仰等诸多原因,很多地方无法进场,影响了矿产勘查的实施。因此在"生态倒逼"的压力下,必须走绿色勘查之路,青海"多彩模式"成为绿色勘查旗帜、贵州制定绿色勘查企业标准和规范性制度等,使绿色勘查、和谐勘查逐步成为一种理念并贯穿于矿产勘查的全过程,使其在各环节落地生根。

(3) 矿产地储备是国家能源资源安全的重要保障。为了保障我国中长期经济安全和国家安全,实现可持续发展,提高矿产资源利用效益,实现资源时序和空间的科学配置,将部分后备矿产地作为战略保留基地,留待以后勘查、开发和利用,实施矿产地储备,一是优势的战略性矿产(钨、稀土),二是目前开发不经济、技术不可行的矿产,三是资源潜力较大分布在国家和地方划定的生态和景观保护区(西部地区)的矿产,实施分类储备、有序勘查,是保障国家能源资源安全,提高供应能力、增强风险防控能力的重要手段,已被政府和社会广泛接受和认同。

(六)勘查主体发生重大变化

社会资金投入已成为我国非能源矿产勘查的主体力量。特别是1999年以后,社会投入对非能源矿产勘查投入的贡献急剧增大,从1999年的7.8%快速上升到2012年的74.0%左右。2016年,社会资金投入占总投入的比例仍然在55%以上。

四、对策建议

李克强总理等国务院领导对找矿突破战略行动五年取得的成果给予了高度肯定,并对下一步工作做了重要批示,要求继续围绕服务经济社会发展大局,尊重科学规律,创新思路和机制,更有效地调动社会资本力量,加大矿藏特别是国内矿藏深勘精查力度,进一步提高国家能源资源保障能力。

姜大明部长2017年1月在全国国土资源工作会议上提出了我国基本资源国情没有变、资源在发展大局中的地位和作用没有变、资源环境约束趋紧的总体态势没有变的"三个没有变"的判断,并明确要求牢牢守住影响全局的能源、大宗矿产和战略性新兴产业矿产资源供给底线,保障国家经济安全,要始终把提高国家能源资源自主保障能力作为战略任务来抓。同时对找矿突破战略行动第三阶段重点工作也做了具体指示,要求加强公益性、基础性地质调查,强化清洁能源、新能源和战略新兴矿产勘查;继续加大"三稀"矿产勘查力度;大力推进绿色矿山建设和绿色勘查,坚持有进有退,整装勘查全面退出自然保护区,加强生态红线以外的矿产勘查,推进深部资源勘查评价,积极探索储备勘查;要求促进调查与科研深度融合,加快推进科技成果转化。

发挥市场在资源配置中的决定性作用和更好地发挥政府作用,围绕服务经济社会发展和生态文明建设大局,创新机制体制,进一步加强公益性地质工作广度和深度以及其相关成果资料的社会化服务水平、大力推进矿产资源管理制度改革,拓宽社会投资渠道,有效调动社会资本力量,促进公益性地质工作与商业性矿产勘查有机衔接,优化勘查开发布局;同时继续深化产学研结合,切实发挥科技支撑和引领作用,尊重科学规律,加大找矿尤其是深边部找矿力度,立足国内,统筹好"两种资源,两个市场",保障国家能源资源安全,是找矿突破战略行动持续推进和各项目标圆满完成的重要保障。

(一)继续发挥政府主导作用,持续推动找矿突破战略行动

我国仍处于社会主义初级阶段,与发达国家相比,工业化水平和城镇化率依然具有较大差距。我国目前总体处于工业化中后期,城镇化率较发达国家低20~30个百分点,中长期内国家经济社会发展对矿产资源需求仍将高位运行。保障国家能源资源安全,不能单纯依靠市场配置,政府必须发挥主导作用,持续推进找矿突破战略行动。

各级党委和政府高度重视、部省两级有效联动、各部门紧密协作、国土资源部门积极推进、相关技术支撑单位密切配合是持续推动找矿突破战略行动的重要组织保障。在下一阶段工作中,建议:

(1)进一步强化组织保障,层层落实责任。在继续发挥国土资源部、发展和改革委员会、科技部和财政部四部委找矿突破战略行动领导小组统筹协调与决策部署核心以及矿产勘查办公室具体组织实施协调作用的基础上,强化部省联动和省厅是"地质找矿第一责任人"的角色,进一步调动市、县两级政府的积极性,全面发挥矿产勘查技术指导中心技术支撑、服务研究等综合能力,贯彻专家巡回指导、监督检查、动态评估以帮助具体实施单位解决勘查施工中的技术疑难问题,更好地促进找矿突破。

(2)细化全国矿产资源规划,落实找矿突破战略行动总体方案。以全国矿产资源规划和找矿突破战略行动总体方案为准绳,以生态环境保护为红线,以服务经济社会发展和保障国家能源资源安全保障为目标,调整工作部署,矿种上突出能源及紧缺矿产资源和战略新兴矿产,区域上重点布局"一带一路"沿线等地区,加强海域、南疆地区、集中连片困难地区等地区的矿产勘查工作。

(3)加大财政经费投入,调动社会资本积极性。资源安全始终是国家可持续发展的核心问题,国内必要的资源保障是参与全球资源配置的"压舱石"。能源资源领域始终是国际竞争和大国博弈的焦点。"手握储量,心中不慌",保持必要的资源自给能力,是保障国家资源安全的重要基础,同时有利于更好地利用境外资源。因此,面临我国人均资源量少、资源基础相对薄弱、对外依存度居高不下的严峻形势,继续坚持推进找矿突破至关重要。当前正处于矿业下滑、勘查萎缩期,政府应该根据国家对矿产资源的未来需求,加大矿产资源勘查投入,保持矿产勘查的必要强度,充分调动社会力量,以保障国家经济可持续发展的能源资源需要。

(二)精准服务商业性地质工作

统筹做好公益性地质工作和商业性地质工作无缝衔接。稳定财政资金投

入,勘查市场形势好、社会资金投入踊跃时,财政资金优先让位于社会资金在地质调查勘查领域的投资意愿,把企业愿意做、能够做的矿产勘查和矿产远景调查交给企业。而在勘查市场不景气、社会投资意愿下降的背景下,财政资金应及时"补位",国家出资开展的地质工作要加大异常查证和矿产检查的力度,对于潜力较大的地区,尤其是集中连片困难地区,可以适当提高工作程度,更好地服务商业性矿产勘查工作。财政资金要充分发挥好"压舱石""平衡器"的作用,要通过政府投入与机制创新,拉动商业性矿产勘查,保持一定的矿产勘查强度。

(三)继续创新矿产勘查机制,建强找矿突破平台

找矿突破战略行动实施以来,通过不断践行"公益先行、商业跟进、基金衔接、整装勘查、快速突破"地质找矿新机制,充分激发调动了包括资金、技术、利益各主体以及管理等各类勘查要素,进而形成了生动良好的矿产勘查局面。因此,在"十三五"期间,还应该继续发扬矿产勘查新机制。

地调局要充分发挥好基础性、公益性、战略性先行作用,加强基础性地质工作统筹部署,开展基础地质调查、矿产资源潜力评价、重点成矿区带关键重大地质问题的攻关。

各省厅发挥好找矿第一责任人的作用,地方各级国土资源主管部门建立相应工作制度,通过建立多部门联动工作机制,统筹各类勘查资金,协调解决找矿工作中遇到的具体问题。

企业发挥好找矿主体的作用,通过公开竞争,不断引入市场竞争机制,引入优势企业开展风险勘查,鼓励企业出资开展商业性勘查工作。

地勘单位要发挥好找矿主力军的作用。地勘单位是我国特有的一支找矿队伍,增强地勘单位的市场影响力,全面实现地勘单位地质工作产业的转型升级,要不断提升自身实力、技术团队和新技术水平,提高核心竞争力,构建矿产勘查开发利益共享机制。

为了真正落实机制创新,国土资源部专门为找矿突破战略行动构建的平台——国土资源部矿产勘查技术指导中心,利用三个方面的优势和一个重要抓手,充分发挥好五方面的作用。

三个方面的优势。平台优势,四部委找矿突破战略行动的平台。专家优势,在全国组建了专家咨询委员会,在各省组建了专家咨询指导组,凝聚了全国地质矿产领域的专家,包括区域专家、矿种专家、技术方法专家以及战略研究专家等。地质资料优势,技术指导中心挂靠中国地质调查局发展研究中心,有全国地质资料馆的支持。

一个重要抓手。为充分发挥好部矿产勘查技术指导中心的作用,中国地质

调查局设置了"整装勘查区基础地质调查与潜力评价"工程,在全国整装勘查区和重要矿集区开展矿产勘查前期工作,创建新机制,搭建产学研和科技创新的平台,实现找矿突破。

发挥好五个方面——"组织协调、业务支撑、科技引领与科技服务、突破示范以及宣传激励"的作用。

(四)探索多方投入的矿产勘查制度

探索国家与市场共同投资的矿产勘查制度,采取后补助、PPP(public-private-partnership,直译为"公私合伙制")模式或风险基金等多种举措,持续保障矿产勘查的强度。

1. 探索建立风险勘查后补助制度

借鉴西澳大利亚州政府风险性钻探补助政策,对大宗紧缺矿产及新兴战略矿产实施风险勘查的矿业权人进行后补助。后补助是指矿业权人经申请批准,先自行出资组织实施风险勘查,后根据实物工作量由政府拨付一定比例的补助资金,用于缓解矿业权人前期勘查风险带来的资金负担,补助不与找矿效果挂钩。

2. 探索地质找矿领域政府与社会资本合作模式(PPP)

借助PPP模式,政府资本与风险资本共同投入,开展矿产资源调查评价和风险勘查,为社会提供勘查风险相对小的可供竞争性出让的探矿权。通过探矿权流转或后续开发,实现风险资本的利益回报。

3. 建立风险勘查基金,持续保障对矿产资源的勘查强度,加大对矿产市场的宏观调控

受全球矿业持续低迷的影响,当前商业性勘查投入持续减少,我国矿产勘查严重萎缩,政府应加大矿产勘查投入,通过建立国家风险勘查基金,调控矿产勘查市场,扼制矿产勘查严重下滑的局面,体现国家意志。在矿产勘查前期风险勘查期间,国家承担主要风险,以此鼓励找矿。对大宗紧缺矿产、战略性矿产和特殊地区的矿产勘查,国家风险勘查基金做到普查。在勘查市场活跃期,国家风险勘查基金适当减少投入,防止勘查过热。在勘查市场趋冷及萎缩期,国家风险勘查基金应加大投入强度,防止勘查强度严重下滑。风险勘查基金是国家通过财政手段调控勘查市场的有力措施,这一措施可通过改变目前中央勘查基金的投资性质来实现。

(五)创新驱动,切实发挥科技支撑作用

一是开展已有找矿理论和方法技术成果推广。培训推广区域成矿体系与成

矿系列、重要成矿区带找矿模型、勘查区"三位一体"找矿预测理论与方法等一批先进成熟的重大地质基础理论成果，推广应用航空物探测量系统、大深度重磁电物探、卫星和航空遥感地质调查技术、实验测试方法技术、数字地质调查技术等一批先进成熟勘查技术。

二是加强理论创新。以"三深"（深地、深海、深空）科技发展战略为驱动，加快推进深地探测工程，大幅提升对地球深部的认知程度，解决一批制约深部能源资源勘查开发的重大科技问题，构建深部资源勘查开采理论技术体系。

三是加强关键技术和装备研发。加快深地勘探、特殊景观区勘查等核心技术与装备研发，形成 3 000 m 以浅勘探成套技术能力，储备一批 5 000 m 以深勘查前沿技术。

四是加强大型能源资源勘查开发基地深部矿产资源勘查。围绕整装勘查区、矿集区，以大宗支柱性矿产、紧缺矿产、战略新兴矿产为重点，部署深部 3 000 m 资源勘查科技工程，评价深部 3 000 m 资源潜力。

五是构建政产学研用协同创新机制。按照"市场导向，政府引导，产学研用一体化，资源勘查开发利用与环境保护全流程"原则，创建一批具有国际先进水平的技术研发平台、技术创新联盟、工程示范和产业化基地。

（六）统筹好几方面的关系，促进矿产勘查可持续发展

1. 统筹国内和国外"两种资源，两个市场"

人口基数、经济总量、发展阶段、产业结构等因素决定了中长期内我国对能源资源的消耗将保持在高位，主要矿产长期处于高对外依存度的局面难以发生根本性改善。然而，全球新的产业分工和经济秩序正处于动荡调整之中，各国围绕市场、资源、技术、标准等领域的竞争更趋激烈，我国从国际上获取资源的难度不断加大。因此，国内必要的资源保障是参与全球资源配置的"压舱石"；只有保持足够的勘查投入，才能确保重要矿产资源的自给能力，同时也有利于更好地利用境外资源。

2. 统筹矿产勘查与环境保护

"生态兴则文明兴，生态衰则文明衰。"近些年来，生态环境问题已然成为政府和民众共同关心的焦点之一。单纯以找矿为目标的传统矿产勘查方式对生态环境的破坏较大，难以得到勘查区群众的谅解与支持。因此，需要重新树立矿产勘查行业风范，大力推广绿色勘查理念。通过在整装勘查区部署一批绿色勘查示范项目，引领社会开展绿色勘查。修订完善固体矿产勘查规范及地勘项目预算标准，研发推广绿色勘查技术方法，引入环境与经济综合决策机制。既要考虑实现找矿突破的地质工作目的，又要考虑环境的承载能力，最大限度地减少对生

态环境的破坏、扰动,对已有的环境损害进行调查评价和工程修复,发掘生态环境的社会效益。

3. 统筹矿产勘查与矿产储备

2011—2015 年是新中国成立以来,在开采消耗持续加大的情况下实现保有资源储量普遍增长的五年,找矿突破战略行动矿产勘查取得重大突破,新增一大批重要矿种的资源储量。但是,还需要清醒地认识到,很多新发现的矿产地都位于生态环境脆弱且基础设施较为落后的西部地区;而且新增以资源量为主,高级别储量的增长还比较有限。

而随着生态文明建设和经济社会可持续发展的要求日益提高,商业性矿产勘查工作除了考虑传统的地质成矿因素外,更加关注技术、经济及环境效益综合评价。部分位于环境脆弱区或者自然保护区内的战略性矿产地,以及当前开发技术不可行或开发不经济的特殊矿种矿产地,可能难以通过市场方式募集足够的勘查投入,因而需要国家财政资金的参与和扶持。这些潜力较大的矿产地,通过财政专项完成普查工作后,可转为矿产地储备,留待以后勘查、开发和利用,从而保障矿产资源的可持续开发利用和代际之间的合理分配。

4. 统筹好老区与新区的关系

加强老区深度挖潜,在外围与深部,进行"深勘",增加资源储量,带动资源型城市发展;加块重要成矿区带的矿产勘查,进行"精查",加速发现新区,提供新的找矿靶区,促进找矿重大突破。老区与新区有序衔接、互为补充,保障能源资源供应的可持续性发展。

吕志成 博士,中国地质调查局发展研究中心(国土资源部矿产勘查技术指导中心)三级研究员、副总工程师,中国地质大学(武汉)客座教授,吉林大学、成都理工大学兼职教授。中国地质学会矿山地质专业委员会副主任,中国地质学会矿床地质专业委员会、数学地质专业委员会委员。主要从事矿床学、矿山深部和外围找矿、矿产资源调查评价等方面的工作。发表论文 50 余篇,出版专著 5 部。曾荣获国土资源部等省部级一等奖 4 项、二等奖 4 项。

在科技创新引领下"精细勘查、加深勘查"
——谈未来 20 年矿产勘查战略

赵文津

中国工程院能源与矿业工程学部

中国工程院自 2007 年立项,研究未来 20~30 年我国矿产勘查战略问题,研究报告已于 2010 年提交(图 1)。项目负责人为陈毓川院士;深部找矿勘查战略研究由笔者负责;深部采矿的绿色矿山发展战略由于润仓院士负责;何凯涛同志任学术秘书。

 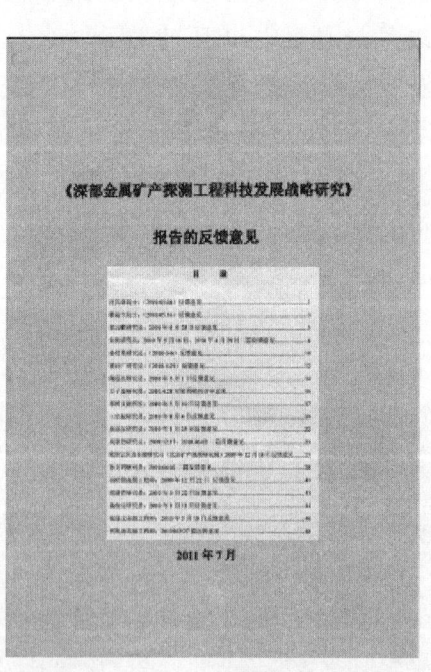

图 1 《深部金属矿产探测工程科技发展战略研究报告》

本文即以上述报告为基础,联系近年来国内外的新情况,作了一些补充。在 2016 年 11 月中国矿业全产业链大会上,笔者就如何振兴我国矿业作了发言,已初步介绍了上述报告的主要观点和建议。本文将分六个部分论述这一认识。

一

矿产是一个技术经济概念。勘查的矿产是为了开采的,开采出来的矿产是供市场交易的。最后采出的矿石在经济上有无利润可图?这是矿业能否可持续发展的前提。这里,市场的需要是第一位的。采矿和选冶技术有可能改善矿产的价值。运输条件具备不具备,也影响整个产业链的发展。

这里,找到一个适销对路优质资源,最理想,最有利于矿业发展与国家建设。因此,找国家紧缺的矿产,找大、浅、富矿是找矿勘查始终要抓紧的目标和战术安排的中心问题。

抓我国当前和未来紧缺矿产:

(1) 我国矿产资源的基础储量居世界第一、二位的有钨、钼、锑、钛、锡、铋、石墨、硅灰石、硅藻土、稀土、石膏、菱镁矿、重晶石、萤石等。

(2) 20 世纪 90 年代以来,我国已成为世界诸多矿产资源生产和消费第一大国。例如富铁、铜、铝、镍、钾、铬、锰等,都已成为我国的紧缺资源,对外依存度均在 50% 以上,有的甚至高达 70%~80%。黄金是具有特殊性质商品,从储备角度也要不断发现大金矿。

(3) 我们要着眼于当前紧缺的矿产和未来紧缺的矿产。同时也要大力推动经济结构转型,改变资源消耗型的经济发展方式,节约资源,以保持经济可持续发展。紧缺矿产特别是我国长期找矿未突破的矿种的找矿难度是很大的,更要依靠科技创新与突破。

我国列入战略性矿产目录的 24 种矿产包括:① 石油、天然气、页岩气、煤炭、煤层气、铀 6 种能源矿产;② 富铁、铬、铜、铝、金、镍、钨、锡、钼、锑、钴、锂、稀土、锆 14 种金属矿产;③ 磷、钾盐、晶质石墨、萤石 4 种非金属矿产。

战略性的矿产不一定是紧缺的,同样的,紧缺的矿产不一定是战略性的。国家建设发展和安全保证对矿物原料的需求是多方面的,各省市地区及企业发展对矿产的需求也有所不同。

二

人类生存和经济社会发展都离不开矿产,矿产需求是长远的,地质勘查的供给应当很好改善。

(1) 人类的衣、食、住、行、生、老、病、死都直接或间接需要矿产资源;一个人一生需要 1 700 多吨的矿产资源。不同的人要补不同的元素。

(2) 今后,我国将大力开发新能源,新能源汽车产业、高铁交通,自动化及机器人、无人机等新兴产业,以及新材料业的发展都需要许多特种矿物原料,如稀土、稀有、非金属材料。

（3）国家增强国防，大建船舶军舰，推进海岛开发、海洋开发战略、深空战略，也需要大量的特种钢铁等材料。

（4）国家城镇化、城市地下建设，新农村建设，发展新型农业化，保证人民良好的生活条件，都需要大量的矿产，包括新能源开发、建筑材料、农业矿产等。

（5）各国大抓生态环境建设，以减少对全球气候变化的影响。许多城市为改善生态环境，下令不许开矿，可是必需的矿产也是要解决的。

（6）"一带一路"建设，发展中国家都离不开修桥、铺路、三通，以及沿线的经济社会发展，都需要矿产资源。

（7）战争与天灾的破坏带来特定的需求。我国地震、滑坡、泥石流频发，每年损失巨大。破坏后的重建也是离不开大量矿产的。

抓供给侧改革，就是要改变找矿与市场需求脱离的现象（图2）。我们长期存在着找矿的、开矿的工作脱节现象。给钱的只管找矿，找到矿一报成绩就结束了，这给国家经费的有效使用带来许多问题。抓好供给侧改革，在矿产方面就是要解决供需脱节问题。多花些力气去攻紧缺又难找的矿产。特别是希望国家公益性地质部门、国家科技管理部门多投入力量来攻关，以为矿业发展创造好的前提。

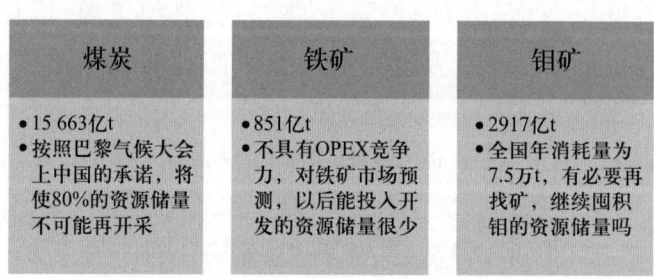

图 2　勘查供给脱离需求的情况列举

今天虽然可以从两个市场、两种资源的角度思考我国矿产资源的保证问题。但是国际形势变化多多，人们并不能控制它。所以，立足国内是基础，争取和少数友好国家建立稳定的关系，自力更生求发展的思想是绝不能丢的。全球矿产分布很不均匀，我国有许多的特色矿产，如上所述已有很多发现，但是一些矿产在我国的找矿难度很大，要下决心攻关，科技先行，指导找矿，改进供给侧工作。

三

我国的地质现实说明我国找矿突破还是大有前景的。

（1）我国地质构造条件是复杂多样的,形成了许多有中国特色的矿产,这是需要我们自己去开拓创新来发现的。

（2）而我国国土调查研究的程度还不高,人们对我国地质构造条件、成矿条件和成矿分布规律的认识还很有限。实例多多。进一步找矿还是大有前景的。

（3）需要创新开拓去解决中国的找矿问题。实例:

——陆相盆地的油气田;

——长江中下游包括夕卡岩型铁、铜、金矿和陆相火山岩型铁矿床;

——中国大陆碰撞带斑岩铜钼矿床;

——金川铜-镍硫化物矿床;

——大陆边缘裂谷型攀枝花的钒钛铁及多种金属矿床等;

——以鄂尔多斯能源基地为例,找矿突破的战略指导是关键;

——地质理论;油、气、煤、铀、钾盐等共生;

——勘查技术,如水压致裂(康世恩提出)。

以基性超基性岩体为例:我国有 46 个岩带,12 543 个岩体,出露面积达 14 164 km^2,深入勘查研究工作的点是有限的。近期,罗布莎矿区深部又有了找矿突破,很有远景。昆仑山内夏日哈布大镍矿的发现很有启发。

对于我国优势矿产资源,一要加强利用的开发,以充分挖掘其潜力;二要适当加强勘查工作,保持自己的优势。

四

找大、浅、富矿产与加深勘探问题:

（1）大、浅、富是相对的概念,中心是力求资源综合评价能有利于矿业发展,有经济效益。

（2）中国几十年勘查已发现很多矿产,其中东部地区勘查程度高一些,而西部广大地区的地质勘查程度并不高。

（3）东部地区虽然地质工作程度高,但是在危机矿山进一步找矿中,仍然还可以取得大量的新发现,延长了矿山寿命。

危机矿山找矿试验取得一系列找矿突破。从 2004 年以来,在 230 个资源危机矿山找矿成果统计,已发现大型、超大型矿产资源 35 处,中型的 62 处,小型的 40 处。新增储量超过矿山原勘探储量的有 32 个矿山,发现新矿种的有 15 个。这表明过去详细勘探过的矿山浅部还是有很大的找矿潜力的,并非没有必要再作勘查工作。

应指出的是,在这些危机矿山内深度超过 1 000 m 的钻井仅 173 个,其中超过 1 500 m 的钻井仅 13 个,总进尺为 23 000 m。230 个危机矿山仅打了 13 个

1 500 m 深的钻井,这个数量也太少了,怎么能知道深部还有没有矿？有什么样的矿呢？

矿化现象到处都可以看到,但形成大量矿物堆积成矿体则要有条件。

找矿、采矿都是由浅入深的：

(1) 找矿、采矿从浅到深,一是投资相对要小,投资风险也小；二是技术上是可行的。大、浅、富矿体当然会是人们追求的目标。

(2) 随着浅处矿产采完,深部矿产评价远景大,以及技术经济条件许可,人们将逐步向深部开拓,采出深部矿产。南非太古代含金砾岩型金矿山已开拓到 4 000 m 深,但当前这类矿山还是极少数；我国少数矿山深采,也是限于 2 000 m 以内。

(3) 大、浅、贫的矿体,通过选冶技术提高,可转化为开采有利的矿体投入开发。要重视发展选冶技术。

(4) 因为技术经济条件限制,过去长期以来我国探矿、采矿都限于 500~800 m 深,再深就被批搞"呆矿"；现在采矿技术进步已可开采更深部的矿,大家自然就转向深部找矿和采矿,我国许多老矿山早已开采 1 000~2 000 m 深的矿产了。

(5) 东部勘探程度高的地区找矿还是大有可为。西部地区,工作程度低,找矿远景当更可期待。

故此,我们建议今后找矿、采矿深度：① 2020 年前,以探索 1 500 m 深为目标；② 2030 年前,以 2 000~3 000 m 深为目标。

五

关于找深部矿的问题。地球上的成矿元素分布在地球内部各层圈,对于地表 800 m 以浅的成矿作用与成矿情况,我们已有多年勘探开采的经验和知识积累与总结。今天,我们已有可能找到和开采超过 800 m 深的矿产(油气资源除外)。及时提出找深部矿,解禁了 800 m 的采矿深度界限是必要的、及时的,有利于扩大资源来源。但是,要注意不能简单化,不能将浅部得到的经验简单地推向深部,因为深处的温度、压力、围岩岩石化学及力学性质,以及大气降水等条件都变了。深部可能以变质岩、岩浆岩为主。

找深部金属矿产有以下三个问题待解决：

(1) 3~10 km 深度范围内会有什么矿？产出情况？分布规律是什么？我们过去打的深钻井太少,人们知道的并不多。需要加强实际数据的收集与综合研究,以便在初步的成矿规律和理论准备下指导找矿。

(2) 找矿方法方面,物探、化探、钻探、遥感等都没有深入研究,特别是 5~10 km 深处成像分辨率较低。

(3) 2 km 到 3 km 再到 5 km 深固体矿产的绿色开采技术工程准备。

找深部矿,向深部进军,每深入一步都是很困难的,要解决的科技问题都是带有前沿性的。所以,向深空进军是科技前沿,向地下深部进军的难度一点也不比向深空进军小,同样也是具有前沿性质的。向深空进军是越走向深空,环境的压力和温度就越低;而向地下深部进军则相反,越深,地下压力和温度就越高。所以,对深部找矿与开采决不能掉以轻心、简单化。它与深空探测是两个领域。

(1) 为加强深部矿的找矿理论和成矿规律研究,建议多收集与研究国内外各金属矿区深钻的结果,深入研究深部的成矿条件和实例,如苏联的科拉太古代地层打的超深钻及各地打的深钻结果、德国的 KTB 深钻以及过去我国在金属矿区打的较深孔的数据等,形成新的认识。必要时还应打些科研钻井。

(2) 特别需要能精细描绘 1~10 km 的成像技术。现有的方法不能满足找矿要求。笔者系统地研究了铜陵、宁芜、庐枞三个矿集区的物探调查结果,认为已用的这套办法不能有效地指导深部找矿,有关深部地质解释也应商榷。需要加强科技研究的内容。

(3) 建议以富铁、铜、铬、镍、锰、金等为重点研究对象,开展找矿战略选区研究,特别是从区域成矿构造、岩石学、地球化学角度开展研究。当前特别要重视对超过 1 000 m 深的钻井结果的研究,建立数据库,供社会共享,将对深部成矿作用的认识提高一步。

六

在科技引领下,实施"精细勘查,加深勘查"是我们的勘查战略。

(1) 探测深度不管是 1 000 m、2 000 m 还是 3 000 m,都要在加强科技研究攻关的基础上,破解难题,指导找矿勘探。

(2) 要在认真收集深部实际情况的基础上,深入研究、总结并提出创新认识,特别是对深钻井资料的收集与研究。找矿观念上的突破是第一重要的。

(3) 鉴于找深部矿时,深部矿体产生的地质构造特征,蚀变矿化现象、微弱和含糊的地球物理与地球化学异常等,在环境噪声较强的干扰下,如何分辨噪声发现弱异常,要"知微见著"。所以必须实施"精细勘查"战略,改变粗放式的工作方式。

(4) 大力加强钻井+井中物化探工作,查清浅层地质构造与矿化情况。

(5) 对于地震勘查技术方法,应结合陆相火山岩区、岩浆岩地区、变质岩地区的特点摸索出一套数据加工与解释方法,改进与开发新的方法技术。

(6) 推动深部找矿,不是少数人的事。

赵文津 中美国际合作项目"喜马拉雅及青藏高原深剖面和综合研究"中方首席科学家,国土资源部探月科学家小组组长。1952年6月毕业于清华大学物理系。曾任原地质矿产部科学技术司副司长,中国地质科学院常务副院长,中国地质学会地质科技管理研究会会长及勘探地球物理专业委员会副主任等,中国地球物理学会第三届(1980—1988年)常务理事、副理事长,勘探地球物理委员会主任(现为顾问组组长),探月项目负责人,中国地球物理学会中国大陆动力学专业委员会主任;国家地震局地震预报评审委员会评委,北京大学-中国地震局现代地震科技研究中心发展指导委员会委员,中国遥感应用协会专家委员会副主任,国防科学技术工业委员会探月二、三期预研专家委员会委员,中国地调局专家委员会专家等。2001年当选中国工程院院士。

走向"深地"的金属矿业

古德生

中南大学

一、引　言

矿业是人类文明的奠基石,是世界经济的基础,当下世局纷扰,几乎没有不涉及矿产资源的争夺。当今世界,除了用政治、经济、军事的眼光看世界之外,人们还要有一种更本质的、用资源的视野看世界。随着浅部资源日益枯竭,金属矿业正逐步聚焦于深部矿床开采。"深地"科学探索和"深地"矿产资源开发,已经成为世界大国的重要战略领域。

二、金属矿业的三大发展主题

我国是个矿业大国,但不是矿业强国,金属矿业面临三大发展主题——绿色开发、深部开采、智能采矿。

绿色开发,是金属矿业必须坚持的发展道路。我国矿业每年产出废料达 50 亿~70 亿 t,可以想象它给生态环境带来多大的压力,这关乎子孙后代和民族的未来。我们一定要彻底否定工业革命以来"高生产、高消费、高污染"的发展道路,摒弃"先破坏、后治理"的理念,牢固树立"开发地下资源"与"建设美好家园"矛盾统一、两位一体的新矿业观,大力推进绿色矿山建设。

深部开采,是金属矿业发展的前沿领域。它是矿业发展的必然,在国内,采深超千米的矿山有 20 多座:会泽铅锌矿 1 526 m、夹皮沟矿 1 500 m、红透山矿 1 300 m、冬瓜山矿 1 100 m、寿王坟矿 1 000 m、弓长岭矿 1 000 m、思山岭矿 1 500 m,还有凡口矿、金川二矿、高峰锡矿等。在国外,超 1 000 m 的金属矿山有 90 多座,其中深度为 1 000~2 000 m 的有 70 多座、2 000~3 000 m 的有 12 座、3 000 m 以上的有 3 座。深部开采已经成为探索"深地"奥秘、开拓"深地"矿床的前沿。

智能采矿,是矿业发展的未来目标。所谓"智能采矿",就是在矿床开采中,以开采环境数字化、采掘装备智能化、生产过程遥控化、信息传输网络化和经营管理信息化为特质,以安全、高效、经济、环保为目标的矿业工程。

发达国家的矿业正在向后工业经济时代过渡,而我国金属矿业的机械化程度还相对落后,工业化还没有完成。我们要加快工业化与信息化融合发展的进程,实现传统矿业的跨越,走向智能采矿。

上述三大发展主题中,"深部开采"是核心。"深部开采"是金属矿业长远发展的战略领域,是现代科技在矿业工程中融合、交叉、集成发展的前沿高地。

三、深部开采是开拓"深地"的前沿

深海、深地、深空、深蓝四大领域,是发达国家为之相争、关乎人类未来的重大战略高地。在"深地"科学与工程技术的研究中,"深地"矿业工程首当其冲。我国最深的金属矿山是云南会泽铅锌矿,深达 1 526 m;世界上最深的矿井是南非卡里顿维尔金矿,采深达 3 800 m,竖井开拓至 4 146 m,这是人类到达地球最深的纪录。然而,地球平均半径约为 6 371 km,这座矿井再深,也只有地球半径的 1/1 537,这个开采深度,就已经给矿业人带来够多的难以破解的科技难题了。人们常说,"比上天还难",事实上"入地更难"。

当开采深度延伸到 1 000~2 000 m 时,采矿处于"三高"的特殊开采环境——高应力(40~10 MPa)、高井温(35~60 ℃)、高井深(1 000~2 000 m)。这"三高"环境可能诱发岩爆、冒顶;引起炸药自爆,危害生命安全;提升、通风和排水成本大增。采深越大,难度越大。当前,深部开采最迫切的问题是:现有的采矿模式、采掘装备、采矿工艺技术远落后于深部开采发展的需求。新矿还未建成,可能就已经落后了。因此,今后的矿业科研布局,应该聚焦于深部开采。

根据国土资源部规划,我国深地探测战略的目标是:到 2020 年形成深至 2 000 m 的矿产资源开采、3 000 m 的矿产资源勘探成套技术能力,储备一批 5 000 m 以深的资源勘查前沿技术,显著提升 6 500~10 000 m 深的油气勘查技术能力,争取 2030 年成为地球深部探测领域的"领跑者"。这是令人振奋的规划。2016 年,国家在金属矿业领域已经连续启动了 4 项深部开采的重大项目,进军"深地开采"的大幕已经拉开。

未来 8~10 年,是我国金属矿业从传统产业向现代产业过渡的重大转折期。我们要不失时机,针对 2 000~5 000 m 以深的"三高能"的开采环境,以创新、变革、超越的精神,寻求超深采矿理论与技术的新突破,走出一条中国式的"深地开采"的道路来。

前面提出"三高"概念,只是为了说明矿床开采从浅部向深部延伸的过程中,随着地应力、井温、井深不断增大,带来诸多难题的缘由。当采矿深度大于 2 000 m 后,地温将达到 60 ℃以上,地应力达到 100 MPa 以上,在这种恶劣环境下出现的难题,现有技术措施就难以应对了,必须在研究矿岩储能的控制与避灾的同时,也研究矿岩储能转化与利用的技术。因此,新提出"三高能"概念,即

"高地应力能""高地热能""高水势能"。

"能量是量度物体做功的物理量",用"三高能"概念可更本质地表述"深地"高储能的物理含义,使我们的技术创新思路更宽。任何事物都有两面性:"高地应力能"会引起岩爆,造成人身事故,又可以诱导矿岩致裂,提高破碎效果;"高地热能"会危害人的生理健康,甚至引发炸药自爆,又可利用地热发电;"高水势能"会造成管网爆裂,又可用作机械设备的新动力。因此,可以说,超深开采的一切难题源自于"三高能"的致灾性,而这些难题的解决,又有赖于"三高能"的充分开发利用。

基于上述,在超深矿床开采过程中,人们既要研究控制、转移"三高能"的能量,防止其诱发成灾,又要诱导、转化"三高能"的能量,为"深地"开采所利用。遵循这一技术思路开展基础理论和工程技术研究,就有无限的发展空间,它使传统矿业的变革充满新的希望。

四、超越传统的深部开采模式

超深矿床开采技术是现代金属矿业的高端研究领域。下面就深部开采的技术创新,谈九点笔者的粗浅认识和构想。

(一)智能深井掘进机一次成井技术

要研制深井智能掘进机,实现一次下掘成井。采用传统钻爆法下掘 1 000~2 000 m 深井已经很困难了。掘进空间狭窄、劳动强度大、速度慢、安全性差,掘进成本高,必须变革。

研究重点:① 研究整体框架架构、多点支撑推进、多台变频电机驱动、电液伺服控制、导向钻进的智能竖井掘进机;② 一次性地构筑竖井永久井架和安装提升设备;③ 快速凿井与护壁一次成井工艺技术;④ "三高能"环境下竖井优化设计理论及设计方法;⑤ 深部高应力地层高井壁结构与围岩稳定性控制等。

(二)大矿段多采区协同作业连续采矿技术

以多个采区组成的大矿段为回采单元。采用智能采掘设备的阶段矿房大孔落矿嗣后充填采矿法,把采准、切割、凿岩、爆破、出矿、充填等工序依次在不同采区平行连续进行,不留间柱、连续推进、后退式回采。

研究重点:创建高应力条件下集约化的采矿新模式,构建大矿段多采区采矿作业时空协同的连续采矿工艺技术。

这种超深井的采矿模式有七大优势:① 实现一步骤连续回采(不留间柱),大幅提高资源回收率;② 大矿段多采区协同作业,智能采掘设备服务于一个矿段,可充分发挥设备效能,有利于实现遥控采矿;③ 在大矿段多采区连续推进的同时,就完成了"三级矿量"的准备;④ 采掘工作面集中,推进速度快,有利于控制岩爆、冒顶等灾害;⑤ 作业集中,有利于提高井下通风及降温效果;⑥ 采用一步骤、后退式回采,人不再进入老采区,将大幅提高矿山本质安全;⑦ 采矿过程由计算机管理,将减少井下作业人数,大幅提高了井下人均生产率。

(三) 深部高储能矿岩诱导致裂与大孔耦合崩矿技术

深井高应力矿岩易诱发岩爆、冒顶,甚至引发工程地震(3~6级),因此,高地应力常被视为致灾因素,然而,高地应力在一定条件下也可以转化利用。

研究重点:① 研究采区高应力集聚范围的定位方法;② 高应力矿岩诱导致裂技术;③ "高应力能"与爆炸能耦合崩矿技术;④ 大矿段"高应力能"转移机理与控制方法;⑤ 高应力矿岩狭窄临空面、大孔切槽与精细轮廓爆破技术等。

(四) 深井区域地压监测与开采过程地压调控技术

由于岩体是非均质体,加之采矿活动和岩爆本身的复杂性,需要开展区域微震实时监测;为适应大矿段区域地压管控,要努力构建大矿段集约化采矿的地压动态调控理论与技术。

研究重点:① 研究开采区域微震监测系统与微震事件预测;② 深部集约开采的地应力转移规律与控制;③ 深井支护材料与动载荷作用下的支护结构;④ 高应力作用下的采矿工程结构优化;⑤ 深部矿床大矿段回采全程安全监测监控等。

(五) 井下磨矿、高扬程泵送地面(选厂)的浆体输送技术

研究在井下磨矿,利用地下泵站动力和借助部分高水势能,将矿浆连续泵送到地面选厂,以取代传统的深井机械提升矿物工艺;把传统的矿石提升间断作业转变为矿浆连续泵送作业,以大幅提高矿山产能、降低提升成本、大大缩小竖井掘进断面。

研究重点:① 研究大流量高扬程泵送矿浆设备;② 深井矿浆水力提升的经济临界浓度;③ 矿浆水力提升中"高水势能"有效利用系统;④ 深井浆体垂直管流中的滞流效应防治;⑤ 浆体提升管道全程压力与流量的在线监测等。

(六) 深部井底泵站与全尾砂膏体泵压充填技术

利用千米钻孔,将选厂全尾砂自流输送到井下,以避免高水势能、大流量的料浆给管道带来冲击、磨损、爆管、堵管等重大事故;在井下设充填泵站,借助"高

水势能"自动调节输送压力,延长输送距离,实现不脱水膏体充填。

研究重点:① 研究充填料浆浓度与流量的精确调控;② 充填料浆压力与流量的在线监测及故障处理技术;③ 深井料浆全尾砂膏体泵送设备;④ 深井大规模连续充填工艺与充填质量控制;⑤ 膏体充填料浆大流量自动调压输送技术等。

(七) 深部开采热害控制与高温开发利用技术

井深小于 1 000 m 时,井下岩温为 30~40 ℃,主要靠通风降温;当深度达 1 000~5 000 m 时,岩温可达 40~140 ℃,这时需要采取制冷降温来解决热害。半个世纪以后,采深大于 5 000 m 的超深、超高温的环境下,也可能出现"耐高温机器人"和"载人地下舱"采矿技术了。

研究重点:① 深井风量与风质在线检测及智能调控技术;② 深井微气候调控与个体热害防护;③ 用于深井的轻质、高强、隔热新型支护材料;④ 用新隔热材料预注浆形成热隔离区技术;⑤ 用热管导出地热的新能源开发利用等。

(八) 深部大矿段集约开采生产过程智能管控技术

矿业的出路在于用信息化改造传统矿业,走工业化与信息化融合发展的道路,实现智能采矿。"智能采矿"是以智力资源为依托、以知识和技术创新为动力的由工业经济向知识经济过渡的产业形态。它是矿业未来的目标。

研究重点:① 建设深井多采区协同开采设计与生产过程控制综合信息平台;② 研究区域应力场智能感知与采矿过程耦合技术;③ 深井工作面智能采掘设备透明管控系统;④ 深井泛在信息采集与井下无线通信技术;⑤ 深井开采智能调度移动设备精确定位技术等。

(九) 深井大矿段集约开采智能化无轨采掘装备

我国金属矿山总体装备水平不高,是矿业相对落后的主要原因。矿山采掘装备水平决定着矿山的采矿方法、生产系统、生产规模、生产效率、生产安全、生产成本和矿山效益。所以,提高矿山装备水平是发展深部开采的必要条件。国家要大力发展金属矿采掘设备制造业,加强智能设备的研究,坚持走引进—消化—吸收—再创新的合作开发道路。

研究重点:研发智能化中深孔全液压凿岩台车、地下高气压智能潜孔钻机械、地下智能遥控铲运机、地下智能矿用汽车、深井智能装药设备等。

五、结　语

深部开采是"深地"探索的重要领域,是现代矿业科技发展的高端,它关乎我国矿业的未来,需要相关学科大力合作、共同探索。

我们需要全球视野和前瞻性思维,不能总是用别人的昨天来装扮自己的明天,要走自己的路。

古德生　1937年10月生,广东梅州市梅县人,矿业工程科学技术专家。中南大学教授、博士生导师,湖南省政协委员,全国政协委员。1960年,毕业于中南大学矿冶学院,毕业后留校任教。1985年任采矿工程系系主任。1986年任职中国有色金属学会冶金设备委员会委员。1995年5月当选中国工程院院士。第九届、第十届全国政协委员。主要从事采矿设备和工艺的教学、科研工作,先后完成国家级、省部级重大科研项目和国家自然科学基金项目共30多项。获国家发明奖和国家级与省部级科技进步奖20多项。出版《振动出矿技术》《现代金属矿床开采科学技术》《矿床无废开采的规划与设计》等专著5本,发表了论文140余篇。

能源矿产资源与水资源协调开发及地表生态保护

顾大钊

神华集团有限责任公司,煤炭开采水资源保护与
利用国家重点实验室

一、能源矿产资源开发利用的环境影响

众所周知,能源矿产资源是国民经济和社会发展的重要物质基础,支撑着我国经济的高速发展。近年来,我国主要能源矿产品产量均居世界前列。其中,原煤、铁矿石、黄金、磷矿石等矿产品 2016 年产量居世界首位。但能源矿产资源的高强度开发利用对生态环境产生重大的负面影响。

首先,能源矿业资源存在分布严重不均的问题,大量资源分布在水资源短缺和地表生态脆弱区域。其次,能源矿业多属于大宗资源,其开发强度非常高,资源加工利用过程对生态环境影响巨大,主要体现在开发过程对地下水资源和地表生态的破坏、加工利用对水资源的大量消耗以及开发利用过程中产生的大量工业"三废"。

矿产资源开发利用对环境的影响最主要的就是对水资源的影响。水是生命之源、生产之要、生态之基。我国是世界 13 个贫水国之一,人均水资源占有量仅为世界平均值的 1/4,全国每年缺水 500 亿 t(农业缺水 400 亿 t,工业和民用缺水 100 亿 t),655 个城市中现在有近 400 个城市缺水。因而能源矿产资源开发利用面临严重的生态环境制约压力。

不同的矿产资源开发利用过程对环境的影响具有各自的特征,下面以煤炭、页岩气和铁矿为例加以说明。

煤炭是我国储量最丰富的化石能源,也是我国的主体能源。但煤炭和水资源呈逆向分布:西部五省份煤炭产量占全国总产量的 70%以上,而水资源总量仅占全国的 3.9%。煤炭开发对环境的影响主要体现在三个方面。一是煤炭开采会破坏大量水资源。现有的煤炭开采工艺条件下,吨煤开采平均产生矿井水 2 t 以上,但矿井水利用率长期低于 30%,因而导致矿井水大量外排,水资源浪费严

重。据国家能源局统计,2013年我国煤炭开采产生矿井水80亿t,损失约60亿t,是我国工业和民用缺水量的60%。二是煤炭全产业链对水资源消耗巨大。我国煤炭开发利用全产业链(包括开采、洗选、火电和煤化工等)的水资源消耗每年超过170亿t。三是煤炭开采造成的地表生态损失。据统计,万吨煤开采损伤土地0.2 hm^2左右,目前年损伤土地约7万hm^2,全国采煤沉陷损毁土地面积已达100万hm^2。但地表生态修复率一直不足30%,干旱缺水煤矿区地表生态修复主要受制于水资源短缺。习近平总书记2014年6月13日在中央财经领导小组第六次会议上明确指出,煤炭开采带来的主要问题是对地下水资源的破坏和对地表生态的损伤。为此,国家密集出台政策法规以推进煤炭绿色开发,如2015年5月中共中央、国务院发布的《关于加快推进生态文明建设的意见》,2015年4月国务院发布的《水污染防治行动计划》(简称"水十条"),2015年4月国家能源局发布的《煤炭清洁高效利用行动计划(2015—2020年)》等。

页岩气开发是低碳能源开发的重要发展方向。我国页岩气技术可采资源量为21.8万亿m^3(2015年国土资源部评估结果),居世界前列;根据页岩气开发"十三五"规划,2020年目标产量为300亿m^3,2030年目标产量为800亿~1 000亿m^3。但是页岩气开发属于高耗水产业,美国单口页岩气井耗水量为10 000~15 000 m^3,是常规天然气的10倍左右,其中70%以上为水力压裂耗水。我国重要的潜力区块包括塔里木区块、鄂尔多斯盆地区块、松辽盆地区块等,都位于缺水区域,如进行大规模开发,区域耗水量将以亿吨计,水资源短缺必然成为重要的制约因素。此外,页岩气压裂液化化学添加剂达250余种,包括苯、甲苯、二甲苯等已知的致癌物,如直接排放将带来巨大环境风险。

钢铁工业是国民经济重要的基础行业。我国大量铁矿资源分布在华北和东北缺水地区,河北及辽宁两省铁矿石产量就占了全国的一半左右。铁矿资源开采加工对环境的影响在于:一方面铁矿开采过程破坏地下水;另一方面炼钢过程消耗大量水资源,吨钢新鲜水耗(先进值)为3~4 t。

二、能源矿产资源与水资源协调开发

由于矿产资源开发利用对环境的影响最主要是对水资源的影响,因此必须实现能源矿产资源与水资源协调开发,关键是要实现基于全生命周期和全产业链的水资源保护利用,这样才有可能有效缓解能源矿产资源开发利用面临的生态环境压力。

能源矿产资源与水资源协调开发涉及两个重要部分,即能源矿产资源与水资源联合勘探和能源矿产资源与水资源协同开采。联合勘探是协调开发的重要前提,需要解决能源矿产资源与水资源赋存基础理论的关键科学问题,同时面临着能源矿产与水资源联合勘探技术与装备研发的技术难题。协同开采是协调开发的关键支撑,需要解决开采过程三场演化机理的关键科学问题,面临着大规模高效矿产与水资源协调开采物理模拟、地下储水空间建设、运行和安全保障等技术难题。

神华是世界最大的煤炭企业,其中80%以上的煤炭产自西部严重缺水区。基于煤炭资源与水资源协调开发的基本理念,我们进行了煤矿地下水库的技术创新与工程实践。考虑到煤炭开采过程中矿井水损失的主要原因是西部地区地面无处存水,只能外排蒸发损失,因此突破了矿井水只能外排地表的传统思维方式,提出了利用煤矿地下水库保护利用地下水的技术思路,即利用煤炭开采形成的采空区岩体空隙,用人工坝体将不连续的安全煤柱连接形成水库坝体,形成相对封闭的储水空间,同时建设矿井水调入和调出煤矿地下水库的调水系统,充分利用采空区岩体对矿井水的自然净化作用,完成矿井水的井下储存与利用,实现矿井水向资源的转化。

在煤矿地下水库技术体系的探索过程中,神华掌握了以下一系列的关键技术。

水源预测方面,通过实践证明了西部煤炭大规模高效率开采时必然产生大量矿井水,在基岩裂隙水和第四系孔隙水的持续补给下,西部矿井涌水量长期稳定;研究建立了可较为准确地预测矿井涌水量的预测模型,为煤矿地下水库设计及储水量确定提供理论依据。

库容计算和扩容技术方面,首次提出储水系数概念(即采空区单位体积岩体的储水量),建立了由储水系数和储水体积确定煤矿地下水库库容的计算方法,为库容计算提供了依据;研发出超大工作面开采技术,使单采空区储水能力增加2~3倍,将多个采空区组合成储水能力更大的煤矿地下水库,使储水能力比单采空区增加10倍左右。

水库选址方面,提出了水库选址三原则,即煤层底板不漏水、采空区域可聚水、开采规划好调水;通过勘探发现神东矿区60%以上的采空区域适合储水,证明西部煤矿采空区有足够空间储存矿井水。

坝体设计与构筑方面,考虑了坝体的特殊结构(地下水库坝体由人工坝体和煤柱坝体组成),分析了其复杂的受力条件,包括采动、矿压、水压,特别是矿震和地震等的复合作用;发明了人工坝体与煤柱坝体掏槽连接方法,提出了煤柱坝体宽度、人工坝体厚度、掏槽深度等关键参数的计算模型。

坝体安全性评估方面,首次研究建立了煤矿煤柱坝体、人工坝体受力和变形的数值模型及物理模型,提出了地震条件下坝体安全度的概念,揭示了地震对地下水库坝体的影响,研究结果表明地震条件下煤矿地下水库坝体安全度远高于地面水库。

水库安全保障技术方面,建立了安全三重保障技术:库间调水保障水库整体安全、坝体应力变形监控保障坝体安全、应急泄水保障特殊情况下水库安全;发明了地下水库安全监控方法,研发出矿震和地震、水位、坝体等参数的实时监控系统。

水质保障技术方面,形成了煤矿地下水库三位一体水质保障技术,包括:库前沉淀,即入库前对污染较轻的矿井水进行沉淀、过滤;库内净化,即充分利用采空区冒落岩体对入库矿井水进行净化;井下专门处理,即对部分污染较重的矿井水进行井下专门处理。

煤矿地下水库技术是一个不断探索与创新的过程。1996年,神东大柳塔矿建成投产,我们随即开始探索该技术路线,于1998年建设了单采空区储水设施,证实井下储水可行;2002年,神东矿区建成6座单采空区储水设施,储水总量100万m^3;2006年,建成了多采空区地下水库,大幅增加了库容;2008年,神东矿区建成16座多采空区地下水库,储水总量为1 120万m^3;2010年,建成了分布式地下水库,实现了矿井水不外排的目标;截至2015年,神东矿区建成35座煤矿地下水库,储水总量达到3 100万m^3。其中,大柳塔矿煤矿分布式地下水库群是在全球最大的井工矿中建成的世界首个煤矿分布式多层地下水库群,该工程包含4座地下水库,储水量为710万m^3,实现了长期安全井下储用水以及矿井水的零外排。

煤矿地下水库的应用推广产生了巨大的经济效益和社会效益。神东矿区建成的35座地下水库2015年供水约7 000万m^3,提供了矿区95%以上的用水,而矿区每年从外部只能调水300万m^3;同时还给周边电厂和煤制油项目供水,使矿区由耗水大户变为供水的基地。目前神华煤直接液化第一条产线已经全部用矿井水作为水源,正在建设给第二、三条产线供水工程,年供水量达1 000万m^3。

三、能源矿产资源开发地表生态保护

能源矿产资源开发利用面临的另一技术难题是能源矿产资源开发地表生态保护。实现能源矿产资源开发地表生态保护要坚持开采减损和生态修复并重。开采减损重点需要研究基于生态友好的开采工艺设计和参数优化。而对于生态修复,其核心要素仍然是水资源,重点在于研究适生植物选择和微生物修复促进技术及开采修复同步理论与技术。

神华在生态脆弱区煤炭现代化开采的地表生态保护方面也取得了一些很有意义的研究成果。一是研究掌握了开采参数(如工作面长度、工作面推进距离和推进速度等)与地表沉陷分区及裂缝分布关系,建立了均匀沉降区面积计算模型和动态裂缝间距计算模型,通过研究证明了加大工作面尺寸和提高推进速度能减少开采对地表生态的损伤。二是开发了现代开采沉陷区地表减损技术,提出了"主动减损与人工引导分区修复"的技术理念,如:加大工作面尺寸,增加均匀沉降面积;加快推进速度,降低地表层损伤程度,增强地表生态自修复能力。三是开发了现代开采沉陷区生态分区修复技术,包括:均匀沉降区采用自然修复,以原生植物为主;非均匀沉降区采用人工引导修复,以优选植物修复为主;利用地下水库水资源进行净水灌溉,为生态修复提供充足水源,促进植被修复。

利用上述成果,神华分别在神东矿区、胜利矿区和宝日希勒矿区实施了地表生态保护工程。神东矿区累计投入15亿元,应用地表生态主动减损的煤炭开采工艺和生态修复技术,进行生态综合治理,完成生态治理面积250多平方公里,相当于开发面积的2倍;矿区植被覆盖率由开发前的10%左右提高到目前的70%。在宝日希勒矿区实施了严酷草原区绿色生态露天煤矿建设,投入超过2亿元。在胜利矿区实施了内排土场绿化与矿区养护工程,环保绿化累计投入2.8亿元。

四、神华国家重点实验室近期的重点研发方向

2015年10月,神华煤炭开采水资源保护与利用国家重点实验室获国家科技部批复成立,是目前煤炭领域唯一专门从事煤炭绿色开发研究的国家重点实验室,主要围绕煤炭开采水资源保护、水资源利用和地表生态减损修复三大主要方向开展基础研究及技术研发,加快推广应用步伐。近期主要的研究方向包括以下几个方面。

一是煤炭开采地下水运移与保护大型综合智能实验平台的研发。该平台计划投资近6 000万元,目标是建成煤炭开采水资源保护利用领域世界最先进的实验平台。平台功能主要包括:煤炭开采地下水运移规律基础理论研究、煤炭开采地下水保护利用(煤矿地下水库)关键技术研究及煤炭开采水资源保护利用辅助工程设计。平台主要由三大模块组成:① 试验基础模块,主要用于进行岩石力学基础试验和相似材料研制;② 试验主体模块,主要用于开展煤炭开采覆岩"三场"模型试验;③ 数据分析及可视化仿真模块,主要用于实验数据处理与分析、三维可视展示平台和现场工程辅助设计。

二是煤铀协调开采技术研发。鄂尔多斯盆地铀矿资源约86万t,占我国预测资源量的50%左右,局部煤铀资源伴生,缺乏安全、环保、经济的协调开发技术,需要研发基于地下水位调控的煤铀协调开采技术,实现煤炭控水开采、铀矿开采地下水放射性核素有效控制,科学制定鄂尔多斯盆地矿产资源协调开发战略,为减少资源浪费、保障战略资源供应提供支撑。

三是高矿化度矿井水处理技术研发。高矿化度矿井水处理成本高是制约矿井水利用率提高的主要因素,神华集团宁东、乌海、哈密等矿区矿井水矿化度在 5 000~12 000 mg/L 之间。针对不同矿区的实际情况,研发适宜的高矿化度矿井水处理技术。例如采用在海水淡化中较为成熟的低温多效蒸发技术,用于哈密大南湖矿区高矿化度矿井水处理,除盐成本不到 4 元/t;在宁煤采用膜法脱盐+地下水库浓盐水封存方案,有效解决了浓盐水地面蒸发成本高、杂盐难处置的难题。

四是东部草原区煤电基地水资源和地表生态保护研究。该项目是由神华集团(国家重点实验室)牵头、20 家单位共同组成团队承担的国家重点研发计划项目,研究目标是揭示东部草原区煤炭高强度开采对草原生态系统(水、土壤和植被)的影响边界和程度,研发露天矿水资源保护利用、生态减损型采-排-复一体化开采工艺、土地综合整治与景观生态恢复等关键技术,构建区域生态安全调控模式。

五是西部干旱荒漠区煤炭开采水资源和地表生态保护研究。该项目是由神华集团(国家重点实验室)牵头、近 10 家单位组成团队共同申报的国家重点研发计划项目,主要研究煤炭资源开发对区域生态安全的影响规律,揭示煤炭开采对生态环境的作用机制;研发煤炭开采环境损伤控制、煤炭开采水资源保护利用、水土保持与生态修复及采矿沙尘控制等关键技术。

顾大钊 教授,中国工程院院士,矿山工程与水文地质专家。江苏滨海人。1982 年毕业于山东科技大学,1988 年在中国矿业大学获博士学位,是我国煤矿建设井巷特殊工程领域的第一位博士。1990—1991 年在澳大利亚新南威尔士大学从事博士后研究。1993 年在中国矿业大学破格晋升为教授。1995 年作为科技带头人调入神华集团工作。现任神华集团科技发展部主任,煤炭开采水资源保护与利用国家重点实验室主任。

顾院士对我国西部煤炭绿色开发工程技术做出了突出贡献。提出了煤矿地下水库储用矿井水的技术思想,建立了煤矿地下水库理论框架和技术体系。该技术首先在神东矿区全面应用,煤矿地下水库提供了该矿区用水量的 95% 以上,为干旱缺水的神东矿区建成世界唯一的 2 亿吨级超大型煤矿区提供了水资源保障;还给矿区周边发电和煤制油等企业供水,使西部煤矿区由耗水大户成为供水基地,奠定了我国在此技术领域的国际领先地位。该技术正在西部其他矿区推广应用,为保护利用我国煤炭开采每年损失的数十亿吨矿井水资源开辟了新路径。获国家科技进步奖一等奖1项、二等奖4项,孙越崎能源大奖。获授权发明专利30多项,其中1项发明专利获中国专利金奖。发表论文30余篇,出版专著3部。

发展我国矿业的对策建议

陈毓川

中国地质科学院

一、引　言

　　矿业始终伴随着人类社会的生存与发展,是支撑经济社会发展的基础产业。矿业包括找矿、采矿、选矿、冶炼、生产矿产品,在社会中形成矿业市场。民以食为天,工以矿为天。农业为人类提供了基本的生存食粮,矿业则为工农业发展和人类文明提供着基本的工业"食粮"。我国是世界上最大的发展中国家,30 多年来经济快速发展,目前已步入经济大国和矿业大国行列,多数矿产品如煤炭、钢铁、有色金属、水泥、玻璃等的生产量与消耗量高居世界第一。矿业与农业一样,是我国经济社会稳定和发展的基石。

　　新中国成立初期,百废待兴,党与政府把发展矿业放在极其重要的位置。1950 年毛泽东同志在莫斯科为留苏学生题词"发展矿业"。国家为了发展社会经济,为工农业提供不可缺少的原料,先后成立了地质部、石油部、煤炭部、冶金部、化工部、建材部、核工业部等,各部门都建立了专业找矿队伍,开展找矿、建矿、采矿,为国家提供煤、石油、铁、有色金属、建材化工、铀等矿产品,满足了新中国经济建设和国防建设的需求。国有地勘队伍为新中国经济发展做出了历史性的突出贡献,当年"地质找矿光荣"成为社会风气,正如刘少奇同志当年指出的地质工作者是"社会主义建设时期的游击队员"。1956 年到 1986 年间,中央财政每年投入的地质勘探费占总支出的 1.5% 左右,投入最高的年份为 1977 年,达到 2.31%。

　　但是,必须清醒地看到,随着我国经济快速发展,能源与矿产资源需求激增,国内一些重要的大宗矿产远不能满足国家经济可持续发展的需求,如石油、天然气、铁、铬、锰、铜、镍、铝、钾盐等的对外依存度都超过了 50%,其中,铁矿石的对外依存度 2015 年已超过 80%。特别是在国家经济发展新常态下,尽管国家对大宗矿产需求增速放缓,但是对外依存度仍在攀高,而且当前国际政治形势复杂多变,不确定因素增多。因此,国家矿产资源形势严峻,事关国家安全。而且地质找矿属于长周期、高风险、接续性和探索性很强的"多学科综合,多工种集成"的知识密集型产业。由此看来,为有力遏制当前因国内外矿业下滑而导致国内找矿强度面临严重下跌的态势,应严格按照党的十八届三中全会制定的《中共中央关于全面深化改革若干重大问题的决定》提出的"使市场在资源配置中起决定性作用和更好发挥政府作用",以遵循地质找矿服务于矿业开发需"提前五年,提前十年",坚持超前安排的行业特性,以预防市场经济滞后性。因此,应充分发挥我国制度优势,在国家宏观调控下,有效发挥地勘队伍地质找矿主力军作用,以减缓我国经济发展增长速度换挡期和结构调整阵痛期的经济波动对矿产勘查的周期性影响。在国家相关政策的有力支持下,立足国内,加强矿产勘查,保持相对稳定的找矿强度,保障矿业持续发展,提高矿产资源自主供应能力,应作为国家在新时期的重要目标任务,亦是实现我国两个"一百年"目标的重要保证。为此,中国工程院组织咨询项目就矿产资源形势与勘查开发战略进行研究。项目组经两年研究探讨,对发展我国矿业提出以下主要对策,供会议研讨。

二、确立矿业为第一产业,加强国家对矿业的领导

(一)矿业是国家不可或缺的基础性产业,属第一产业

矿业与人类社会的生存和发展同步,都是从原始走向现代,正如毛泽东同志在《贺新郎·读史》一词中所说,"人猿相揖别。只几个石头磨过,小儿时节。铜铁炉中翻火焰,为问何时猜得?不过几千寒热。"人类为了生存,一开始就寻找和制造工具,这就是找矿、用矿的开始,进入石器时代之后,找矿、采矿、选炼矿到生产矿产品和交易矿产品,形成了完整的矿业体系。农业是从自然界获取供人类生存的农产品,矿业是从自然界获取供人类使用的矿产品,二者都是社会发展的基础性产业,亦就是第一产业。矿业、农业生产的矿产品、农产品供社会进一步加工,形成各行各业的新产品,这就是第二产业。科技和社会服务业属于第三产业。因此,对矿业性质,在国际上基本达成共识。联合国现行《国际标准产业分类》(ISIC-4.0版),将产业划分为10类,A类为农业,B是为矿业(包括探矿和采矿),均属于基础产业,都归属于第一产业,全球绝大多数矿业大国和矿产品消费大国将矿业列为第一产业或作为第一产业对待,已成为国际共识。而我国,2003年国家统计局发布的《三次产业划分规定》及现行的《国民经济行业分类与代码(GB/T 4754—2011)》将采矿业划入第二产业,矿产勘查业划入第三产业。建议国家对我国矿业所属的行业类型重新审核,作必要调整,并配以相应的产业政策调整,以有利于我国矿业的发展。

矿业在国民经济及社会发展中具有不可或缺的重要地位。矿业既是一项在荒山野岭、地下深坑历尽艰险的找矿、采矿"艰苦之艰苦"的高体力工作,也是一

项充满理论探索、应用高科技手段找矿、高效安全采矿和科学加工获得各种矿产品的高智慧工作。因此，矿业是典型的"体力和智力的合一体"，他们的业绩得到了社会的高度评价与充分肯定。为此，为了表达社会对矿业的重视及对广大矿业工作者重大贡献的肯定，建议国家设定矿业工作者日或节，简称"矿工日"或"矿工节"，以毛泽东同志 2 月 17 日（1950 年）为留苏同学题词"开展矿业"的日子为节日的日期。中国矿业联合会等单位过去亦向国家提出过此建议。

（二）加强国家对矿业的领导

矿业与农业一样，是最重要的基础性产业，亦是国际性重要产业，并与国际政治经济局势相连，而且矿产资源具有不可再生的稀缺性属性。因此，矿业需要相对稳定的中央集中领导，统一的顶层设计、规划、组织管理、政策调剂和国际管控等，以保障矿业健康发展。

新中国成立后，中央和政府对矿业发展十分重视。新中国成立初期 30 多年，中央政府全力以赴，直接建立各有关矿业、工业的中央领导部门，组织队伍找矿、采矿，保证了经济社会的发展。近 30 多年，为更好地促进发展，我国进行了经济体制的重大改革，实行社会主义市场经济体制和改革开放。中央直属的石油、煤炭、冶金、核工业、化工、建材等矿业及工业部门进行了体制改革，实行企业化，不再实行矿业的全国性组织管理，客观上造成目前全国矿业领导管理处于严重碎片化状态，对我国矿业健康发展十分不利。在市场经济体制及国际政治经济复杂多变的情况下，对于一个发展中大国和矿业大国，矿业的持续健康发展需要强有力的、稳定的中央部门集中统一领导，这既是当前亦是长远之计。

从国际来看，据对 111 个国家矿产资源管理体制的调查统计，有 45 个国家（约占 40.6%）设定矿业能源部，12 个国家（约占 10.8%）设定矿业部，22 个国家（约占 19.8%）设定自然资源部，32 个国家（约占 28.8%）由经济、内政或工商部统管，即半数以上国家设有专门的国家级矿业管理部门。

基于上述考虑，建议我国成立矿业部或矿业能源部，统一管理全国矿业，与农业部一样，这是长期稳定的最佳方案。如果全国自然资源统一到一个部门管理，在此部门之下，应成立国家矿业总局或国家矿业能源总局，对口管理全国矿业。总之，需要有一个统一管理全国矿业的部门，结束目前碎片化管理状态。在此体制变更过程中，全国地质矿产调查工作及管理部门应相应得到加强，目前已有的中国地质调查局变更为国家地质调查局，授予一定的行政管理职能，更好地与地方政府结合，领导全国地质工作与地质工作队伍（野战军）。

三、确保矿产勘查强度,有效推进国有地勘队伍体制改革

(一)矿产勘查是矿业基础,应保持相对稳定的找矿强度

保持相对稳定的找矿强度,是发展矿业的基础。找矿是一个具有较长周期和风险较大的工作,需要相对稳定,忌"打打,停停"。西方国家矿业受市场体制及多方因素影响,行情跌宕起伏,引起找矿形势大起大落,弊端显著。社会主义市场经济体制的我国,具有既发挥市场作用,又有政府适当调控的优势。在找矿领域,我国具有世界上最强大的国有地勘队伍的找矿力量。因此,我国具备避免或减少矿业市场波动影响找矿大起大落弊病的体制优势。建议采取以下两项政策。

1. 国家财政投入至普查,保证国内普查工作相对稳定

应改变国家不投商业性地质工作、不投矿产勘查的观念。地质工作分为公益性、商业性两类是合理的,但不是国家投资的绝对界线,国家的投入应根据国家需要。在我国矿业市场,特别是矿产勘查市场尚不健全的时期,为保持矿产勘查的稳定性,对于风险较大的勘查阶段或战略性矿产勘查(如铀矿等),国家仍应投入。原因如下:

(1)我国矿产资源形势严峻,国家需要提高国内供应能力,降低对外依存度,需要增加可供开发及储备的矿产资源。

(2)公益性、基础性地质工作提供大量可供评价的矿产资源异常、远景区、找矿靶区,需要验证、风险勘查至普查,为勘探开发提供进一步工作的基地。这方面的验证、勘查全靠市场还做不到,而国家适当投入,既可获得普查成果,又可通过市场转让普查成果,回收投入资金,又可为市场提供风险较小的勘查、开发矿产地。

(3)当前,国内风险勘查资本市场尚未建立,矿产勘查属于高风险性的产业,企业对风险高的勘查工作投入有限,并受矿业市场波动影响,投入大起大落,但勘查工作周期长,需要稳定投入,只有国家才能保证。

(4)我国有强大的国有地质找矿队伍,国家的投入有队伍承担,并可保持一定规模的找矿优势队伍。

(5)在现有地质工作的基础上组织实施是可行的,由中国地质调查局地质调查工作延续到矿产普查即可。国际上,印度亦是这样做的。根据目前状况,国家年度新增100亿元投入地调工作的普查,将对稳定地保证矿产勘查强度、保持和发挥国有地勘队伍找矿优势及提高国家矿产资源保证程度起到重要的作用。

2. 建立国家矿产勘查风险基金

找矿初期阶段风险较大,为支持鼓励社会资本参与国内外找矿,以满足国家对资源的需求,建议国家设立矿产勘查风险基金。对于国家所需的重要矿产,社会各界可申请基金进行风险勘查(指普查及普查前的找矿)。找不到矿,国家承担风险;找到矿,找矿单位通过转让矿权,或进一步勘查开发,获利后返回全部或部分国家资助的风险基金。国家矿产勘查风险基金组织机构可以设立在已建立的中央地勘基金和地方矿产地勘基金机构基础上,改变性质即可。使用矿产勘查风险基金,支持社会企业进行风险勘查,有利于稳定矿产勘查的投入强度。

政府通过上述两项措施,可以保持我国找矿强度相对稳定。

(二) 有效推进国有地勘队伍体制改革

1. 国有地勘队伍对我国矿业和经济社会发展做出了突出贡献

新中国成立初期,百废待兴,外国封杀,国家急需各类矿产及地质资料,以发展社会经济,中央多部门组建地质找矿队伍,培养了一支具有光荣传统的地勘队伍,为我国矿业与社会经济发展做出了突出贡献。1987年,队伍规模达到110多万人,其中油气地质队伍40多万人、非油气队伍70多万人。1983年国家进行体制改革,油气部门企业化,成立集团公司,其中油气地勘队伍进入集团公司,成功实现了企业化改革,至今已建成四大油气集团公司(中石油、中石化、中海油、延长石油公司)。非油气国有地勘队伍目前保留了33余万人规模的队伍,是我国找矿的主力军,亦是国家地质工作的主力军。通过体制改革,使这支队伍继续保持专业优势,在两方面更好地发挥作用既是国家大事,亦是体制改革的主要目标。

2. 队伍的体制改革需要顶层设计和加强领导

这支找矿功勋队伍是原中央各部所建,其改革需要中央的统一设计,制定统一的最佳改革方案。《中共中央 国务院关于分类推进事业单位改革的指导意见》(中发〔2011〕5号)明确要求"分类推进事业单位改革",要坚持"总体设计、分类指导、因地制宜、先行试点、稳步推进"。对"推进从事生产经营活动事业单位改革"要"周密制定从事生产经营活动事业单位转企改制工作方案",并明确要求要进行"资产评估,核实债权债务,界定和核实资产,由同级财政部门依法核定国家资本金"和"完善过渡政策"等。目前状况是对于国有地勘队伍的体制改革,中央仅有原则性方向,既没有完善的过渡政策,也没有统一的领导及有力的宏观指导,而是各省(自治区、直辖市)各自制定改革方案进行改革,导致各省份差异极大,处于不佳状态,后患犹存。

2012年,中央八部委组织调查组对各省国有地勘队伍体制改革进行了调查,并编写了调查报告,对地勘队伍的贡献有很高评价,对现状有所了解,并建议制定分类推进国有地勘单位改革的若干意见和具体政策,促进地勘行业改革。但事后再无人过问至今。目前,国有地勘队伍体制改革处于关键时期,建议国家组织专门机构,汇总、分析研究全国国有地勘队伍体制改革现状,按照《中共中央国务院关于分类推进事业单位改革的指导意见》要求,研究确定下一阶段体制改革的总体方案,制定推进地勘队伍企业化改革的各项政策,统一领导或具体指导、协调这支功勋队伍的体制改革工作,以使公益一类、公益二类、生产经营类地质单位经济结构与布局更加合理、优化,提高地质矿产工作对经济社会发展各个方面需求的有效保证。

3. 对国有地勘队伍体制改革的建议

国有地勘队伍体制改革原则:① 适应社会主义市场经济体制,统筹公益性地质队伍及工作与商业性地质队伍及工作;② 有利于我国矿业及地质工作发展,地质工作更高质、有效地服务于国家经济发展新常态各个方面需求;③ 有利于保持、发展地勘队伍在找矿工作及地质工作领域的科技优势和人才优势;④ 有利于国有地勘队伍保持和改善工作环境及社会生活物质待遇;⑤ 中央与地方政府有效地组织领导体制改革工作,有顶层设计、分类指导、因地制宜、稳步推进,并制定有效政策。

国有地勘队伍体制改革的最终目标是分为两支队伍。一支是从事基础性、公益性地质调查与战略性矿产调查勘查队伍,属事业单位,为中央、地方地质队伍,由中央、地方财政出资;另一支企业化为地质勘查公司、矿业开发公司、矿业中介服务公司等。企业化过程中,国家财政给予必要的资金及有关政策支持,通过不同形式切实得到落实。

体制改革实施方案,应充分考虑现有实际情况及基础,采取相对可行有效的方案,由于我国公益性地质工作及战略性矿产调查勘查工作任务大,建议全国保留 5 万~8 万人的地质事业单位队伍,包括中央和地方。中央以中国地质调查局为基础,增加事业性地质调查队伍,回归原属于中央部门现属地化的专业性地调队伍,如原地矿部上海海洋一大队、物探一队、二队等,以及属于中央管理的有关行业地勘队伍。各省(自治区)地勘事业队伍,在现有地质调查院基础上适当扩大规模,按不同情况,达到 1 000~2 000 人,并提升为副局级。有的省(自治区),如西藏,地域面积大,工作程度低,并有特殊政治因素,可整个队伍归入事业单位。各地质调查院(局)行政上由省(自治区)政府或国土资源厅领导,在业务上同属中国地质调查局领导,在完成省(自治区)下达的地质工作任务的同时,完成中国地质调查局下达的地质工作任务。

企业化队伍的建设以地勘局级单位为整体,在国家给予必要政策及资本金的条件下,筹组地质勘查公司、矿业公司、矿业中介服务公司等,亦可与已有矿业企业联办公司或并入已有的大型矿业集团公司等。企业化地勘队伍在主体上走勘查开发一体化道路的同时,亦可结合国家需要,兼顾各方面的地质工作和其他工作,走"一业为主,多种经营"的路子。建议国家参照当年油气地勘队伍企业化改革时的国家政策,给企业化地勘单位探矿权、给找矿资金、给找矿成果及新建矿山基建费;对人头费的支持,保持老人老办法,并支持退休职工进入社会保险系统。企业化队伍总规模为 25 万~28 万人。关键是国家要拟定应给予国有地勘单位企业化的有效政策。实现企业化改革的时限,考虑到找矿开发周期较长,建议以 10 年为期。

通过体制改革使现有 33 余万人的国有地勘队伍地质找矿优势得到保持及发挥,并使我国地质队伍在矿业及服务社会方面迈上更高台阶。

四、建设好矿业市场,做强矿业

矿业市场将是我国发展矿业的主要平台。目前我国矿业市场还处于初建阶段,需要建设现代矿业市场体系。以矿业要素市场为重点,包括矿产勘查市场、矿业权市场、矿业技术咨询与劳务市场和矿业资本市场等,使其与矿产品市场形成一个完整的矿业市场体系。目前在加快矿业市场建设中有以下几个重要方面应给以充分重视。

(一)修改完善国家矿业法律法规

矿产资源法或矿业法要体现矿产资源的市场化改革,突出"保护与开发并重"、坚持"使市场在资源配置中起决定性作用和更好发挥政府作用"原则,着重解决矿业企业融资、探矿权转采矿权问题,改变初始探矿权招拍挂取得的规定,恢复申请登记取得初始探矿权。进一步依法维护矿产资源所有权人及其相关权利主体财产收益,尤其是探矿科技投入的知识产权收入份额、确立矿业权人主体资格,切实保障矿业权私权属性,促进矿业权转让市场发展等。

(二)建立矿业资本市场以及风险勘查资本市场

矿业资本市场以及风险勘查资本市场是矿业市场的重要组成部分。矿产勘查公司入市,获取社会资金进行矿产勘查,在资本主义国家如加拿大、澳大利亚等国已十分成熟,是勘查单位获取勘查资金的主要渠道,但是至今我国风险勘查资本市场尚未建立。我国有强大的国有地质勘查队伍,为适应这支队伍的体制改革,建立风险勘查资本市场十分必要,这也是国际矿产勘查发展的惯例。因此,应吸取加拿大、澳大利亚矿产勘查市场建设与运行的成熟经验,在国内加快建设风险勘查资本市场,给我国即将建立的强大的矿产勘查公司提供融资平台。

(三) 建设一批大型矿业集团

发挥政府调控职能,支持同类矿产的国有矿业企业组成规模型矿业集团;发挥市场作用,促进矿业企业兼并,做大矿业企业。国家有计划、有目标地整合组建多矿种、多产业大型矿业集团和以我国为主体的国际矿业集团。

五、聚焦"一带一路",走向国际矿业市场

"一带一路"倡议为我国矿业发展创造了机遇和国际合作的空间。"一带一路"贯穿亚、欧、非大陆 65 个国家,有经济发达的欧洲国家,主体是亚洲、非洲的发展中国家,这些国家矿产资源勘查开发需求日增,正是我国与沿线各国开展矿产资源互利合作,发挥我国勘查开发能力的大好时机,前景广阔。在建立"一带一路"矿业市场、基础性地质矿产调查、矿产勘查开发、重大基础建设中的工程地质、水文地质、灾害地质调查等方面,开展互利合作,共同发展,大有可为。

建议国家在"一带一路"建设规划中,把地质与矿业对外合作作为重要内容之一;建立中央与地方领导有序、协调有力、互联互促的可行的项目链;建立国家"一带一路"矿产勘查风险基金,支持勘查单位开展国外矿产勘查;有计划地组织培训出国工作人才,逐步建立强大的高素质对外管理与工作队伍。通过"一带一路",更好地保障我国矿产资源需求,促进我国矿业健康地走向世界,更快地成为矿业强国。

六、矿业发展与生态环境保护双赢

保护生态环境是全国的重要任务,也是全民的利益所在,国家已有具体要求、规定与部署。矿业领域找矿、采矿及选冶过程不同程度地影响自然环境。工业化过程中,各国都经历过先污染后治理、走回头路的历程。完成工业化后,社会文明和科技水平达到一定高度时,环境的保护得到重视,逐步实现经济发展与生态环境保护双赢的局面。

我国也正在经历这一阶段,正在朝着经济与环境双赢的目标迈进。根据目前我国勘查、开发的科技水平,实现绿色勘查与绿色矿山开发,已具备基本条件。国内已建立一批绿色矿山,如南京市栖霞铅锌矿、浙江深山丛林中的治岭头金矿,在陕西省鄂尔多斯盆地半沙漠区的神华煤矿,矿山开发还实现了对矿区附近大面积半沙漠区的绿化,改善了自然环境。因此,目前及今后矿业发展可以逐步实现与生态环境双赢,关键是社会与矿业界要共同重视。

建议由中央国土资源与环保主管部门联合拟定科学合理、切合国情的矿产

勘查、开发环保要求与管理办法。在自然保护区内,对于不损害自然环境的基础地质调查,应用地质调查与物化探先进技术进行的矿产调查与预查,经国土资源部门批准、环保部门备案,应正常进行;自然保护区内经矿产调查或预查发现国家急需矿产或战略性矿产,有望达到大型、超大型的矿产地,可根据绿色矿山要求,经国土资源部门与环保部门联合批准,可进行勘探与开发。

  发展我国矿业,实现我国矿业强国的目标,需要采取的对策建议在该咨询项目提交的研究报告中,有较全面的论述,本报告仅提出当前急需采取的一些对策,供会议研讨。不当处,请批评指正。

陈毓川   1934 年生,博士生导师,研究员,矿床地质学家,中国工程院院士。1952 年就读于南京大学地理系,1959 年毕业于苏联顿涅茨理工大学地质勘查系。回国后,在原地质部地质研究所、矿床地质研究所工作,历任研究组组长、研究队队长、研究室主任。1981 年,任矿床地质研究所所长。1983—1990 年,任原地质矿产部地矿司副司长、司长。1986—1997 年,任中国地质科学院院长。1992 年,任原地质矿产部总工程师。1995—1998 年,兼任地质调查局局长。先后当选第十三、十四届中国共产党全国代表大会代表,第九届全国政协委员,国际矿床成因协会副主席,大洋协会副理事长,中国地质学会副理事长。现任中国地质科学院科学技术委员会主任、中国地质学会常务副理事长、矿床专业委员会主任。长期从事矿床地质、地球化学、区域成矿规律、成矿预测研究及矿产勘查工作。出版专著 14 部,发表论文 80 余篇。获国家科技进步奖特等奖 1 项、二等奖 4 项、三等奖 2 项,国家自然科学奖三等奖 1 项,地矿部、新疆维吾尔自治区科技成果奖一等奖各 1 项,国土资源科学技术奖一等奖 1 项,国家级有突出贡献的中青年科技专家、李四光地质科学工作者奖和中国工程科技(光华)奖。

第三部分

专题报告

专题一
发展矿业的重大政策

浅谈新常态下的矿业环境与政策建议

陈景河

紫金矿业集团股份有限公司

一、对矿业开发与环境保护的认识问题

（一）土壤污染与土壤异常是有重大差异的两个概念

2016年5月，国务院发布了《土壤污染防治行动计划》（简称"土十条"）。该行动计划的发布，意味着与人们生产生活密切相关的物质基础土壤环境及"土壤污染"问题得到了前所未有的重视；该行动计划的实施，对改善我国土壤环境将起到重大作用。

由于地球物质分布的不均一性，部分元素在局部地区富集，成为区域异常；在异常区内，通过进一步的成矿地质作用，就可能形成矿床。现代地质找矿实践证明，通过土壤化学异常来确定找矿靶区，是非常有效的找矿方法，最近几十年找出的新矿床可能有一半以上是通过土壤地球化学测量发现的。现在圈定的"土壤污染"区，相当部分可能是自然的背景异常，而不是人类活动造成的所谓"污染"。但是，现在人们把特定元素达到一定指标的土壤异常全部认定为"土壤污染"，我认为是不准确的，也是不科学的。

在土壤环境调查过程中，应区分特定元素异常是自然背景形成的还是人类活动导致的，或两者兼而有之。若笼统地把大量的自然异常认定为人类活动造成的"污染"，又该如何监管和治理？建议中国工程院对此开展专题研究，把自然背景异常和人类活动造成的污染区分开来，我想这对于目前正在进行的土壤环境调查及后续提出治理对策具有重要意义。

矿山勘查和开发，要高度重视环境地质工作，开展系统性测量，把背景搞清楚，并在相关报告中形成专门的章节，建议主管部门对此制定相关规范。这一点非常重要，矿山开发后一旦出现问题，监管部门认定是自然背景异常还是开发造成的污染，便有了客观、科学的依据。

以福建省紫金山金铜矿为例，根据国家标准对紫金山地区土壤重金属元素

进行土壤环境综合质量分级和划区,该地区1991年土壤污染面积为31.22 km²,其中重中度污染区面积为5.37 km²。可以确定,紫金山地区的土壤"污染"主要是矿致异常,也就是自然背景异常形成的;对于之后矿山开发的影响,还有待评估。

(二)矿山开发是破坏和污染环境,还是切除"肿瘤"?

金属矿床埋藏在地下,其中若含有害元素,在环境意义上,就好比一颗隐伏在大地深处的"肿瘤"。如果认为这些有害元素是污染源,那么通过矿业开发,把这些有害元素提取出来,就是消除污染源的有效举措,类似于切除肿瘤的外科手术,这样既去除了环境污染隐患,还能将这些金属元素提取出来满足人类生产生活所需。关键是如何保证"肿瘤"切除过程的安全,如何实现"肿瘤"切除后山更青、水更绿。

矿业开发会改变矿山的原貌,但是环境的改变不等于破坏环境。其实只要企业重视,能够处理好矿业开发与环境保护的关系,落实"要金山银山,更要绿水青山"的可持续发展理念,不但能发挥经济价值,还能改良环境,从经济和环境效益上都可以造福人类。国内外很多关闭的矿山,通过治理,建成了公园,甚至比开发前更加美丽。比如加拿大在原石灰石矿遗址上建成了著名的布查特花园,南非在约翰内斯堡金矿遗址上建成了黄金城,浙江遂昌金矿建成了4A级旅游景区,等等,这些都是矿山开发后环境再造和显著改善并持续发挥积极影响的典型范例。

紫金山金铜矿目前初步控制的矿石总量约20亿t,探明黄金资源储量约300 t,平均品位约0.5 g/t;铜资源储量近500万t,平均品位约0.32%。该地区长期存在金、铜、银、砷、汞、铅、锌等金属元素异常,在地表水和地下水长期风化淋滤等地质作用下,部分金属元素会不断地析出,从而影响周边及下游环境。紫金山金矿有200~400 m厚的氧化带,是数千万年地质作用的结果,其中的大量硫化物及重金属在地质历史过程中迁移到土壤及水体中。紫金山在探矿期间,部分沟谷中的水pH值仅4.0多,并且含铜及一些重金属元素。通过矿业开发,把其中的金属元素提取出来,客观上就是消除这些元素自然析出对该地区环境的影响。

紫金山铜矿在开发过程中曾因酸性含铜溶液泄漏而发生有重大影响的环境污染事故,教训极其深刻。事故发生后对矿山下游的汀江水域进行近万个水样检测,测出最高含铜量为0.96 mg/L,低于饮用水的标准(1 mg/L);此外矿山所有沟口都安装了与省环保厅实时连线的在线监测仪,6年多的连续监测结果显示,未出现超标排放情况。而且汀江水体及底泥也未受到矿山开发的影响,有关金属含量基本上达到Ⅰ类水标准,有时为Ⅱ类水标准。需要强调的是,本次事故主要是遭遇持续暴雨极端天气，矿山原有的防护设施有重要缺陷及管理不到位所致，绝非矿山开发的必然结果。

事实上，紫金山金铜矿通过植被恢复和进一步的绿化，不少区域原来寸草不生，现在也变成郁郁葱葱，紫金山也成为国家矿山公园和国家工业旅游示范点，还计划矿山闭坑后在原址建设矿山高尔夫球场。

（三）科学监管非常必要，管结果应该是主要导向

紫金矿业曾经考察过的位于西澳卡尔古利的一个金矿，选矿为浮选工艺，金精矿含砷，有配套的焙烧碳浆选厂，但是该冶炼厂只有收砷系统，而没有制酸系统，二氧化硫烟尘直接排放。这种情况出现在澳大利亚这一矿业发达的西方国家，让人非常诧异！经过了解，我们才知道，当地是广袤的盐碱地，含有二氧化硫的烟气外排形成的酸雨有利于改善当地的土壤结构，同时密切注意风向变化，结合当地气候条件，并借助科技手段进行严密监测，当风吹向民众居住的卡尔古利镇时，冶炼厂就不能生产。此事给了我很强烈的震撼，我认为这才是科学监管。

紫金矿业目前在海外有6个生产矿山，总体上项目审批并不难，只要咨询机构严格按照当地有关法律法规进行设计、企业严格按要求实施就可以了，平时政府部门极少检查；但一旦发现违规，就将依照相关法律法规严厉处罚。这与我们国内矿山三天两头检查形成鲜明对比。

原环保部部长陈吉宁上任后，环保监管思路有了很大的转变，特别是从日常繁重的过程管理转变为以结果管理为重点，既给官员松绑，又给企业压力，令人鼓舞。

二、中国矿业行业呼唤国家政策支持

（一）进一步确立矿业在国民经济中的基础地位

1. 矿业是国民经济的基础产业，关系国家经济安全

矿产资源是国民经济和社会发展的重要物质基础，我国95%以上的能源、80%以上的工业原材料和70%以上的农业生产资料都来自于矿产资源，一些重要的资源甚至成为国家经济的命脉。

经济全球化，矿产资源的全球配置是基本方向。但中国是社会主义大国，无数经验和教训告诉我们，在关键和重要领域，中国必须有自己的能力和地位，被动依赖他人，后患无穷。中国对矿产资源的依赖程度很高，是全球最大的矿产资源生产和消费国，基本金属消费量占全球的30%~50%。如此巨大的消费量，没有自己的基本资源储备是难以想象的，当然这种储备也需要国内、国外两个市场

同步;中央提出的"一带一路"及"走出去"战略,实质是将资源定位为国家战略,其核心也是实现国家长期的经济和战略安全。

一些发达国家还把矿业和农业一样当作第一产业,作为国家重点扶持的基础产业、弱势产业。在中国经济进入新常态的今天,建议国家有关部门进一步重视支持矿业企业,为矿业企业实现文明和谐、可持续健康发展创造有利条件。

2. 矿业对欠发达地区经济发展和扶贫攻坚意义重大

我国有很多的矿业城市,尤其对于欠发达的中西部地区,矿业经济可谓举足轻重,对当地经济发展、扶贫攻坚意义重大。中央启动的扶贫攻坚工程最终要落实到具体扶贫项目上,与农业项目对比,矿业及其关联产业对发展当地经济、吸引农村劳动力、增加农民收入更加有效。

就以紫金矿业总部所在地——福建省上杭县来说,其过去是国家级的贫困县,随着紫金山开发,上杭县不但摘掉了贫困帽子,还在紫金矿业的龙头带动作用下,于2016年度荣获福建经济"十强县""十佳县"荣誉称号。该县60%~70%的财政收入来自紫金矿业及其关联企业,紫金山矿区周边的同康、迳美等村成为远近闻名的富裕村。紫金矿业在新疆、内蒙古、吉林、甘肃等省份投资开发的矿业项目,对所在地县级经济与社会各项事业发展以及扶贫攻坚也都起到了重大和关键作用。

(二)矿业形势严峻,"四矿"问题重现

国家统计局数据显示,国内采矿业利润率从2014年的9.67%下降到2016年的3.68%,而全行业平均利润率近6%,位居规模以上工业企业行业最后一名;矿业行业不但艰苦,而且风险高,却成了最难赚钱的行业。全国地质勘查投入从2014年的1 145亿元下降到2016年的781亿元,下降了31.8%;采矿业固定资产投资从2014年的14 681亿元下降到2016年的10 320亿元,下降29.71%,而其他行业投资基本都是正增长;进入衰退期的矿业城市数量呈现出快速增长的趋势,辽宁、山西等矿业大省GDP增速垫底;2015年全国城镇非私营单位就业人员年平均工资为62 029元,其中艰苦程度和劳动强度特别大的采矿业的职工年平均工资仅为59 404元,而且是唯一的负增长行业(-3.7%)。

全球矿业行业也不能幸免,国际矿业巨头近年来出现巨额亏损,2016年下半年由于大宗商品低位反弹,才有所好转。

从目前矿业的严峻形势看,朱训老部长当年反复提到的"四矿"问题[①]已经重新出现。

---

① "四矿"问题指矿业、矿山、矿工、矿城。

(三)矿业行业改革势在必行

在矿业超级周期,为了遏制行业混乱局面,国家出台了一系列严格控制矿权获取和流转的政策,在当时的背景下有积极意义。但是随着矿业形势的变化,有些政策已经不能适应,或者制约矿业企业和行业发展,应该修订或出台相关法律和政策,高度重视政策引导对于矿业企业转型升级的促进作用,尤其要重视对企业自行出资获得勘查成果的法律保护。

近十几年来,固体矿产商业勘查总体非常活跃,已经基本上成为市场主体;在"矿产资源属于国家所有"这一大前提下,目前出台的诸多法规,反复强调这一思想,对于国家出资形成的勘查成果有非常明确的保护措施和详细的配置办法,但对于企业出资获得的勘查成果却没有法律、法规给予保护,这很可能会导致中国矿业行业的大衰退。

矿产资源具有明显的商品属性,其与商品房应该有相同或类似的属性。土地属于国家所有,但对于开发商获得土地后盖的商品房,其财产权是非常明确的。矿产资源的发现和确认,是一个漫长的研究和勘查过程,需要大量的资金投入,而且有巨大的投资风险;尤其在地表矿基本被发现殆尽之后,要发现具有商业价值的中深部矿产,其难度和风险非常之大。在这种背景下,企业对于合法获得矿业权之后自行投资勘查发现的矿产资源应该享有明确的对应的财产权益。若对此还有疑问,未来还有谁会去投资勘查?即使发现可供商业开采的矿床,面对巨大的矿山建设投资,极其恶劣的自然环境,难度极大的采矿权取得,严苛的安全、环保责任,复杂的社区和政府关系,低于其他行业的收益率,作为逐利的资本,还会有人继续投入这个行业吗?

矿业改革对行业生存和发展非常重要,煤炭行业的供给侧改革为我们提供了非常成功的经验。坚决支持关闭不符合安全、环保生产条件的矿山,全面提升矿山安全、环保水平,加大生态文明矿山建设力度,是矿山企业的基本选项。企业依法合规经营是基本要求,但解决历史遗留问题还有待各级政府积极主动作为。推动矿山技术和装备升级,提高自动化、信息化、智能化水平,努力提升劣势资源条件下的竞争力,是大多中国矿业企业发展过程中必须面对和解决的问题。

三、对矿业法规政策改革的建议

推行矿业行业改革,首先要对现有矿业法规政策进行全面梳理,并根据当前矿业行业的实际情况进行修订,在环境安全得到基本保证的条件下,制定鼓励地质勘查和矿业开发且有利于整个行业市场化发展的相关政策。要按照中央要求,使市场在资源配置中起决定性作用,并更好地发挥政府应有的作用。我国基本金属矿产资源自然禀赋总体较差,竞争能力较弱,若政府继续保持甚至加大对矿业行业的管制和索取,这一行业的未来堪忧。

(一) 放宽矿权出让一级市场,鼓励勘查和开发投入

目前,不少地方把矿权作为国有土地等同看待,一律通过"招拍挂"出让,获得探矿权难度较大,而且探矿权授予时间不长,延续手续比较烦琐。

申请授予应该成为获得矿业权的主要方式。世界上的矿产资源大国,矿业权95%通过申请授予,采取竞争性招标机制授予的仅占5%。例如,美国包括金属矿产在内的大部分矿产通过申请获得矿业权,无须交纳费用,国家在开采过程中从征收的矿地租金和权利金中得到利益补偿;澳大利亚矿业权也主要通过申请授予。

属于国家出资勘查并已探明矿产地的,为了保障国家投资收益,采取"招拍挂"方式是恰当的。对于非国家出资勘查的或空白区、已有矿权毗邻区、接替区等,建议遵循国际惯例,采取申请在先授予和协议方式出让,以此鼓励勘查和开发投入。

建议取消探矿权有效期限制,取消最低勘查投入要求,取消探矿权流转限制。同时为促进矿权流转和治理"圈而不探",可适当提高探矿权"租金"。

(二) 开放矿权转让二级市场,鼓励企业资产流转

建议把矿权转让作为企业间的市场行为,与一般资产交易同等对待,让市场决定资源的配置:

(1) 取消矿权转让的诸多限制,对矿权转让只进行形式审查;

(2) 遵循国际通行准则,明确矿业公司股权转让不需要对其所持矿权进行特别审批(就好比公司并购,其持有土地房产等不需要特别审批)。

(三) 减轻企业税费负担,避免重复计征、多头征收

矿业权价款按规定是以"国家出资勘查探明矿产地"为收取前提的,但不少地方在执行中不断扩大,甚至违规收取矿权价款。比如,自有资金投入勘查增储的,要求缴纳;探矿权缴纳完毕,转采矿权时还要缴纳;有些地方甚至对早期已经取得的矿权,因为要扩大生产规模申请采矿权变更,就认为当时评估得不够,要求按当前价补缴矿权价款。不交钱就不给办证,使原本已经极为困难的矿业企业雪上加霜。

国家一方面大力推进资源税改革,另一方面又推出了《矿产资源权益金制度改革方案》,两者之间交叉,可能存在同源设计、重复收取的问题,应该尽量避免。

建议矿业权出让收益可以抵扣资源税,避免重复计征、多头征收。

目前国家出台的资源税改革政策非常好,但缺乏可操作性的实施细则,在执行过程中地方政府的自由裁量权太大,对于最低品位的资源居然收取最高的资源税,有关企业深受困扰,而且申诉无门。

(四)简政放权、创新措施,为企业营造良好的生存和发展环境

办证难,是困扰矿业企业的"第一难事"。最近国土资源部出台了一系列简政措施,比如将部分审批权限下放到省里。但我们期待更有力度和实效的简政举措,建议:

(1)将部分审批制改为备案制,比如矿山企业名称变更属于形式改变,主体没有发生变化,备案即可;

(2)放宽对探矿权的限制,在有经济杠杆制约的前提下,可以考虑按国际惯例将探矿权有效期设置为长期,并取消矿权延续缩减面积的25%的规定,让真正的矿业人安心找矿、科学探矿;

(3)鼓励探矿权的获取和勘查投入,争取实施将探矿投入按一定比例抵减资源税的政策;

(4)放宽探矿权转采矿权的诸多限制。

(五)关于矿业用地和林地政策

矿山企业大部分位于边远地区,矿业的特殊性决定了矿业用地与城市基础设施、工业项目用地的不同,而且大量用地具有临时性特点;目前,国内没有针对矿业用地的特殊土地、林地政策,矿业用地用林价格昂贵,而且协调和审批难度极大。

(1)建议研究出台矿业用地用林专项政策。矿业开发用地基本上处于较为边远和条件恶劣的地区,土地实际利用价值不大,应该专门出台比工业用地更为优惠的矿业用地政策;而且这些土地和林地在矿业开发结束后基本都能够得到有效恢复。

(2)建议研究制定土地、林地等面积置换政策。矿业企业实际用地年限一般只需要几年到十几年,而目前矿山用地出让使用期限为50年,既闲置土地又增加负担。建议允许企业用完成复垦治理或植被恢复的面积换取新的矿业用地和林地指标,实现内部空间置换。国土资源部对中国铝业在广西平果铝项目的等面积置换政策就很值得推广,建议上升为行业政策。

四、紫金矿业集团 2016 年业绩简介

简要介绍紫金矿业集团 2016 年的基本情况。表 1、表 2 为紫金矿业的保有资源储量与主要矿产品产量及其占比。

表 1　紫金矿业保有资源储量及其占比

项目	紫金矿业	全国	紫金矿业占比
黄金储量/t	1 347	11 563.5	11.65%
铜储量/万 t	3 006	9 910.2	30.33%
锌储量/万 t	801	14 985.2	5.35%

注：全国资源储量数据来源于国土资源部《中国矿产资源报告 2016》。

表 2　紫金矿业主要矿产品产量及其占比

项目	紫金矿业	全国	紫金矿业占比
黄金产量/t	42.6(含海外 18.3 t)	394.9	10.79%
铜产量/万 t	15.5	185	8.38%
锌产量/万 t	25	463	5.40%

注：全国黄金产量数据来源于中国黄金协会统计数据，铜、锌产量来源于工业和信息化部统计数据。

从上述数据可以看出,紫金矿业的黄金、铜、锌资源储量和产量均位居国内矿业企业前列。

（一）经营业绩

2016 年实现销售收入约 789 亿元,归属于母公司的净利润为 18.4 亿元(同比增长 11%);截至 2016 年 12 月底,总资产约 892 亿元。

2016 年最突出的两件事:一是海外业务占比大幅提高[海外产金 18.3 t;刚果(金)卡莫阿铜矿探矿获重要发现,使该矿铜资源储量超过 3 400 万 t,平均品位 2.83%,成为世界级超大型高品位铜矿];二是在贵州紫金水银洞金矿建成了我国第一套热压预氧化装置,并投入工业化生产,突破了难选冶金矿处理的技术瓶颈,能够在安全环保的条件下大幅提高黄金资源回收率,被权威专家鉴定为具有"国际领先水平"。

（二）行业地位

在 2016 年《福布斯》全球 2 000 强中居第 1 175 位,以及其中的全球金属矿

业企业第九位、全球黄金企业第三位。

五、结　语

经过近30年的发展，中国矿业管理、技术、装备等都已经有了巨大进步，我们在诸多贫瘠或难采选冶资源的开发利用方面也取得了令世界瞩目的成就。在当前的矿业形势下，非常有必要通过改革进一步释放矿业企业的活力，推动我国从矿业大国转变为矿业强国。

矿产资源的分布特点决定了我国矿业企业必须参与全球化进程。在此进程中，尤其是大型矿业公司要有担当，要从全球视野看待企业发展，在全球范围内获取优质矿产资源。尽管海外投资充满风险和不确定性，尽管我们缺乏国际化经验和人才，但是这一步必须走，这一课必须补，这一仗必须打！只要我们坚持创新发展理念，努力探索适合企业自身实际的国际化发展之路，就完全有可能成功；尤其是我们选择在矿业低潮时期出击，成功概率大得多。

今天谈到的问题，大多是现实工作中遇到的，有感而发，没有进行深入研究。非常期待中国工程院能够对其中的部分问题开展专题研究，紫金矿业非常愿意参与其中。

陈景河　毕业于福州大学地质专业，教授级高级工程师，享受国务院政府特殊津贴专家。现任紫金矿业集团股份有限公司董事长，兼任低品位难处理黄金资源综合利用国家重点实验室主任、福州大学紫金矿业学院理事会理事长。紫金矿业的创始人与核心领导者，紫金山金铜矿的主要发现者、研究者和开发组织者；在矿床勘查评价和开发规划，矿山采、选、冶，以及战略规划和经营管理方面有着丰富的经验。曾获国家级、省部级科技奖10余项，并拥有11项专利。中国矿业联合会主席团主席、中国黄金协会副会长、中国有色金属工业协会副会长、中国职业安全健康协会副理事长，福建省第十、十一、十二届人民代表大会代表，以及国内多所高校的兼职教授。

支持地勘单位企业化改革的政策建议

陈毓川　王泽九　姜树叶
中国地质科学院

一、尊重和落实勘查成果的创新性及知识产权权益

1. 理由

（1）地质工作的对象、目标、成果都具有个性化、差异化、多元化、特殊性。地质工作者每次面对的工作对象、目标、成果都是新的,不可复制。

（2）不可复制性决定了不是有钱就一定能找到矿。找矿人的知识、技能和主观积极性等对找矿效果的影响至关重要。

（3）长期以来,我国对找矿成果的创新性和知识产权权益始终未予以重视与肯定——找矿过程当作一般的工业生产过程、找矿成果当作一般的工业产品。无论是计划经济时期还是市场经济时期,地质工作者始终处于打工者的被动地位。

2. 建议

在推进国有地勘单位企业化的进程中,有必要在思想认识上、政策制定上、法制建设上彻底扭转错误的观念和做法。最终在法律、法规上明确找矿成果的权益分配(找矿科技知识投入应占找矿成果权益的 10%~30%),从而扭转地质人的打工者的被动地位。

二、坚持建立地质勘查风险金制度

1. 理由

（1）"找矿"之所以称之为"找矿",是因为成功率极低(仅为1%左右)、风险极大。

（2）在市场经济条件下,任何企业、个人都不会盲目地把钱投向成功率极低的领域。

（3）前几年实行的国外找矿风险基金办法对鼓励地勘单位找矿的积极性是正向的,其负面影响可以通过总结经验、加强管理予以克服。不能因噎废食。

（4）我国是资源消耗大国,即使进入后工业时代,对资源需求的绝对量仍然

是巨大的,需要提前10~20年做好资源的储备,也就意味着提前10~20年就要进行找矿的投入。国家应采取政策鼓励并支持社会力量找矿。

2. 建议

将中央地质勘查基金转换为"矿产勘查风险基金",实行国内外风险找矿无差别化管理。用风险基金找到矿,成果归找矿单位所有,矿权转让或开采后,找矿单位将国家投入返还或部分返回,循环发展;找不到矿,风险由国家承担。真正做到国家不与找矿单位争利。以此形成正向激励与容忍找矿风险的良好氛围。

三、改变目前探矿权的管理办法

1. 理由

(1) 按经济学观点,找矿也是生产力,它的基本要素构成除一般意义上的人、财、物外,还包括其特有的要素——矿业权。矿业权虽然是无形的,但在找矿生产力要素构成中是不可或缺的。

(2) 目前实行的"招拍挂"矿权管理办法,因大多国有地勘单位无经济实力,往往是想找矿的主力军得不到矿权,有矿权的不一定去找矿,造成二者的分离,使找矿生产力得不到最大限度地释放。

2. 建议

(1) 为支持国有地勘单位企业化,使探矿权与找矿主力军有机结合,最大限度地释放找矿生产力,矿权管理恢复初始空白区和退出区探矿权申请在先原则,并明确对实行企业化改革的地勘单位优先配置探矿权原则。

(2) 支持地勘单位企业化改革,原则上可借鉴当年油气地勘单位企业化过程中中央的政策——给探矿权、给地勘费找矿、给找矿成果(简称"三给")。

最终达到既充分调动地勘单位找矿积极性,又顺利推进地勘单位企业化改革的双赢局面。

四、探矿权价款问题

1998年国家制定了《探矿权采矿权价款评估管理办法》(1999年正式发布),同年颁布的《矿产资源勘查区块登记管理办法》(国务院令第240号)、《矿产资源开采登记管理办法》(国务院令第241号)规定,申请国家出资勘查并已探明的矿产地的探矿权(采矿权)的,交纳探矿权(采矿权)使用费外,还应当交纳经评估后确认的国家出资形成的探矿权(采矿权)价款。目的是维护国家利益。但执行过程中存在偏差。许多地方不区分谁出资勘查获得的成果,一律按照探明资源储量收取价款。这使地勘单位或企业找到的矿越多,交的价款就越多,极大地戳伤了找矿者的积极性,或者采取有矿不报或大矿小报的办法,实属无奈。

建议：① 严格按照国家规定，国家出资形成的探矿权、采矿权，成果转让给企业或事业单位时，国家收取价款；② 由企业或事业单位出资形成的探矿权或采矿权，成果在使用或转让时，国家不收取价款，价款归出资单位。

2016年12月30日，中央全面深化改革领导小组审议通过了《矿业权出让制度改革方案》《矿产资源权益金制度改革方案》，明确取消探矿权、采矿权价款，征收矿业权出让收益（中央财政、地方财政分享比例为5∶5）。

五、需要进一步落实的扶持政策

1999年以来，国家为推进国有地勘单位改革，先后制定了《国务院办公厅关于印发地质勘查队伍管理体制改革方案的通知》（国办发〔1999〕37号）、《国务院办公厅关于转发国家经贸委管理的国家局所属地质勘查单位管理体制改革实施方案的通知》（国办发〔2001〕2号）、《国务院办公厅关于深化地质勘查队伍改革有关问题的通知》（国办发〔2003〕76号）、《国务院关于加强地质工作的决定》（国发〔2006〕4号）以及《核地质勘查队伍管理体制改革实施方案》（科工改字〔1999〕225号）等文件，这些文件都从不同的角度提出了支持地勘单位改革的政策，如矿业权配置、土地变性、财政扶持、税收减免、住房补贴、离退人员医疗养老保险等。

问题是执行得不到位，各地情况参差不齐。

建议：在新一轮推进地勘单位企业化改革的关键时刻，国土资源部应提请国务院成立全国地质勘查体制改革领导小组，办公室设在国土资源部。

全国地质勘查体制改革领导小组的主要职责是：

（1）统一制定地勘单位事企分离改革方案，使其成为权威性顶层设计，在全国施行，改变目前各行其是的混乱局面；

（2）统一梳理以往颁行的改革文件，能入法的纳入矿法，需要以政策形式保留的要修改完善，"多文合一"；

（3）加强政策的权威性。对以往制定的扶持地勘单位改革发展的一系列政策措施，要督导有关实权部门无差别化的贯彻执行，使所有企业化的国有地勘单位能够在同一起跑线上参与市场竞争。

专题二

国有地勘队伍体制改革

国有地勘队伍改革　紧跟国家战略　创新需求谋发展

田郁溟

中国矿冶炼和会地质勘查协会

地质勘查在我国国民经济发展过程中起到了基础性支撑作用。矿产资源是人类社会文明的物质基础，是维系国家安全的重要保障，是实现可持续发展的重要支撑。我国 95% 以上的能源、80% 以上的工业原材料和 70% 以上的农业生产资料都来自于矿产资源。地勘队伍是矿产资源这个重要产品的制造者，他们风餐露宿、夙夜为公、长战野外、无畏艰难、殚精竭虑。

一、我国地勘队伍现状

（一）我国地勘业的队伍规模

"十二五"以来，我国地勘队伍职工总人数、在职职工人数逐年递减，职工总人数从 2011 年的 109.32 万人减少至 2015 年的 88.58 万人，年均减少 5.12%。

（二）我国地勘业的产业格局

我国地勘队伍包括地质勘查、工程勘察与施工、矿业开发和其他辅助人员。队伍规模的降幅主要体现在矿业开发与其他辅助人员的逐年减少。

（三）我国地勘业的管理格局

我国地勘单位分为属地化管理的地勘单位、中央管理的地勘单位、其他地勘单位。队伍规模的降幅主体体现在其他地勘单位，年均减少 13 万人左右。其中，业务管理层级分为四个管理级次：国土资源部、国有资产监督管理委员会（简称"国资委"）为一级管理级次；八大行业总局、省级国土资源厅为二级管理级次；中央驻省级地勘局、省属地勘局、属地化行业地勘局、地勘公司等为三级管理级次；中央驻地方地勘单位、省属地质队、属地化行业地勘单位、次级勘查公司等为四级管理级次。

（四）我国国有地勘队伍体制改革历程

我国国有地勘队伍改革过程归纳为"四部曲"。第一阶段为1993年以前，以地勘单位的改革为特征，主要扩大地勘单位自主权、预算包干节约分成、承包经济责任制，基本上是计划经济体制下的一种调整。第二阶段为1993—1999年，以地勘行业的整体改革为特征，地勘队伍逐步划分为承担国家战略任务的队伍，及搞多种经营、逐步走向企业化的队伍。第三阶段为1999—2012年，地勘队伍管理体制"属地化改革"，首次明确"公益性地质勘查工作与商业性地质工作分体运行"。"属地化改革"后的地勘单位主动融入区域经济，改革创新，服务领域不断拓展，地质找矿成果显著，经营收入快速增长，经济效益显著提高，"内蒙古模式""云南模式""浙江模式""海南模式""陕西模式"等陆续涌现。地勘单位大多背着50余年的历史重负，遗留问题多，社会负担重，"戴事业的帽子，走企业的路子"是这一阶段在特定历史条件下的权宜之计。第四阶段为2013年以来，党的十八大、十八届三中全会、十八届四中全会全面吹响了深化改革的进军号，"加快事业单位分类改革，让市场在资源配置中起决定性作用"等战略行动为地勘单位改革发展营造了良好的外部环境，同时也预示着深化国有地勘队伍的改革已进入"深水区"，"利于地质工作发展的客观规律、有利于地勘单位改革发展、有利于职工队伍和谐稳定"是本阶段改革的基本原则。

（五）我国地勘队伍分类改革现状

国有地勘队伍改革有两种分类方式：一是公益一类、公益二类、生产经营类；二是公益性企业、商业性企业（针对国资委管理的地勘单位）。其中，属地化国有地勘局改革路径为向所属省政府请示上报—所属省政府出台改革方案—所属省政府指导各地勘局开展改革工作，省域内单位地勘队伍的改革差异较大；中央直属地勘单位改革方向为以"重组整合"为主，少数单位已进行了重组，大部分尚在纠结等待过程中。时至今日，各省属地勘单位分类改革在省级政府的统一组织下取得了不同程度的进展，全国24个省份基本完成分类改革工作，另7个已得到省编办批复，尚未完成分类改革工作，中央管理地勘单位未完成分类改工作，已完成分类改革工作的国有地勘单位均以公益一类、公益二类为主，生产经营类为辅，少数省份整体转企（陕西、辽宁）。

二、我国国有地勘队伍改革发展面临的瓶颈问题

(一) 战略指导缺位在国有地勘队伍分类改革过程中体现明显

通过调研掌握的情况来看,国有地勘单位大多数将"企业化"作为改革发展的目标,但最终选择了公益一类或公益二类,留恋"事企双轨"的发展方式,"百局千队"的队伍格局变化不大。

(二) 隶属关系复杂致使改革发展不平衡

多头管理造成了条块分割和政策执行情况不一,改革发展不平衡,影响了分类改革统一推进。受发展目标与战略定位影响,国有地勘单位对分类改革的诉求不同,导致了省域间及省域内分类改革的进度不一。改革诉求沟通难、改革思路不清晰、改革政策与实际差异大。

(三) 矿产资源国家所有权与使用权比重失衡

20世纪80—90年代,石油产业转企之时,国家给予了石油垄断地位,配置了油气区块、配套勘探经费、无偿提供勘探成果,因此造就了三大石油巨头。而在国有地勘单位分类改革之际,地勘经济低迷、矿业权招拍挂取得、上表储量与国有投入有偿化价款处置、勘探成果汇交后有偿使用等现象不同程度制约了地勘队伍的发展,地勘单位发展成本高、代价大、抗风险能力弱等特点凸现。

(四) 分类改革过程中需要妥善解决四大问题

一是人的问题,这是制约分类改革发展的核心问题。"历史遗留问题""同城不同待遇""全额不足额"等问题需要妥善解决。二是事业编制异动,这是地勘队伍稳定发展的关键因素。改革过程中多个省份冻结事业编制、核减事业编制、取消事业编制造成地勘队伍在包袱与发展中纠结。三是事转企、重组整合需要政策支持,尤其在资产、税负、矿业权异动以及廉政、绩效工资体系等问题方面矛盾突出,产业持续发展乏力。四是分类改革过程中配套政策的完善程度影响着队伍的稳定与发展。

三、我国地质工作国家战略

(一) 地质工作紧迫的任务

一是地质工作要牢固树立和贯彻落实创新、协调、绿色、开放、共享的发展理

念。二是要全面落实节约资源和保护环境的基本国策。三是以保障资源安全为目标,以提升矿业发展质量和效益为中心,强化资源保护与合理利用,优化资源开发保护格局,加快矿业绿色转型升级,推动矿业国际务实合作,实现资源开发惠民利民,为全面建成小康社会提供可靠能源资源保障。

(二)坚持创新发展增强矿业发展新动力

一是拟全面深化矿产资源管理改革(开放油气、铀勘探开发市场,矿业权竞争出让、审批权限、税费改革,矿产资源管理、现代市场化体系);二是继续创新机制推进找矿突破战略行动;三是将大力推进能源资源基地建设(建设103个能源资源基地,划定267个国家规划矿区);四是加快资源开发利用科技创新(万米科学钻、"互联网+矿业")。

(三)坚持协调发展优化矿产开发保护格局

一是推动资源开发与区域发展相协调(加快海域矿产资源勘查开发,严格矿产资源规划分区管理,设置矿业权区划管理);二是推动资源开发与产业发展相协调(优化能源矿产开发利用布局结构、保障重要金属矿产有效供给、推进非金属矿产合理开发利用、保障战略性新兴产业矿产供应);三是推动资源开发与环境保护相协调;四是推动重要盆地多矿种协调开发;五是统筹协调矿产开发与城乡建设。

(四)坚持绿色发展强化资源节约集约循环利用

一是合理调控能源资源开发利用总量;二是严格矿产开发准入条件;三是强化矿产资源节约与综合利用;四是大力推进矿山地质环境治理与矿区土地复垦;五是大力发展矿业领域循环经济;六是加快发展绿色矿业。

(五)坚持开放发展促进全球矿业合作共赢

一是全面推进"一带一路"矿业合作;二是提高矿业领域对外开放水平;三是加快矿业"走出去"步伐;四是积极参与全球矿业治理。

(六)坚持共享发展实现资源惠民利民

发挥资源优势助力精准扶贫,完善资源开发收益分配机制,切实提高公益性地质调查服务水平,推动资源型城市转型发展,共享矿业发展福利。一是发挥资源优势助力脱贫攻坚;二是完善资源开发收益分配机制;三是增强公益性地质调查服务供给;四是促进资源型城市可持续发展。

（七）地质工作战略发展面临七大机遇

一是改革发展机遇,国家将进行财税体制改革,深化多层次资本市场改革,形成灵活高效的市场化经营机制,建立完善的产权保护制度;二是市场开拓机遇,大地质时代已来临,国家基础建设在交通运输、水利工程、城市地质、海洋强国等方面将加大投入;三是对外开放机遇;四是农业与扶贫机遇;五是创新升级机遇;六是民生机遇;七是生态环境保护治理机遇。

四、破解路径思考

（一）条块管理与行业管理相结合,主管部门主动承担起地质勘查行业服务管理的责任

一是条块管理与行业管理相结合,主管部门担负着地勘行业服务和管理职能,促进地勘队伍改革发展。二是明确公益性与生产经营性的职能与产业定位,引导地勘队伍在分类改革中正确判断。三是明确区域内地质工作需求、行业规模、财政支持力度,切实服务地勘队伍的改革需要。四是充分发挥财政资金的稳定和协调作用,有效引导社会资本的跟进,尽最大努力帮助国有地勘单位解决实际困难。五是给予解决人的问题、钱的问题、矿业权等核心资产异动等的优惠政策,平稳过渡。

（二）国有地勘单位要紧跟国家战略,直面改革创新需求,勇于担责,持续发展

一是担负起国有地勘单位改革发展的重大责任,主动向省政府及相关部门汇报、沟通和交流,积极了解国家、地方社会需求。二是国有地勘单位要积极争取地方政府对国有地勘单位分类改革的支持政策,剖析自身所遇到的困难和问题,分类逐批解决;对无法以自身力量解决的矛盾和问题,不回避不遮掩,利用此次改革的契机加以解决。

（三）加大行业对外宣传力度,营造良好的地勘行业改革发展环境

一是长期以来,地勘行业疏于宣传,地勘工作长期不为社会了解,许多政府部门对地勘行业基本情况十分陌生,相关部门在制定改革政策时难以考虑到国有地勘单位的实际情况。二是行业主管部门要组织多层面、多渠道、多媒介的宣传,让全社会了解地质工作,了解地勘行业的艰苦与贡献,从而为国有地勘单位改革发展营造良好的社会氛围与工作环境。

田郁溟 1973年4月生,湖北仙桃人,高级工程师。中国矿业联合会地质勘查协会秘书长、中国地质学会常务理事、中国矿业联合会理事、中国冶金地质总局地质勘查部副主任。自1996年参加工作以来,历任中国冶金地质总局中南地质勘查院法律事务部部长、经营部部长、矿管经营部部长,湖北三叠矿业有限公司办公室主任,中国冶金地质总局中南局地质勘查部副总经理,中国冶金地质总局地质勘查部副主任。主持了近20项地质勘查普查、详查工作(其中2项成果分别获中国地质学会2012—2015年全国十大找矿成果奖项)、3个铁铜多金属矿矿山的选矿技术改造工作。

地质工作在我国矿业发展中的作用
——政府在矿产地质勘查上的责任

王泽九　夏宪民

一、地质工作贯穿于矿业发展的全过程，起保驾护航的作用

新中国成立初期，地质工作的初心是找矿勘探服务矿业发展，以勘查矿产资源为工作重点，其次是水文地质和工程地质勘查，为农业发展、重点工程建设和民生服务。进入21世纪，随着国家经济社会的发展需要，地质工作逐步转向矿产资源与地质环境并重的阶段。今后的地质工作将贯彻"绿水青山就是金山银山"的理念，把保护地质环境、防治地质灾害放在首位。我国对矿产资源的需求将达到峰值并在高位保持相当长的时期，而找矿勘探的难度越来越大，矿产地质工作任重道远。

矿业是基础产业。为国民经济和社会发展提供能源与原材料是矿业发展的目标；富足的矿产资源是矿业发展的物质基础；科学合理地开发利用矿产资源的技术方法是矿业发展的手段。直接为矿业发展服务的矿产地质勘查工作是矿业的组成部分。

从找矿发现到矿产勘查，探明矿产的数量、品质、赋存状态、开发利用的经济技术条件，全都有赖于地质工作提供的资料和数据。从矿山开采设计、生产开发、矿石选治和矿产品加工利用，到矿山闭坑、矿山环境整治和矿山地质灾害防治，都离不开地质工作的支持。

二、地质调查研究的对象是经过40多亿年发展演变的地球，许多地质现象和矿产资源信息是隐蔽的、不确定的，只有通过地质工作去逐步揭露和认识

地质工作的科学程序是由粗到细、由表及里的，颠倒程序容易出差错；而"细"和"里"的地质认知，又反过来印证与加深"粗"和"表"的地质认识。随着地质工作的深入，对地质现象的认识也就更接近历史真实。

矿产地质勘查有概查（踏勘）、普查（初步普查和详细普查）、勘探（初步勘探和详细勘探）、矿山生产勘探等阶段，通过合理部署地质勘查递减风险，有利于提高投入效果，科学发展。

三、社会主义市场经济条件下，公益性地质工作要与商业性地质工作相互促进、协调发展

计划经济时期，我国地质工作由中央财政出资，政府享有地质工作的成果，包括矿产储量，同时政府承担矿产勘查的风险。

社会主义市场经济条件下，地质勘查队伍管理体制改革后，分别由国土资源部中国地质调查局、国资委和省级政府管理。随着资金渠道的多元化，地质工作相应扩大了服务面。地质工作的运行机制，已普遍采用市场方式操作。

政府财政主要支持基础性地质调查工作，也支持部分地方、企业开展特定的战略性地质勘查专项，如危机矿山接替资源找矿、找矿突破战略行动、深地资源勘查开采等。

油气地质队伍与三大油气公司一体化，成为企业的组成部分，由油气生产企业承担油气地质普查勘探任务，改革进展比较顺利。

其他非油气地质队伍，目前财政资金只支持做区域性的矿产资源评价，对发现的矿产地和可能找到矿的物化探异常做到概查阶段，允许做少量轻型探矿工程或打个别钻孔，不支持动用系统的重型探矿工程。

概查阶段的矿产地，除了少数成矿条件简单的矿产（如煤矿）以外，未知因素很多，风险程度很高。极少数实力较强的大型矿山企业（如紫金矿业、西部矿业等）自己拥有地质勘查力量或与地勘单位联合，可能敢于申报概查阶段矿产地的探矿权。而大多数矿山企业没有地勘力量，实力不强，怕做赔本生意。国有地勘单位在事业单位分类改革中，大多数划为公益一类和公益二类，是个缺乏资金的"打工族"，探矿权通过勘查增值以后又得不到合理的分享，因此一般对此都采取观望态度。从而出现一个问题：公益性地质部门说，发现了大量矿产资源，资源量数字上增加很多，但勘查程度很低，可供矿山设计和开发利用的矿产储量不多。因此，矿产勘查上出现了公益性地质工作与商业性地质工作不相衔接的局面。

四、通过全面深化改革，矿产勘查在市场机制起决定作用的基础上，同时要更好地发挥政府的作用，由政府承担相应的责任

政府财政资金支持的基础性地质工作，要加快 1∶50 000 地质矿产调查工作，向社会及时提供和更新地质矿产信息。

发现的矿产地和可能有矿的各类异常,不可能全都需要进一步勘查,政府可以根据经济社会发展规划和矿业发展的需要,选择特定矿产和矿产地(找矿异常),做到普查阶段,形成价值较高、风险较低的探矿权,以吸引商业性地质勘查的投入。具体措施是:① 政府财政投资直接立项,如铀矿;② 用财政资金建立矿产勘查风险基金;③ 设立矿业投资银行,吸收社会资金支持矿产勘查;④ 加强矿产勘查市场管理,培育市场主体。坚持各项地勘单位转企的政策支持,在探矿权转让收益中,确保地勘单位分享合理的份额,帮助公益二类地勘单位逐步走向经营类。

夏宪民 1954年毕业于南京大学地质系。曾在西南地质局、原地质部南方地质总局、地质矿产司工作过。1982年调入原国家计划委员会国土局(1988年改为国土综合开发规划司),1990年调国土规划研究所;1998年退休于国家发展和改革委员会宏观经济研究院,研究员,长期从事地质勘查工作。

深入推进地勘单位改革全面融入经济社会发展
——陕西地矿集团有限公司企业化改革与发展之路

马贵锁

陕西地矿集团有限公司

一、陕西地矿集团有限公司改革的两个阶段

第一阶段,事企分离。陕西省人民政府于2006年提出了地勘单位企业化改革,2007年做了一些调研和准备工作,全面启动是在2008年12月。省政府最初的设计是在局的框架下成立公司,局只保留机关和一些公益性事业单位,所以在2009—2012年期间,局和公司同时存在,事企分体运行。

第二阶段,整体转企。局和公司合并,2014年省编办撤销了局的事业编制,事业彻底转为企业。

改企后,陕西省4家地勘局,除了地质矿产局、核工业地质局仍保持独立的建制外,西北有色地质勘查局划归有色集团,煤田地质局划归能源集团,同时,省政府新组建了陕西省地质调查院(正厅级事业单位),负责全省的公益性地质工作。

二、在改革过程中围绕建立企业经营管理体系重点进行的工作

一是建立健全现代企业制度体系。改企后,我公司在企业化的道路上不断探索实践,对公司章程、各种议事规则、各项管理制度进行了全面修订,形成了一套较为系统、完备的管理制度体系,保障了公司的高效运转。

二是改革劳动用工制度。彻底改变了原事业体制下的劳动用工制度,按照"老人老制度、新人新政策",对原事业身份职工重新定岗、定编,全员签订劳动合同,仅档案按事业单位管理。对改企后的新进人员(1 200余名),按照企业聘用制进行管理,并建立"五险一金",实行养老保险社会统筹。

三是理顺两级法人管理体系。为了推动企业更好地发展,实行两级法人管理体系。同时,2016年我公司又按照集团架构由"陕西省地质矿产勘查开发总

公司"改为"陕西地矿集团有限公司",向集团化运营迈出了重要的一步。

四是改革经营者薪酬制度。对企业经营领导班子实行年薪制,主要考核经营业绩,最大限度地调动经营者的积极性。

三、回顾改革历程的两点感受

一是省委省政府高度重视。为支持地勘单位的改革与发展,陕西省人民政府出台了一系列扶持优惠政策,包括实行"老人老制度、新人新政策"、改革后原财政安排的地勘经费保持不变、优先配置矿业权以及土地出让金"减、缓、免"等政策,为地勘单位的改革发展创造了良好的条件。

二是省国土资源厅大力支持。2013年以来,陕西省每年从省级财政中拿出两权价款地方留成的10%充实省地勘基金,服务于全省找矿行动,为地勘单位的发展提供了有力支撑。

总之,通过地勘单位体制改革,我公司不仅实现了由事业向企业的转变,同时企业也得到了快速发展。改企以来,虽然也面临着可经营性资产少、历史欠账多等困难,但我们迎难而上,主动作为,经营收入从2009年改制之初的9亿元增长到2016年的38亿元(年平均增速达22%以上),利润从4600万元增长到1.5亿元。"十三五"期间,我公司确定的目标是,到2020年使经济规模突破100亿元,进入"百亿地矿"行列,同时,保持职工收入年均增长不低于10%,努力让广大地矿职工过上好日子。

四、陕西地矿集团有限公司目前主抓的工作

近年来,在矿业经济低迷、地勘市场萎缩的时期,我公司围绕转型升级,确立了"三大发展战略":一是矿产资源勘查开发向"优急稀特"矿种转型;二是地质工作服务领域向"大地质、大国土、大环境"转型;三是融入"一带一路"拓展境外市场。围绕"三大发展战略",我公司重点抓以下三项工作。

(一)全面融入防灾减灾救灾体系,拓展地质工作服务领域

近年来,地质灾害易发、多发。做好防灾减灾救灾工作,维护人民生命财产安全,是地勘单位应有的责任和担当。"社会有需要,我们有优势,我们不干谁干"。为此,我们本着"为政府分忧、为社会服务"的宗旨,于2015年12月组建成立了"陕西省突发地质灾害应急排查突击总队",为我省建立起一支整建制地质灾害应急救援专业队伍,并按照省国土资源厅"平战结合"体系的部署,完成了"对口到市、派驻到县"。

前省委书记娄勤俭说:"藏地质灾害应急排查突击总队于企业,平时经营,战

时排查救援,这是一种创新。"前副省长庄长兴批示:"很好,请不断强化专业培训、提升装备水平,努力建设一支应急抢险救援的高技能突击队伍"。经过几年来的努力,目前共有12个支队,队伍规模为289人,拥有应急车辆66辆、各类专业仪器设备142台(套),先后开展地质灾害调查、巡查、核查264次,应急处置60次,减少人员伤亡2 000多人。

这项工作得到了国土资源部和中国地质灾害防治工程行业协会的高度肯定。国土资源部原副部长汪民2016年7月25日专门听取了我公司的汇报并给予了很高评价,认为这项工作在全国具有开创性。中国地质灾害防治工程行业协会认为这是一个重大创举。

组建突击总队,是我公司向"大地质、大国土、大环境"转型的重要抓手。下一步,我们将继续加强队伍建设,2016年已投入6 000余万元,2017年进一步安排2 200万元用于队伍建设,加强人员和装备配备。同时,依托突击总队,向国土、环保、水利、交通、安监、林业、农业等领域全面迈进,更好地服务于陕西省经济社会发展大局。

(二)全力推进汉中玉勘查开发,为陕西打造一个新兴玉文化产业

2012年,我公司在陕西汉中南郑发现了一处大型优质玉矿。2015年,通过对矿业经济和玉石市场的分析,确立了发展汉中玉文化产业的战略,计划投资68亿元,对汉中玉进行整体勘查开发,包括在南郑县建设一个集玉雕加工、玉品贸易、玉料展销、文化旅游等为一体的玉文化产业园。该项目实施以来,得到了省委省政府的高度重视,已被省发改委列入全省重点文化产业项目。目前,我们已完成了第一阶段的基础建设任务,正在积极推进产业园建设,设计占地300余亩①。同时,我们正在系统谋划全省宝玉石资源的科学评价与综合利用,力争为陕西打造一个新兴玉文化产业。

(三)融入"一带一路"迈出重要一步

积极响应国家"一带一路"倡议,充分发挥自身专业优势,通过技术、服务输出,带动相关产业向境外发展。一是大力开拓中亚地勘市场。2015年在吉尔吉斯斯坦注册成立了"中亚矿业公司",2016年与吉尔吉斯斯坦签订了战略合作框架协议。目前正在合作共建吉尔吉斯斯坦国家中心实验室(计划于2018年建成),将其打造成为辐射中亚地区的最大、最先进的实验室。同时,我们在吉尔吉斯斯坦申请了一个153 km² 的金属矿的探矿权,为我们开拓中亚地勘市场提供

---

① 1亩≈666.67 m²。

了重要支撑。二是加快"走出去"步伐。在加纳注册公司,为当地矿山企业提供勘查和技术服务,从中寻找项目和机会。

马贵锁 1963年3月生,陕西省蒲城县人,正高级地质工程师,国家级矿产督查员。中国矿业联合会地质勘查协会副秘书长,陕西地矿集团有限公司副总经理。1986—2001年,在陕西省地质矿产勘查开发局第六地质队先后担任地质员、野外地质组长、分队技术负责及分队长、队总工办主任、副总工程师、副队长、队长等职务。参与野外工作及报告编写工作的"潼关小秦岭鸡架山大型金矿床"获得原地矿部找矿一等奖。2002—2010年,任陕西省地矿局地质科技处副调研员、矿产勘查开发处处长等职务。2011年至2016年3月,任陕西省地矿总公司勘查开发部主任,主管总公司地质勘查、矿产开发、水工环及地质科技等工作。2016年3月至今,任陕西地矿集团有限公司副总经理,兼任陕西省突发地质灾害应急排查突击总队总队长,主管生产经营、地质灾害及安全保卫等工作。

地勘事业单位改革与地勘行业生产力发展

孟 琪

辽宁省地质矿产勘查局

地质勘查行业生产力发展具有极其鲜明的行业特色,不但取决于地质勘查所特有的客观规律,更受制于一定历史条件下的管理体制与经营机制。当前地勘行业强力推进的事业单位改革是生产关系的一次重大调整。这种调整必将在一定程度上影响生产力的发展。地勘事业单位在实施体制改革的 30 多年间,出发点一般是人往哪里去,落脚点一般是钱从哪里来,似乎从来没有站在生产力发展的高度统筹改革方案的策划与实施。当前,地勘事业单位改革已经鲜明地呈现南辕北辙、三分天下的格局:① 积极回归事业;② 全力推向企业;③ 维持事企双轨。这使原本复杂的生产力与生产关系的内在关联更趋于复杂多变。

一、地勘行业改革发展对生产力的影响

首先要将行业发展的背景作为生产力发展的重要因素加以剖析。地勘黄金期无疑是生产力发展的重要契机,但其萧条期也应是生产力调整的重要阶段。然而,这种调整主要应当是数量方面的调整,在数量减少的同时必须维持质量的提升。这里仅以机构与人员状况为例进行回顾与分析。在体制改革的启动阶段,基于产业结构调整的需要,原地矿部率先撤销探矿司,有的地勘局甚至撤掉地质处。这种缺乏战略思维的决策给地勘行业生产力发展带来的影响至今未能消除。当前专业技术人员年龄呈"哑铃状"结构(35~45 岁缺失)就是最突出的表现。眼下正在进行的地勘事业单位新一轮改革亦是如此,以辽宁省国有地勘队伍为例,2016 年下半年,依据《国务院关于工人退休、退职的暂行办法》(国发〔1978〕104 号),以特繁工种为由,男 55 岁、女 45 岁以上的一线职工批量化退休,流失量占在岗职工总数的近 10%。这种生产要素流失所带来的消极影响必将持续 10~20 年的时间。以往的经验与教训足以警示我们,在强力推进改革的同时,不得不高度重视生产力的发展。

二、地勘生产力发展所遵循的特殊规律

(1) 地质成矿理论具有特殊意义。然而,这种生产力要素的投入、产出又具

有强烈的不对称性。一是成矿理论具有多解性。任何一种成矿理论都不可能完美无缺，都需要在实践中不断地发展和完善。二是成矿理论具有局限性。从一个地区、一个矿种总结出的成矿理论一般不能"放之四海而皆准"。短时间内更是难以释放应有的生产力潜能。

（2）地质勘查装备具有特殊作用。一种先进装备的引进能够跨越式地推进地质勘查科技的发展进程。然而，其投入产出效果的局限性也是相当地突出。一是先进装备的推广极大程度地受制于管理体制和经营机制。二是"硬件"效果的发挥极大程度地受制于"软件"，即操纵先进装备的人员素质。三是先进装备的利用率低，投入产出的经济效益不显著。

（3）地质专业人才具有特殊价值。掌握科学技术的人是科技创新过程中最为活跃的因素，这种特征在地质勘查行业表现得更为突出。地质勘查是实践性较强的学科，生产一线人员的经验积累是该学科的重要组成部分。然而，地勘行业人才的成长周期长，无论多么优秀的高校毕业生，不经历十年以上的野外实践，都难以担当主持地勘项目的重任。

综上所述，地质勘查科技创新体系遵循一种弹性规律，不可能像其他产业那样"立竿见影"，更难以产生连锁性的牵动效应。

三、地勘行业生产力发展现状评价

计划经济时期，地勘行业在事业单位管理体制下形成了一种相对有效的科技创新体系。市场经济体制初步形成以后，原有的生产力发展与创新机制便丧失了基本活力。

第一，体制机制创新举步维艰。2006年1月《国务院关于加强地质工作的决定》（国发〔2006〕4号）颁布后，全行业均在致力于地质勘查新体制和新机制的构建。十几个春秋逝去，"逐步建立知识、技术、管理等要素按贡献参与勘查开采项目收益分配的新机制"呼唤至今未能生根发芽。

第二，项目管理模式严重扭曲。地勘项目管理是一项专业性极强的社会化劳动。然而，政府投资从立项伊始就带有极强的行政色彩。经过层层"扒皮"的项目投资到了干活人的手上已所剩无几，只能靠纸上谈兵、冷饭热炒交差了事。这已经无可争辩地造成了社会资源的巨大浪费。

第三，科研投入产出效益低下。当前的地勘行业，部门和地区之间壁垒森严。科研机构的立项远离生产的需要；生产部门根本不具备自主创新的人力和财力。零散化、碎片化的政策和制度体系最终导致科研成果不能有效地转化为现实生产力。

第四，设备更新换代缺乏动力。时至今日，地勘事业向企业转轨仍在艰难求索。事业体制下的设备更新机制已经丧失功效,企业体制下的更新机制远未成熟。地勘事业单位迫于生存压力,不得不将专项资金用于周期短、见效快的产业,以致地质勘查设备仪器长期以来更新不足、换代乏力。

第五,人才培养机制严重落后。由于时间与经费有限,本科生甚至研究生的实习已经局限在了一般性的科普教学。计划经济体制下的继续教育制度、职称评审制度已基本流于形式。人才培养的公益性服务特征淡化,甚至带有一定的商业气息。

四、地质勘查行业生产力发展的新思路

(一) 实践与思考

自20世纪90年代起,国有地勘队伍即开始全局性的产业结构调整。当时提出的发展目标是地质勘查、勘察施工、矿业开发、多种经营四大门类并进,实现勘查开发一体化、探采工贸一条龙的发展目标。经过20多年的艰辛探索,基本现状如下。一是地质勘查的主业地位没能得到充分巩固与提升,所依托的地质勘查行业新体制和新机制至今未能明晰。二是勘察施工产业的主体未能按照当初的设想从地下向空间(高层建筑)纵向延伸,但却依托原有的岩土钻掘技术在大地质领域实现了横向拓展。三是矿业开发受体制与资源的双重制约,大多数省份仍处于空白或起步阶段。据国土资源部发布的《2015年度全国地质勘查行业情况通报》,全国31个省份的属地化地勘队伍矿业开发收入14.68亿元,占市场收入总量的1.81%。其中,收入过亿元的省份只有四川、贵州、陕西、甘肃,合计占该产业总额的78.9%,发展极不平衡。此外,13个省份的业绩为0。四是多种经营产业"星星多月亮少",至今也没能改变"小厂小店"的基本现状,生产力水平甚至远远落后于所在地区的民营企业。

客观地评价,在国有地勘事业单位,只有两个领域可以说是先进生产力的代表。一是地质勘查领域,在基础地质、矿产资源、环境地质三个专业无疑占据技术垄断地位。二是岩土工程领域,在建设工程、环境工程领域占据技术领先地位。

(二) 创新与探索

近年来,业内外有识之士一直在探索地勘行业新的增长点,然而却始终没有跳出概念的圈子落到项目的位置。或者说,只是简简单单、模模糊糊地指出发展方向,未能回答新的发展领域能在多大程度上改变地勘事业单位的产业结构、在多大程度上以发展的业绩支撑事业单位改革的推进与到位。

笔者的思路是：以促进地勘行业生产力发展为出发点，以推进地勘事业单位改革为落脚点，统筹实施全行业的科技创新发展规划，打造一批"大手笔"的国家及省区级政府示范工程。要突出科研与生产项目的牵动效应，从根本上解决地勘事业单位产业结构调整和队伍结构调整的难题。应明确地勘事业单位作为地质矿产、地质环境工程实施的主体，通过特许经营权，集结全社会的优势生产要素策划PPP项目。从而把规模化的生产经营项目作为发展生产力及科技创新的重要载体。

主要项目包括：矿产资源勘查攻深找盲、深部开采政府示范工程；土壤源、干热岩等新能源开发利用政府示范工程；废弃矿坑、井巷、尾矿开发利用政府示范工程；城市地下空间开发利用政府示范工程；重污染水土治理、恢复政府示范工程；地质矿产与地质环境大数据平台；等等。

五、地质勘查行业生产力发展的新举措

（1）颁布全国统一的地质勘查科技创新实施方案。建议在国家与省区两个层面，建立起地勘、科技、教育以及社团、基金等部门联动，以产、学、研资源最大限度集成为宗旨，统一规划、统一部署的地质勘查科技创新体系。

（2）探索适应市场经济体制的地勘项目管理模式。从公益性项目立项着手，突出项目管理的商品化、市场化属性。实施投资、咨询、作业三方制衡的项目管理模式。咨询商专司项目的策划与发包，明确其市场主体地位及相关权益。

（3）探索政府主导的地质环境工程多元融资模式。要充分考虑地质环境工程项目投资大、周期长、回报低的基本特点，明确地勘事业单位PPP项目的主体地位，授权其对周边优势矿产、土地的开发利用权，确保参与项目投资者的预期回报。

（4）探索政府主导的基础地质调查多元融资模式。确立基础地质调查作业的商品属性，开放基础地质调查市场，以地勘事业单位作为主体面向社会开展PPP项目融资。对发现的重要找矿线索设置探矿权，以股份作为参与投资者的回报。

（5）起草全国统一的地质勘查单位技术装备标准。以政府地勘项目招标为导向，对技术装备提出强制性的要求。以省份为单元建立公益性地质装备租赁机构，委托公益性地勘单位代为管理和经营，对全社会实施成本价开放与租赁。

（6）建立地质勘查企业生产力水平指标评价体系。地质勘查行业市场准入制度取缔后，市场秩序维护必将出现短暂的真空。建议行业协会制定相应的评价标准，与信用等级评价体系一并作为企业参与招投标的重要参考依据。

（7）建立适应地勘工作现实需求的继续教育制度。以注册地质工程师制度

为载体,对本行业继续教育提出刚性要求。明确各级协会和学会组织在继续教育培训中的责任与义务。发挥新媒体功能,建立公益性的地质勘查继续教育网络平台。

孟琪 1964年10月生。成都地质学院工学学士,北京大学理学硕士,地质矿产经济研究员。现任辽宁省地质矿产勘查局综合处处长,兼任中国矿业联合会地质勘查协会副秘书长。长期从事地勘行业改革与发展研究,发表论文100余篇。

地勘单位改革的实践与思考
——以陕西地勘单位改革为例

荀润祥

陕西省国土资源厅

一、引 言

自1999年起,在国务院统一领导下,地勘队伍管理体制开始实行重大改革,陆续将原地质矿产部和工业部门所属的地勘单位实行属地化管理,并逐步实行企业化经营。2006年,《国务院关于加强地质工作的决定》(国发〔2006〕4号)强调,进一步落实国务院关于地质勘查队伍管理体制改革的方案,按照企事分开的原则,推进国有地质勘查单位改革。陕西省地勘单位体制改革始于2007年,经过近十年的改革实践,"政事分开、事企分开"的目标基本实现,管办分离初步形成,重新组建了陕西省地质调查院,为省政府正厅级全额拨款事业单位,承担全省公益性地质工作,几年来公益性地质工作成果突出。原地质矿产局、核工业地质局、西北有色地质勘查局、省煤田地质局全部实行企业化经营,在省政府强有力的政策扶持下,企业化的四大地勘单位整体运行情况稳定,市场经营规范有序,陕西省地勘单位改革已迈出了重要步伐,走在了全国前列。本文旨在通过阐述陕西地勘单位改革的历程,透析全国地勘单位改革中存在的共性问题,最终提出关于国有地勘单位改革的思考和建议。

二、陕西省地勘单位改革的基本情况

2008年12月,陕西省政府办公厅下发《关于印发我省地勘单位改革有关文件的通知》(陕政办发〔2008〕128号),明确了改革的目标、任务和政策,启动了全省地勘单位改革工作。经调研动员,省政府成立了地勘单位改革领导小组,出台了陕西地勘单位改革的方案和一系列配套政策;地勘单位以局为单位,按照事企分开的原则,组建企业化的地勘公司。2008年12月,陕西省煤田地质局改制成立陕西省煤田地质有限公司;2009年年初,西北有色地质勘查局、陕西省地质矿产局、陕西省核工业地质局相继改制设立西北有色地质矿业集团有限公司、陕西省地质矿产勘查开发总公司、陕西省核工业地质勘查开发总公司。改制后的四家地勘单位,局与总公司实行一体两牌、并列运行。2010年,陕西省在各地勘局挂牌转企的基础上,剥离了其事业管理职能,组建了唯一的省级公益性地质调查事业单位——陕西省地质调查院,企业化地勘单位不再承担公益性地质调查工作。2014年,陕西省编办发文撤销原四大地勘单位的事业建制,收回了事业编制,至此,四大地勘单位彻底摘掉事业帽子,整体企业化运行,走商业勘查的路子。公益性地勘工作由省政府财政出资,为公益性事业全方位无偿服务;商业性地勘工作在市场竞争中求生存、求发展。同时,依据地勘市场的需求,用企业的机制来进行推动,用市场无形的手去调节地勘队伍的规模和结构。

三、陕西省地勘单位改革取得的主要成果

陕西省地勘单位改革启动最早、力度最大、最为彻底,构建了政府行政管理、事业公益支撑、企业商业跟进的"三驾马车"拉动地质工作的管理体制和运行机制。

(一)基本厘清了政府、事业单位、企业的关系

经过近十年的实践,陕西省地勘单位改革取得了突破性的进展,基本实现了"政事分开、事企分开"的目标,即:行政管理机构国土资源部门负责行业政策制定和行业业务工作管理指导;公益性事业单位负责为政府提供地质技术支撑,为社会和地勘单位提供公益性服务,不参与商业性地质工作;企业化地勘单位以满足自身发展为目标,从事商业化、市场化地质勘查开发,不再承担公益性地质工作。陕西省的改革成果表明,实现地勘单位"政事分开、事企分开"有利于优化政府职能结构,实现政府对行业的宏观管理;有利于公益性地勘事业单位更好地服务于经济社会发展;有利于更好地进行市场资源配置,增强地勘企业核心竞争力。

(二)公益性地质工作得到了全面加强

陕西省委省政府高度重视地勘单位改革,按照管理体制顺畅、事企分开、公益性功能和作用充分发挥的要求,组建了陕西省地质调查院,其为省政府直属的正厅级事业单位,人员编制850名,承担基础性、公益性、战略性地质工作规划和全省国土资源有关技术管理、技术支撑工作,部署和组织实施全省基础性、公益性、战略性地质调查及矿产资源远景评价工作。据了解,陕西省公益性地质调查队伍在全国"独一无二",级别规格最高,队伍编制规模最大。近年来,陕西省地质调查院以公益性大地质工作为中心,紧紧依靠陕西省国土资源厅,坚持全面对

接国土资源业务,全面服务国土资源事业,积极推进业务工作范围向全面对接国土资源业务转变、地质工作领域向大地质转变、工作形式向承担公益性项目和综合管理转变、工作目标向全面提供公益性服务转变、队伍结构向技术密集型转变,紧扣追赶超越,聚力改革创新,以服务地质找矿为主,不断拓展农业地质、旅游地质、城市地质等领域,在找矿突破、绿色农业、城市空间规划、地热资源利用、地质遗迹调查与开发,以及科技进步、管理创新方面取得了丰硕成果,为陕西地方经济社会发展做出了突出贡献。

(三) 地勘企业管理体制运行机制基本形成

原有的四大地勘单位经过事企分离、资产划转以及整体转企和完善法人治理结构等阶段,相继组建了地勘集团公司。以原有四个地勘局为单元,以 2008 年 12 月 31 日为界,实行"老人老办法",新进人员均为企业身份,取消了事业编制,注销了事业机构;资产全额划转由陕西省国资委管理;按现代企业制度配备了董事会、监事会及经理层面的班子,初步形成了适应现代企业制度的法人治理结构。整体转企后的四大地勘企业积极进行企业制度建设,规范融合企业财务制度和地勘会计制度,按企业招聘员工、选聘干部,企业经营理念进一步明确,地勘立企、矿业兴企、工勘稳企、多元发展的经营思路基本确立,发展态势良好。

(四) 地质找矿取得了突破性成果

在加快地勘单位改革的过程中,2013 年,陕西省政府出台《陕西省找矿突破战略行动实施意见》,按照"公益先行,商业跟进,基金衔接,整装勘查,快速突破"的地质找矿新机制,充分调动多方积极性,建立多元投融资机制,组织找矿会战,推进矿权、技术、资金整合,使全省地质找矿在短时期内取得重大进展。全省新发现矿产地 47 处,其中大型 6 处、中型 11 处,另有 13 处新的矿产地有望达到大型以上规模。探明资源量巨大,新增矿产资源潜在价值 7.37 万亿元。新增主要矿产资源量:石油 12.93 亿 t、天然气 6 986 亿 m³、金 330.66 t、银 2 400 t、铜 30.1 万 t、铅锌 265 万 t、铁 6.98 亿 t、钼 107.54 万 t、汞 830.3 t、煤炭 319 亿 t、油页岩 300.81 亿 t、石墨(334)835 万 t。其中,陕北延安发现超大型石盐矿,钼新增资源量超过世界级金堆钼业的原有规模;洋县毕机沟钒钛磁铁矿区新增铁矿石是该矿区历史上探明资源量的 4 倍;凤县马蹄沟、安康坝王沟—早阳、山阳县香沟—夏家店三地金矿资源量可达 100 t,将形成继小秦岭之后的三个新的金资源基地;华阳川地区特种金属矿普查获重大突破,奠定陕西世界级超大型硬质铀多金属矿床地位;镇安西部多金属找矿会战区的白钨矿是自 20 世纪 80 年代发现以来首次探明储量,填补了西北地区空白;被誉为"新材料之王"的石墨,已在丹凤北部和勉县—城固北部取得重大突破,远景可达 2 000 万 t。

(五) 基本解决了影响地勘单位改革发展的历史遗留问题

1. 建立了省级地质勘查基金

从 2013 年起,5 年内每年从地方留成的两权价款中列支 10% 专项用于地质调查和矿产勘查工作。同时配套《陕西省地质找矿成果奖励办法》和《陕西省地质勘查基金管理办法》等奖励政策,支持地勘企业积极参与地质找矿突破战略行动。几年来,地勘企业承担省级地勘基金项目,资金上有了保障,出了一批好的成果,稳定了职工队伍,对企业化起到了巨大的促进作用。

2. 落实了"老人老办法、新人新政策"

按"老人老办法、新人新政策",将地勘单位 2008 年年底在册的离退休人员费用单列,由改制后的企业代管,继续执行事业单位离退休人员待遇。地勘单位原有在编事业身份职工享受的工资、补贴和社会保障与全省其他全额拨款事业单位同等对待,财政投入有了大幅增加,解决了职工的后顾之忧。地勘单位改革后,新进人员一律实行合同聘用制,地勘企业队伍和谐稳定。

3. 出台了支持地勘企业的系列扶持政策

在矿权处置方面,改革前持有的探矿权、采矿权,属前期国家出资勘查形成的矿产地探矿权、采矿权,转让时全部或部分转增为国家资本金,地勘企业有了资本积累。地勘企业代政府持有的矿权,可选择其中一项持股参与开发,支持地勘企业发展,地勘企业有了发展动力。改革后地勘单位优先承担省地勘基金项目,实行勘查开发一体化,地勘企业项目来源基本稳定。在土地税收政策方面,对改制企业纳税确有困难的,减免城镇土地使用税、房产税,为地勘企业增收减负;同时,由国土资源管理部门批准建设用地,解决改制后地勘企业职工的住房问题,职工切身利益有了保障。

从陕西地勘单位改革实践来看,改革是成功的。陕西省广大地质工作者思想观念已经发生了很大转变,改革已得到了广泛认同,职工队伍稳定,体制运行顺畅,各项工作取得了重要成果。地勘单位改革是必要的、必然的,改革有利于打破"大锅饭""平均主义",变"输血"为"造血",变"等活干"为"找活干",真正服务于经济社会发展。事企分开符合中国特色社会主义市场经济的要求,公益性和商业性地勘单位分开运行是大势所趋,陕西省地勘单位改革符合中央的方向和目标。

四、存在的问题

结合陕西省地勘单位改革的实践,笔者认为,从全国范围内来看,在实际工作中还存在一些难以逾越的阻碍和难以解决的问题。

(一) 全国地勘单位改革缺乏顶层设计

党的十八届三中全会强调,改革一定要加强顶层设计。国有地勘单位实施属地化管理已历经18年的时间,全国各省对地勘单位的改革"八仙过海,各显神通",创造了很多新的思路,积累了许多好的做法,也有过很多惨痛的教训,这些经验十分宝贵。总的来说,地方政府"摸着石头过河"是必由之路,推动了地勘改革体制与机制创新,但时至今日,国家还没有一个统一的、明确的、可操作的意见,各省地勘单位仍五花八门、各自为战,全国还不能一盘棋地推进地勘单位改革,事企不分的矛盾仍然十分突出。就以各省(区)公益性地质队伍来说,隶属上有省政府直属的、有国土资源厅管理的、有地勘企业管理的,级别上有正厅级的、有副厅级的、有处级的,性质上有公益一类的、有公益二类的、有企业化运行的。很多国有地勘企业还停留在"戴事业帽子,走企业路子"阶段,没有真正成为"自主经营、自负盈亏、自我约束、自我发展"的经济实体。

(二) 政府和事业、企业的关系还没有理顺

在政企分开、政事分开、事企分开的改革方向下,政府、公益性地质队伍、地勘企业职责定位还没有完全厘清。政府管理部门应完全从繁杂的事务性工作中解脱出来,把服务于社会发展和提供公共服务的地质事务性工作交给公益性地质队伍,研究地勘单位改革政策和矿政管理措施,履行好自己的核心职能;进一步提高地质勘查工作产业化、市场化程度,加大对企业化地勘队伍的政策扶持力度,在资本积累、项目选择、财政税收等方面出台优厚政策;指导公益性地质队伍健康发展,保障公益性地质工作必要投入,结合国民经济发展的需求,引导公益性地质工作主战场。地勘企业目前仍然直接承担公益性地质工作,占有商业性和公益性两个市场,同公益性地质队伍抢活干,还没有完全"断奶"。地勘企业应积极面向市场,按照现代企业制度运作,树立企业观念,形成资本积累,不断深化企业化改革,真正实现"自主经营、自负盈亏、自我约束、自我发展"。公益性地质队伍应聚焦"公益",市场项目应以服务社会大众、服务政府决策、服务地勘企业为根本,成为满足公众需求的信息源、国土资源的技术支撑、政府决策的智囊、地勘企业商业跟进的保障。

(三) 地方公益性地质队伍仍然没有建实建强

根据《国土资源部关于加强地方和行业公益性地质调查队伍建设的意见》(国土资发〔2003〕358号)文件精神,"各省(区、市)都需要建设一支精干高效的

公益性地质队伍"。14年过去了,虽然公益性地质队伍建设取得了重要进展,但很多问题依然存在。一是对公益性地质工作及队伍的定位不清;二是国家地质调查局与地方公益性队伍没有形成紧密对接关系,影响全国公益性地质工作发展;三是地方公益性队伍经费投入不足,经常性支出和基本建设经费大部分没有纳入地方财政预算,没有在部门预算中统一安排,项目联系松散,地方公益性队伍不能直接承担国家公益性地质工作任务,疲于找活养人,"涉嫌"经营。国家应进一步加强对建设地方公益性地质队伍的指导,确保公益性地质队伍做实、做大、做强,打造能力与定位匹配,人员稳定,装备精良,专门从事公益性地质队伍的高素质专业化队伍,使之为政府主动担责,为经济社会发展提供优质公益地质服务。

五、思考和建议

地勘单位改革是一个复杂的系统工程,必须不遗余力地持续推进,结合陕西省地勘单位改革的实践,对地勘单位改革提出以下建议。

(一)加强改革顶层设计,构建政事分开、事企分开的地质管理体制

全国各省(市、区)地勘单位改革的进程、步调不一致,大多数地勘单位改革还处于起步或攻坚阶段,面临着改革发展前景不明朗、扶持配套政策不到位、管理体制不顺畅等诸多障碍,导致地勘单位改革缓慢。当然,这种局面是在特定历史条件下过渡之举,目前持续推进地勘单位改革到位的条件已经成熟。应坚持"政企分开、政事分开、事企分开"的原则,加强国家层面的顶层设计,进一步统一思想,深化改革,协调推进。对现有的好政策加以落实和完善,对不合时宜的政策进行调整,对全国各省(市、区)地勘单位改革进行统一和规范。国务院应出台统一的、具体的、明确的、可操作的地勘改革配套办法,特别是加强对全国公益性地质队伍的统一管理,在体制机制、技术、成果和资金等方面予以明确。

(二)全国一盘棋,建实建强全国公益性地质队伍

地勘单位实施"事企分开"改革后,在市场经济体制下,公益性地质队伍首先要确保其公益性。公益性地质工作投入全部由政府负担,承担公益性、基础性地质工作的队伍,在服务于经济社会发展的同时,不能涉及任何与经济利益挂钩的市场化行为。要做到这些,必须建实建强公益性地质队伍,才能使公益性地质队伍取得长足发展。国家层面上,要确保公益性地质工作只能由各省(市、区)公益性地质队伍承担,企业化地勘单位只能承担商业性地质工作,彻底打破现行的企业化地勘单位"戴事业帽子,走企业路子"既承担公益性地质工作又承担商

业性地质工作"利益均沾"的现象。省级层面上,要将公益性地质工作的经费和基本支出列入财政支出预算科目,并建立稳定的投入机制,建立装备、设备投入保障机制,建立人才培养机制,只有这样,才能真正建实建强公益性地质队伍,更好地服务于国民经济社会发展。

(三)加强政策配套,支持地勘企业做大做强

地勘单位"事转企"改革的最终目标是通过改革管理体制,优化重组资产,转换经营机制方式,真正使组建的企业化地勘单位建立起现代企业制度,真正实现做大做强。陕西省地勘单位"事转企"的实践表明,经过近几年的发展,企业化的地勘单位经济实力明显增强,但同时历史遗留的种种问题随之凸显。比如,限于原有的事业单位性质和做执行的财会制度,导致企业基础薄弱、产业机构不尽合理、自身资本积累难以形成等。分析地勘单位企业化进程缓慢的真正原因,固然有地勘队伍思想观念不适应、历史欠账多、社会负担沉重等主观原因,但客观存在的人员养老、医疗扶持政策不到位、政府地勘投入较少、市场资源配置的要素不确定等,直接影响了企业的发展壮大。因此,要真正实现企业化地勘单位做大做强,必须进一步加深对地勘单位情况的调研和了解,加强相关方面的政策配套,从市场资源配置、社会统筹等方面出台具体的扶持政策,推进企业化地勘单位迅速成长发展。

(四)加大"大地质"工作力度,服务国民经济社会发展

当前,国民经济的发展对"大地质"的需求愈加强烈,诸如城市地质、农业地质、旅游地质等领域已经在城市发展、农业种植、全域旅游中发挥了显著的作用。"大国土"构建"大地质"格局将是当前和今后较长时期的工作指针,地质工作领域将持续拓宽到国民经济的方方面面,地质工作成果将在国民经济发展中发挥越来越重要的作用。建议进一步开辟地质工作服务空间,加大除传统矿产地质以外的水工环地质调查、城市地质调查、农业地质调查、地质遗迹调查、浅层地热能调查等大地质工作力度,服务于国民经济社会发展。

苟润祥 历任核工业西北地质局副局长兼总工程师,陕西省核工业地质局局长兼总工程师,陕西省国土资源厅党组成员、副厅长、省地勘行业管理办公室主任。现任陕西省国土资源厅党组成员、陕西省地质调查院院长。

专题三
矿业市场建设

矿产勘查市场建设要点

刘益康

冶金地质总局

1987年,地质矿产部发布的《地质工作体制改革总体构想纲要》提出了"三化"的改革方向,即地勘成果商品化、地勘单位企业化、地质工作社会化。1988年,《中国地质经济》创刊号上,对"三化"的目标表示认同。可以说,"三化"的实质就是建设矿产勘查市场。遗憾的是,30多年的时间过去了,矿产勘查市场建设没有取得实质性突破,进展不大,徘徊不前。

21世纪初,国内矿产勘查投入呈持续上升态势。2012年,固体矿产勘查投入达到512亿元的历史高位。2012年以后,矿产勘查投入快速萎缩,2016年缩水一半,仅有254亿元。2017年,矿产勘查投入继续下降,约为210亿~220亿元。在矿产勘查投入的火爆期,大家都忙着接项目,改革放到一边,好像不用改革,好日子也会一直过下去。随着勘查形势的逆转,很多地勘单位措手不及,有的再次陷入困境。由于成果处置率低,财政基金项目的资金池已干涸,财政预算资金也不再投向商业性的矿产勘查。矿业公司基本停止了风险勘查。上一周期,社会的勘查投资者受伤很重,畏战避战情绪弥漫,投资远离了矿产勘查业。此时此刻,路在何方,形势倒逼改革,矿产勘查市场建设再次提上日程。

30年来,国内矿产勘查市场建设,尚未取得突破性的进展。关键在高风险找矿,这个市场建设的难点没有突破。高风险找矿,国内相当于概查、普查,国际上叫法很多,有踏勘、草根勘查、找矿、绿地勘查等。将找矿设想变为现实,风险很高,成功率很低。若没有高风险投资的运行和回报机制,很难找到投资者。找到了矿,在资金市场上继续融资,难度相对较小。勘查市场建设的关键是谁来为矿产的风险勘查出资、建立怎样的市场规则、形成怎样的运作机制。

笔者从1987年开始投身境外的矿产勘查市场,在完全市场条件环境下从事商业性矿产勘查的公司运作。我感到,国内的矿产勘查市场,在经营理念、运行方式、操作规则上,与相对成熟的矿产勘查市场对比,还存在不少根本性的差异。本文根据矿产勘查市场实战的体会,选择六个方面谈谈最重要的、根本性的差异,供研究矿产勘查市场建设问题时参考。

第一,矿产勘查是市场经营行为,这是一个理念问题。长期以来,我国矿产勘查的主体是事业体制的地勘单位。找矿费用主体来源于财政资金，以承接项目的方式，实行核销。按立项审查、设计审批、勘查实施、提交成果、报告验收的固定套路前行。即使是在前几年矿产勘查投资火爆的时期，与市场投资的对接大部分也是以承接项目的形式运作。事业体制的勘查项目观和市场经济的勘查经营观是不同的。在市场条件下，矿产勘查不是做项目，而是开展矿产勘查的经营，要有商业经营的理念，需要赢利。投资勘查，要远视矿产开发，融入勘查的商圈和资本市场，研究勘查经营风险，预设勘查的赢利途径。当前经常出现的问题，就是脱离勘查经营的投资决策，去争项目。除找矿潜力是投资决策的首要条件外，还要考虑其他的决策条件，做全面的尽职调查。在矿产勘查投资决策中，一个常见的误区是：找矿潜力占的权重过大，对其他因素考虑不够。只要地质条件好，就不顾一切地投入。由于尽职调查的缺项，概念化、非专业、不到位、做表面文章、在千变万化的经营环境中缺乏应对措施和预案是导致勘查经营失利的重要原因。

第二，勘查的目标是找赚钱的石头，这也是建设勘查市场的又一个浅显而重要的理念。现在国内区分矿与非矿的标准，就是唯固体矿产勘查规范中的一般工业指标是从，对于勘查市场建设而言，这是一个巨大的误区。全球顶级矿业大学——科罗拉多矿业学院，有句名言刻在校园的墙上："能赚钱的石头才是矿"。也就是说，不能赚钱的所谓的矿，就只是石头。全球权威的矿床学学术刊物，并不叫《矿床学杂志》，而叫《经济地质》。其寓意很深，就是指导找矿的矿床学是地质学里的经济问题。现在大家耳熟能详的 JORC（Joint Ore Reserves Committee，澳大利亚矿产储量联合委员会）储量标准十分清晰地指出，不仅要满足技术要求，而且要求经济可行、社区环保法律认可，技术、经济、社会三因素都能通过，才能算是储量，才是赚钱的石头，才是矿。矿床学教科书开宗明义地指出，矿是地质作用形成，符合当前技术条件、经济条件和社会条件，可被利用的有用矿物堆积体。提及这个似乎不是问题的问题，看来有必要再次启蒙，重温何为矿，去找赚钱的石头，否则谈不上矿产勘查市场的建设。

对比地质出版社出版的《世界矿产资源年评 2015》和《中国矿产资源报告 2015》所提供的中国矿产资源储量的数字，有两个有趣的现象，值得我们关注：一是国内公布的固体矿产资源储量数据，无一例外，统统高于国外公布的数据；二是两组数据相差很大，至少是 3~5 倍，有的甚至达 20 倍以上。这说明了什么呢？就是国内有不少上表矿产，其产能的资本投入（CAPAX）、矿产品生产成本（OPEX）过高，为不能营利的呆矿，甚至是死矿。如果我们的勘查单位只对规范中的一般工业指标负责，只关注资源量的数值，只关注矿床的大中小型，却不管开发能否营利、资源储量能不能转化为矿山生产能力，这样的勘查市场还能持续运行吗？

第三，找矿的资金来自于风险投资。考虑到：① 找矿是把资金投向有很大失败危险的开发领域；② 只有初级勘查公司这样的小型公司，具有高成长的可能，才是风险资本的投资对象；③ 找矿人的素质、找矿的创意是否打动人心是风险勘查投资的决策要素。这三点说明找矿的投资具备风险投资的属性。过去几年，国内找矿的投入来自财政和企业，不是风险投资，二者运作的机制和方式也不同。投资基金在境外风险勘查投资中占据主体地位。在多伦多，就有70家基金公司关注矿业和勘查，拥有1 900支各具特色的基金，关注不同矿种、不同地区、不同矿业阶段的投资。例如Sprott基金公司，长期跟踪2 400家勘探公司，掌握勘查市场动向，积累了大量的勘查市场信息。每支基金都有一个由地质师、矿山工程师、律师、财务专家组成的投资评估团队，评估投资对象，评估初级勘查公司项目的地质潜力、可能的开发条件以及法律财务方面的问题，从勘查市场经营的角度提高勘查投资的成功率。Sprott基金公司与中国矿业企业合作，在全球投资优质勘查矿地，已经取得了很好的效益。在矿业火爆的那几年，国内也成立了多家勘查基金公司。由于市场信息积累不足、选项不当、缺乏风险投资评估团队、运行机制有缺陷，在市场高位时追高进入，导致国内勘查基金模式的尝试遭遇滑铁卢败绩，至今未能缓过来。Haywood基金公司在20世纪90年代投资了7家加拿大的初级勘查公司，在中国开展风险找矿，其中2家获得成功。其对金山公司投资3 000万加元找矿，探明内蒙古217金矿，即长山壕金矿，现日堆浸30 000 t，为黄金集团公司的主力矿山。其对希尔威公司投资2 000万加元找矿，探明河南沙沟铅锌银矿，现日采选2 500 t，在矿业困难的2016年仍赢利2.6亿元，年产银186 t，风险勘查投资获得丰厚回报。

第四，初级勘查公司是找矿的主力军。初级勘查公司，是指那些通过私募或上市筹集风险资本进行矿产勘查的小型公司。它们拥有可能发现矿床的探矿权，或已控制资源储量的矿产地。公司的现金流一般为负值，但公司的资产有高增长的潜力。初级勘查公司，拥有精干的组织结构、灵活快速的运作模式、期权的激励机制、多样化的筹融资通道，具有冒险精神的商业文化，适应了找矿难度加大、新区找矿的要求。从某种意义上讲，初级勘查公司是矿产勘查先进生产力的代表。国内找矿主体是事业体制的百局千队，多数进了公益二类，完全企业型的勘查公司凤毛麟角。由于矿产勘查缺乏企业这个市场主体，就谈不上建设矿产勘查市场了。

第五，矿产勘查市场监管的核心是严管造假。国外对勘查公司是没有资质要求的，只有在关乎健康和安全时才对有的从业者（如建筑医疗等）提出资质要求。地质填图定个点、化探扫面抓把土、物探测量布条线、钻探施工打个眼，不会危及人身健康安全,政府也不应操心勘查市场的投资花得合不合适。因此,矿产勘查不需要资质。在这一轮改革中,除特殊矿种外,勘查资质将被逐渐取消。放宽市场准入,打破行业保护,才能建设好矿产勘查市场。单位资质取消后,将建立个人负责的信用体系。矿产勘查市场的监管,关键是信息披露的监管。现在国内常提到加拿大政府机构 OSC 颁布的 NI43-101 标准。这里有个误区,NI43-101 不是技术标准,政府才不会管多少品位才是矿,也不会管用什么工程网度,勘查才算控制到位。NI43-101 只是矿产项目信息披露的程序和标准,具有法律效力。违规披露、提供虚假的地质资料将受到法律惩处。例如加拿大西南金矿公司,在中国云南勘查博卡金矿,总经理彼得森对地质资料造假,人为扩大了金矿的资源量。加拿大骑警不远万里来到中国,侦办了这个造假案件,其结果是彼得森获 14 年监禁、家产罚没的严厉惩罚。一个探矿权区块下埋藏的矿产和找矿潜力看不见、摸不着,其价值几何,很大程度上取决于一纸勘查报告对它的描述。过去几年,在探矿权转让上,矿产勘查市场监管失职,有人靠勘查造假获得暴利,令勘查投资者吃尽苦头。过去,对于地质资料造假仅处少量罚款,最高是吊销探矿证,最近发布的司法解释才将其定为伪造公文罪。现在投资者不愿投资风险找矿正是对造假的宽容和不作为的市场报复。地质资料造假必定重创勘查市场的建设。

第六,探矿权的流动性。探矿权是矿产勘查市场运作的载体,探矿权易于取得、流动性好,勘查市场才能顺畅运行。保有探矿权需付出代价,最低投入不能太低,最低投入每年应快速增长,探矿权应按比例逐年缩小,每年按时间节点提交年度报告。国外初级勘查公司一般只有三五个探矿权,退回探矿权是勘查经营的需要。因为维护探矿权要花很大的代价,应把有限的勘查资金投入到最有找矿潜力的矿权区。探矿权过多,所占矿权与公司资金、技术和管理实力不匹配,只能说明这家勘探公司的找矿重点不突出、缺乏旗舰项目、经营水平不高。过多的探矿权,势必成为经营勘查的拖累。国内的情况似乎正好相反——把探矿权数量多少、总面积大小看作资产、实力和业绩的标志。国内取得探矿权的成本很高,而维护探矿权的成本相对较低,所以企业明知无矿或潜力不大,也不愿放弃,等着击鼓传花的下家。成矿带上空白区少,流转不畅,不利于勘查市场的建设。政府的探矿权管理,就是推动探矿权的流动。探矿权的流动性是市场润滑剂,制度设计要有利于勘查市场建设。例如,加拿大魁北克省已登记的探矿权只占有成矿条件范围面积的 7%。

我国已是世界第二大经济体,我国的企业正以前所未有的速度和规模走出国门,走向世界的每一个角落。矿业投资,在多年的艰辛摸索之后,现在有了值得称颂的亮点。例如华为,在世界通信市场上拥有了惊人的占有率。与制造业有关的技术服务，正在全球迅速铺开。过去几年，地勘单位在中央财政和地方财政的支持下，大规模走出国门，在五大洲开展矿产勘查。因为业内习惯于做项目，不善于矿产勘查经营，随着改革深入，财政退出矿产勘查的商业性运作，境外矿产勘查只好收缩回国。我国有全球最大的固体矿产勘查队伍，若能从上述六个要点出发，结合相应的配套措施，坚持矿产勘查市场化的改革方向，建设好矿产勘查市场，勘查业也能和其他行业一样，到世界勘查市场上去博弈，走出一片新天地。

刘益康 1964年毕业于中国科学技术大学，1967年毕业于北京地质学院研究生班。历任原四川冶金地质勘探公司技术员、大队技术负责人、总工程师，西南冶金地质勘查局总工程师，原冶金工业部地质勘查总局总工程师，中国冶金地质勘查总局总工程师。2002年退休后，担任中国矿业联合会副秘书长、地质勘查协会常务副会长。2011年后担任中国矿业联合会高级资政委员会委员、加拿大希尔威金属等公司董事。

发展矿业资本市场　建设矿业强国

王京彬　付水兴　周小琪
北京矿产地质研究院

一、引　言

我国已成为全球最大的矿产资源生产国和消费国,也是全球勘查队伍及矿业公司最多的国家,是重要的矿业大国,但还不是矿业强国。

矿业强国应具备丰富的矿产资源,有国际竞争力的矿业企业、成熟的矿业资本市场、先进的勘查开发及环保技术、符合市场经济规律和矿业发展规律的矿政法规体系。资本市场是矿业强国的关键支撑,通过矿业资本市场,充分利用全球资金、全球资源,提高对全球矿产资源的控制能力,对国际矿业金融市场有影响力,对国际矿业规则标准制定有主导能力,对矿产品市场具有较强的话语权,既保障了本国的经济发展对资源的需求,又对全球矿业发展具有持续影响力。例如美洲国家的加拿大多伦多证券交易所(简称"多交所")主板(TSX)和创业板(TSXV)、美国的纽约证券交易所(NYSE)和美国证券交易所(AMEX)及纳斯达克股票市场(NASDAQ),大洋洲的澳大利亚证券交易所(ASX,简称"澳交所"),欧洲的英国伦敦证券交易所主板(LSE)和创业板(AIM),非洲的南非约翰内斯堡证券交易所(JSE),但我国还没有建立与我国矿业发展相适应的矿业勘查资本市场。

二、矿业资本市场在矿业发展中的作用

矿业是高投入、高风险、高回报、长周期的行业。一个完整的矿业项目历经早期的绿地勘查与发现阶段、(预)可行性研究、矿山建设、矿山生产、闭坑等多个阶段,是一个循序渐进的过程,但其工作内容和方式、风险特点、资金需求、资产形式和价值、资本市场的反应等会发生不同的变化。在初期的矿产勘查阶段具有高风险,公司拥有可能发现矿床的矿产资源量/储量的探矿权,公司价值提高表现在勘查工作使资源量/储量增加,股价上升,探矿权和矿产资源储量是公司资产的主要部分,有形资产所占比例很小,没有生产经营收益,现金流量为负值,公司总资产/市值小。随着勘查工作的进行,绝大部分项目会因找矿前景不

好而终止,活下来的项目找不到矿或矿床经济前景差的高风险依然存在,但总体来说逐步降低。少部分勘查项目继续进行,直到完成(预)可行性研究。当项目进入矿山建设阶段,勘查的风险随之结束,取而代之的是资金的风险,因为矿山建设导致大量资金需求,现金流量体现在高负债而无收益。当项目进行到生产阶段,长期稳定的矿产品生产带来持续的收益,有形资产保持在高位,生产现金流转为正值,资金负债逐渐减小,直至实现盈利,并持续相当长的时间,公司总资产/市值大大增加,公司随之成长壮大。

矿业项目从勘查成长到开采需要长时间的大量资金投入,资本市场是矿业筹融资最重要的渠道。境外成熟发达的矿业资本市场主要在加拿大、澳大利亚、美国、南非等。2016年全球矿业筹融资活动有57%是在加拿大多交所完成的,尤其是初级勘探公司占比高达六成,TSXV在全球勘查项目的融资表现独领风骚,标准普尔/TSXV综合指数高达50%以上,是TSX综合指数的4倍,也远远高于全球其他主要矿业资本市场指数。多交所在全球对矿业企业尤其是初级勘探公司的上市、融资和交易的强大吸引力,是在加拿大市场经济环境下经过长期不断的探索、发展、纠错和完善的结果。加拿大多交所成功要素,概括起来有如下几个方面。

(一)多层次资本市场架构和上市规则

对勘查公司的低门槛以及鼓励矿业发展、降低投资风险的政策和机制。针对矿业产业链不同阶段的特点和资本市场需求,从最前端的绿地勘查到最后端的采选矿运营,多伦多证券交易所制定了创业板和主板共五类矿企上市的最低要求:① 创业板/二级矿业公司;② 创业板/一级矿业公司;③ 主板/不享有豁免权的勘探及开发阶段矿业公司;④ 主板/不享有豁免权的矿业生产商;⑤ 主板/享有豁免权的矿业公司。最低要求的内容包括矿区财产权益、上市后拟对项目投资额度、营运资本额度和资本来源、有形资产净值、收入或收益、公众持股数量(比例)等,从①到⑤的要求逐级升高,以有形净资产值为例,① 为无要求,② 为200万美元,③ 为300万美元,④ 为400万美元,⑤ 为750万美元。矿业上市公司也可随之从①升级到②,从创业板升级到主板,逐步升级。

来自矿业资本市场的勘查资金可以分散勘查项目失败的风险,股价下行时矿产勘查的投资者可以从矿业资本市场上适时退出,还可通过可抵税流转股票(FTS)可融券做空机制减少投资损失甚至盈利。另外,初级勘查公司是小型企业,总资产或市值小,随着勘探工作的进行可以有高成长性。一旦明确和扩大对资源量的掌握,公司价值表现在股价上随之大增,通过出售股票和权益,实现企业的收益和资本增值。在多交所构架的多层次矿业资本市场,勘查公司可以较低上市和维持上市的成本,从知识经验性工作到矿权资产增值到股权和权益转让,既可实现矿产勘查投资者的高回报,又可实现勘查的持续融资和勘查项目的成长,初级勘查公司借助矿业资本市场平台成长,从绿地勘查矿产资源的创业板升级到褐地勘查矿产储量的主板市场,进而还可以进入矿产开采领域。

(二)建立了完善的资本市场矿权资产交易的标准及相关信息披露要求

加拿大矿业项目信息披露国家规范 NI43-101 的核心内容如下。

(1)独立地质勘查师必须使用符合加拿大采矿、冶金、石油协会(CIM)关于矿产资源量、储量、采矿研究的定义,以及矿产资源转化为矿产储量的规定,遵从 CIM 制定的一系列最佳实践指南,包括《勘探最佳实践指南》(2000年)、《矿产资源和矿产储量评估最佳实践指南》(2003年)等,对资源量和储量、等级和差别、品位质量数量等信息披露/禁止披露的内容有详尽的规定。

(2)从学历、专业、经验、职业道德和名誉等方面提出合资格人(独立地质勘查师和独立矿权评估师)及其独立性要求,其是对技术报告和与矿产资源量/储量相关信息披露的责任主体。对于对合资格人执业进行监督和管理的专业协会也提出要求。

(3)技术报告的编制要求和备案要求。此外,多交所对矿业上市公司在信息披露方面也有专门要求。所有这些规定都是围绕如何使用统一名词、定义、要求和责任,以避免产生不确定、非实质性、不完整的矿产资源量/储量等矿权资产信息,避免不透明、不准确、误导性地披露信息给公众。

(三)便利的勘查立项、上市管理,健全的监管机构

矿业公司可在网上方便地登记探矿权。在满足多交所主板和创业板上市要求后不需审批即可上市(注册制)。对上市公司的监管由省级证券管理机构、TSX 和 TSXV、投资行业监管机构(IIROC)、行业专业协会 CIM、APGO(加拿大安大略省地球科学家协会)和 PEO(专业雇主组织)制定规则和监督管理。各省和地区根据法规成立有被市场和政府认可的专业地质师/工程师协会,专业协会对会员有包括停权和开除会员资格的处分权。

(四)有发达的第三方中介服务机构、众多活跃的券商和分析师

多交所拥有熟悉矿业特点、长期服务于矿业企业的会计师事务所、律师事务所,以及跟踪关注上市公司的分析机构。

三、我国矿业资本市场现状

(一) 我国矿业公司上市数量少

截至 2016 年年底,上海证券交易所(简称"上交所")矿业上市公司占比仅为 6.79%,其市值占上交所总市值的 4.97%,远低于澳交所和多交所的矿业上市公司占比(ASX 为 29.6%、TSX 为 15.5%、TSXV 为 48%);我国规模以上的上市矿业公司有 161 家,仅占规模以上采选矿类企业总数的 1.76%。

(二) 我国矿业资本市场国际化程度低

我国上市矿业公司的矿业项目和融资渠道主要在国内,吸收国际资本还面临一系列的监管问题。

(三) 我国缺乏商业勘查(风险勘查)资本市场

商业勘查资本市场是矿业资本市场不可或缺的重要组成部分。我国上市的矿业公司都是具有良好现金流的采选矿山企业,并没有商业性矿产勘查的资本市场。按照我国现有上市规则,矿产勘查公司由于缺乏利润和稳定的现金流是无法上市的。与之形成鲜明对比,境外 90% 的商业勘查资金来自于资本市场。通过资本市场吸收社会资本,分担找矿风险、分享找矿成果,促进矿产勘查的市场化发展。

从全球视野看,我国矿业资本市场尚处在初级发展阶段,缺失了矿业资本市场重要一环——商业勘查(风险勘查)资本市场,主板上市规则和上市矿业公司国际化程度低,不能有效地支撑我国矿业强国建设。

四、发展我国矿业资本市场的重要意义

(一) 保障国家资源安全,分享矿业全球化红利

我国在矿产资源领域主要是与发达国家竞争,而不是与发展中国家竞争。我国庞大的资源需求,只能靠全球资源配置来解决。加拿大、澳大利亚等矿业资本市场发达的国家,其矿业公司上市在国内,但公司的募集资金来源和矿业项目遍布全球各地,更有利于维护国家经济安全。在我国建立起完善的矿业资本市场,既能更好地支持中国矿业"走出去",又能更好地吸引海外优质矿业项目和资金进入中国,通过资本市场在更高层次上实现资源的全球化配置。

(二)引导社会资本投资商业勘查,促进地勘单位改革转型

2013年以来,国家财政资金回归公益性地质工作,社会资本不愿投资商业勘查,矿产勘查市场陷入困境。商业勘查缺乏筹融资渠道,支撑国民经济发展的后备资源严重不足。我国地质找矿的主力军仍是国有地勘单位。打通勘查融资的渠道,使拥有勘查技术、资金实力不足的地勘单位借助资本市场实现技术与资本的对接,将更好地支撑找矿重大突破,促进地勘单位企业化转型。

(三)促进矿业市场化改革,提升矿政管理水平

资本市场形成了一套较完善的操作流程、规范标准和制度体系。借鉴矿业资本市场发达国家的经验,建立我国多层次矿业资本市场,通过上市规范化、透明化的强制性要求,有助于规范公司管理,遏制勘查资料造假和权力寻租等现象,提升我国的矿政管理水平和治理能力;借助资本市场的力量,更好地优化资源配置,推动企业联合重组,打造综合实力强的大型矿业集团。

五、构建多层次矿业资本市场的条件基本成熟

(1)亚洲缺乏有全球影响力的矿业资本市场,我国矿业资本市场发展获得难得的历史机遇。除亚洲外,全球各主要大洲均建立了有影响力的矿业资本市场。亚洲是全球最大的矿产品消费圈和重要的矿产品生产地,但至今仍缺乏有全球影响力的矿业资本市场,为我国依托亚洲建立有全球影响力的矿业资本市场留下了难得的发展空间和机遇。

(2)中国拥有丰富的矿产资源,具备发展矿业资本市场的资源基础。我国已发现163种矿产,探明储量的矿产有149种。其中,能源矿产7种、金属矿产54种、非金属矿产86种;有17种金属矿产储量位居世界前十,钨、锑和稀土储量位居世界第一,锡、钼和锶储量位居世界第二,钒和汞位储量居世界第三,铅和锌储量位居世界第四。

(3)中国是全球矿产资源生产大国和消费大国,具备发展矿业资本市场的市场基础。我国钢铁、煤炭和主要有色金属的产量及消费量均占全球的40%以上。

(4)勘查开发公司众多,具有矿业资本市场的丰富实体资源。我国拥有一批有一定影响力的大型矿业企业,如神华集团、五矿集团、中国铝业、紫金矿业、洛阳钼业、中国黄金、江西铜业等;9 000多家矿业企业,10万个中小矿山;百局千队百万地质大军,2 400多家具有勘查资质的地勘单位。

六、发展我国矿业资本市场亟待解决的问题

(一) 建立商业勘查(风险勘查)资本市场

借鉴多交所和澳交所的经验,制定符合商业勘查公司特点、以促进资源发现和资源储量增长为基点的上市条件、信息披露规范和交易规则;完善市场化运作的矿业权管理体系;培育健全的第三方服务体系;探索在深交所创业板建立类似多交所创业板的商业勘查融资平台。

(二) 完善矿业公司上市规则和管理制度

建立和完善上市矿业公司吸收国际资本规则及到境外投资的相关制度,鼓励中国矿业依托资本市场"走出去"和"引进来",推动矿业资本市场的国际化。

总之,通过资本市场,利用全球资金、全球资源,更好地保障我国经济发展的资源需求,分享矿业全球化红利,是我国由矿业大国走向矿业强国的必然选择。

王京彬 教授级高级工程师,博士生导师。北京矿产地质研究院院长、中色地科矿产勘查股份有限公司董事长,《矿产勘查》主编。兼任中国有色金属工业协会副会长,中国地质学会副理事长,国土资源部矿产资源储量评估师。长期从事地质矿产研究和勘查开发工作。曾担任国家"973"项目"中国西部中亚型造山与成矿"首席科学家。曾获国家级有突出贡献的中青年专家、中国有色金属工业境外资源开发功勋人物称号,第二届黄汲清青年地质科学技术奖,中国有色金属工业科学技术突出贡献奖,第十一届李四光地质科学奖。曾担任加拿大多交所上市资源公司 Canaco Resources Inc.(TSXV:CAN)董事长、澳大利亚多交所上市资源公司 Enterprise Metals Limited(ASX:ENT)董事长。发表论文90余篇,出版专著4部。

全球矿产资源需求周期与趋势*

王高尚　代　涛　柳群义

中国地质科学院全球矿产资源战略研究中心

一、引　言

周期率是主导自然和社会发展的重要规律，矿产资源消费也不例外。掌握全球矿产资源消费周期性变化规律，对于正确判断未来趋势、科学制定资源决策具有重要意义。以钢、铜、铅、锌消费为例，1950年以来，全球消费趋势明显可划分为三个周期（图1）。第一个周期（1950—1974年），消费量快速增长，钢、铜、铅、锌的消费量年均增长率分别为5.8%、4.8%、4.9%和4.5%；第二个周期（1974—1994年），消费滞胀期，钢、铜、铅、锌的消费量年均增长率仅分别为0.19%、1.8%、0.2%和0.9%；第三个周期（1994—2014年），消费增长又一次加速，钢、铜、铅、锌的消费率年均增长率分别为3.9%、3.4%、3.5%和3.4%。

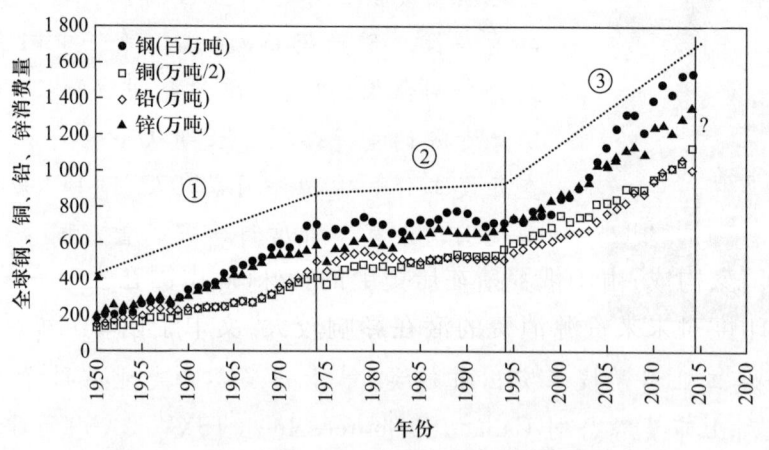

图1　1950—2014年全球钢、铜、铅、锌消费趋势

数据来源：英国地质科学研究所，1951—1969年；WMS，1970—2015年

---

* 本文发表在《地球学报》2017年第38卷第1期。

经济学家和市场人士多将矿产资源消费的周期性变化归结于全球经济增长的周期性变化。然而，上述三个周期中全球经济平均增速（按 PPP，1990 年盖凯美元）分别为 4.8%、3.0%、3.7%，显然与金属消费增长的相关性并不完全一致，尤其是第二个周期中金属消费增长几乎停滞，其中必然存在着经济增长与资源消费的结构性变化因素。矿产资源消费"S"形理论很好地解释了国家工业化进程中资源消费与经济发展的非线性规律，即从经济发展的低级阶段到高级阶段，随着人均 GDP 增长，人均资源消费呈现低缓—加速—顶点—下降的规律性变化[1-3]。这一理论模型，近年来在国家资源需求预测中得到广泛应用[4-6]。然而，众多处于不同发展阶段的国家如何构成全球资源消费的周期性特征，尚需进一步探讨。

本文依据矿产资源消费"S"形理论基础，按照经济发展程度，把全球各国和地区划分为四个集团，并把对全球资源消费影响较大的俄罗斯、中国和印度单列。以 1950—2014 年钢、铜、铅、锌消费量和 GDP 总量为对象，系统分析了这些集团或国家在不同周期对全球增长的贡献度，以及资源需求弹性的变化规律，剖析资源需求周期形成的原因，进而判断未来全球资源需求的变化趋势。

二、国家和地区分组及数据准备

全球有 200 多个国家和地区，因数据所限，要对 60 多年的资源消费数据逐一进行统计处理，十分困难，因此，必须进行合理分组。依据"S"形理论，本文大致按照经济发展程度（人均 GDP），把全球各国和地区划分为第一集团、第二集团、第三集团和其他，共四组（表 1）。第一集团由美国、英国、法国、德国等 11 个发达国家组成；第二集团由日本、韩国、中国台湾构成，当前发展程度与第一集团相近，但在 20 世纪 80 年代之前远远落后于第一集团，之后高速发展并影响全球资源需求周期，故此单列；第三集团由中国、墨西哥、巴西等 6 个发展程度相近的新兴工业化国家构成；由于俄罗斯在历史上的特殊性、中国在当前资源消费中的重要性以及印度对未来资源消费的潜在影响较大，文中予以单列研究。后文分析表明这种划分是基本合理的。文中系统收集整理了 1950—2014 年各集团的人口，GDP（按 PPP，1990 年盖凯美元），钢、铜、铅、锌消费量数据，结合周期转折点，定量分析各集团在不同周期对全球经济增长和资源消费增长的贡献度。

表 1 各集团与中国、俄罗斯、印度的主要指标（2014 年）

分组	构成	人口占比/%	GDP（PPP，盖凯美元）占比/%	人均 GDP（PPP，盖凯美元）	消费占比/% 钢	铜	铅	锌
第一集团	美国、英国、法国、德国、加拿大、意大利、比利时、西班牙、澳大利亚、荷兰、瑞士	10.0	31.8	>22 000	16.9	21.0	28.6	21.8
第二集团	日本、韩国、中国台湾	2.8	8.6	>20 000	9.3	10.1	8.0	10.0
第三集团	波兰、土耳其、墨西哥、中国、巴西、南非	25.7	28.6	>5 600	52.5	56.3	46.9	52.4
其他	表列以外的世界其他国家	42.3	20.7	4 000	13.5	7.8	11.0	9.4
中国	—	18.8	22.1	9 966	46.1	49.8	41.2	46.9
俄罗斯	—	2.0	2.2	9 570	2.8	2.5	0.3	1.8
印度	—	17.2	8.1	3 975	4.9	1.9	5.1	4.6

数据来源：WMS，2015；格罗宁根增长和发展中心（GGDC），2015。

三、资源消费周期性驱动力分析

1950 年以来，全球钢、铜、铅、锌消费增长三个周期的主要驱动力按第一集团、俄罗斯、第二集团、第三集团的顺序，发生规律性转变（图 2 至图 4）。

1950—1974 年，各集团资源消费普遍增长，第一集团主导全球增长趋势，对这一时期全球钢、铜、铅、锌消费增长的贡献率分别为 35.6%、48.0%、41.2% 和 39.3%，其中 1970 年以前的贡献率更大（图 4）。尽管第一集团在全球资源消费中的占比持续下降，但直到 1974 年，钢、铜、铅、锌消费量全球占比仍分别高达 42.6%、58.5%、55.6% 和 49.8%（图 3）。

1974—1994 年，全球钢、铜、铅、锌消费滞胀，年均增长率仅分别为 0.19%、1.8%、0.2% 和 0.9%，各集团资源消费发生显著分异。其中，1974—1980 年，第一集团的钢、铜、铅、锌消费普遍下降，对全球增长的贡献率分别为 -415%、-3.1%、-82.9% 和 -347.4%，其动因符合"S"形规律，即第一集团集中完成工业化后资源消费越过顶点转入下降通道。同时 20 世纪 70 年代初发生的石油危机对经济的影响也不可忽视。1980—1994 年，受苏联解体影响，俄罗斯资源消费大幅下滑，

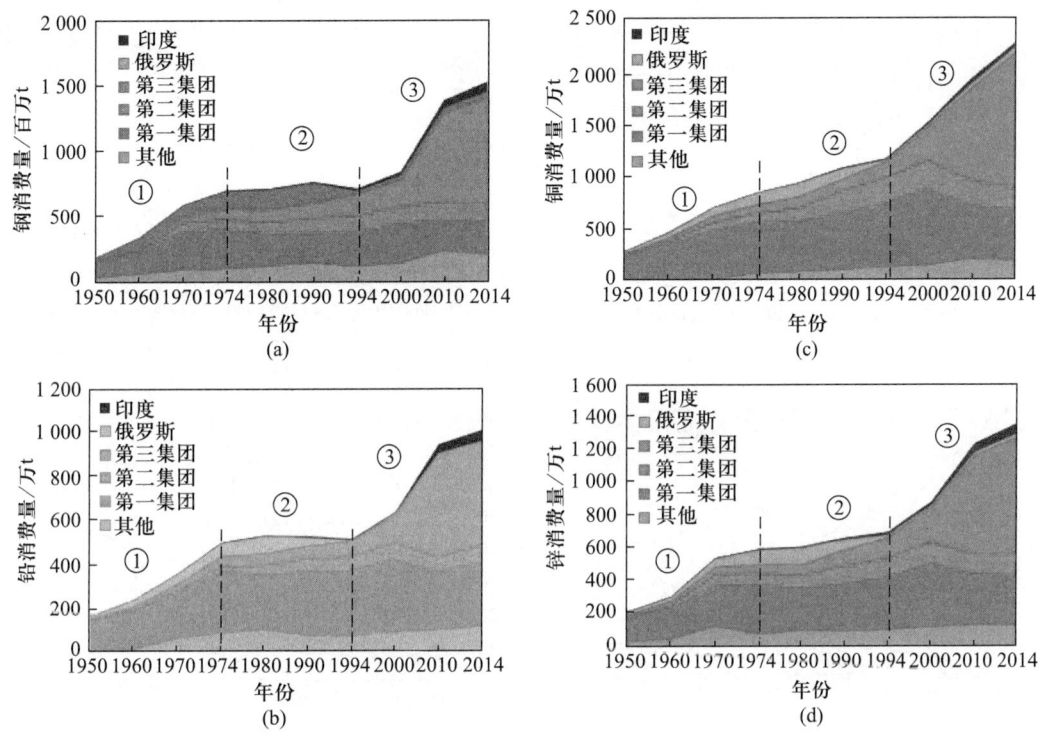

图 2 1950—2014 年各集团和俄罗斯、印度的钢、铜、铅、锌消费变化趋势

数据来源:英国地质科学研究所,英国地质调查局

从此一蹶不振,其中,1990—1994 年对全球钢、铜、铅、锌消费增长的贡献率分别为-252%、-95%、-135%和-138%(图4);第一集团资源消费基本平稳,第二、三集团增长加快,并支撑了全球消费量保持基本稳定。1994 年,第一集团的钢、铜、铅、锌消费全球占比基本保持在 1980 年的水平,俄罗斯的占比从最高点 15%~20%大幅下降到 3%~5%的水平,第二、三集团占比持续提高(图3)。

1994—2014 年,全球钢、铜、铅、锌消费年均增速再一次分别上升到 4%、3.5%、3.5%和 3.5%的水平,第三集团尤其是中国发挥了绝对作用。这一时期,第三集团的钢、铜、铅、锌消费全球占比分别从 23.1%、21.7%、13.7%和 18.0%上升到 52.6%、56.4%、46.9%和 52.4%,对全球增长的贡献率分别达 78.6%、100%、81%和 89%,中国占据其中约 90%的贡献(图3、图4)。第二集团集中完成工业化,资源消费量及全球占比从 2000 年转入下降通道。第一集团的钢、铜、铅、锌消费量整体仍保持缓慢下降趋势,全球占比分别从 1994 年的 35.6%、52.7%、57.5%和 45.7%进一步下降到 2014 年的 16.9%、21%、28.5%和 21.8%。整个历史周期中,印度在全球资源消费增长中的占比较小,但自 2000 年以后呈现持续增长态势。

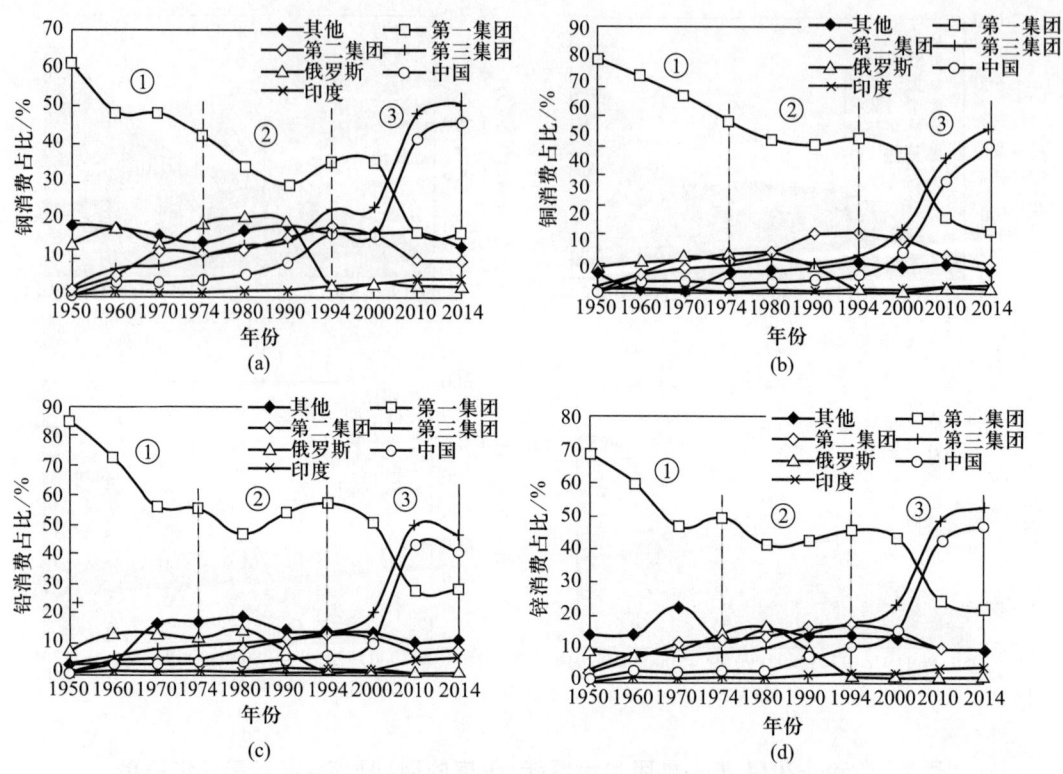

图 3　1950—2014 年各集团和中国、俄罗斯、印度的钢、铜、铅、锌消费占比变化趋势

数据来源：英国地质科学研究所，英国地质调查局

四、资源消费周期性弹性变化分析

消费弹性是指经济增长对资源消费的依赖程度，或资源消费对经济增长的敏感程度，一般用弹性系数（资源消费增速/GDP 增速比值）来表达，弹性系数越大，经济增长对资源消费的依赖程度越高。资源消费弹性系数与经济结构密切相关，一个国家工业化进程中，一般呈现小—大—小的规律性变化。第二产业比例越大，经济结构越重型化，弹性系数越大。全球资源消费弹性变化则与全球整体工业化周期有关。

本文用区间资源消费增长贡献率/GDP 增长贡献率比值来表达不同阶段各集团经济增长对资源消费的依赖程度，同样具有弹性系数的含义。1950 年以来，全球资源消费弹性系数明确反映了资源消费三个周期的变换特征，呈现高—低—高的变化趋势，目前正在步入新的下降周期（图 5）。

1950—1974 年，各集团资源消费弹性系数相对平稳于 1 附近，波动不大，与这一时期全球经济和资源消费同步快速增长相一致。1970—1990 年，各集团的

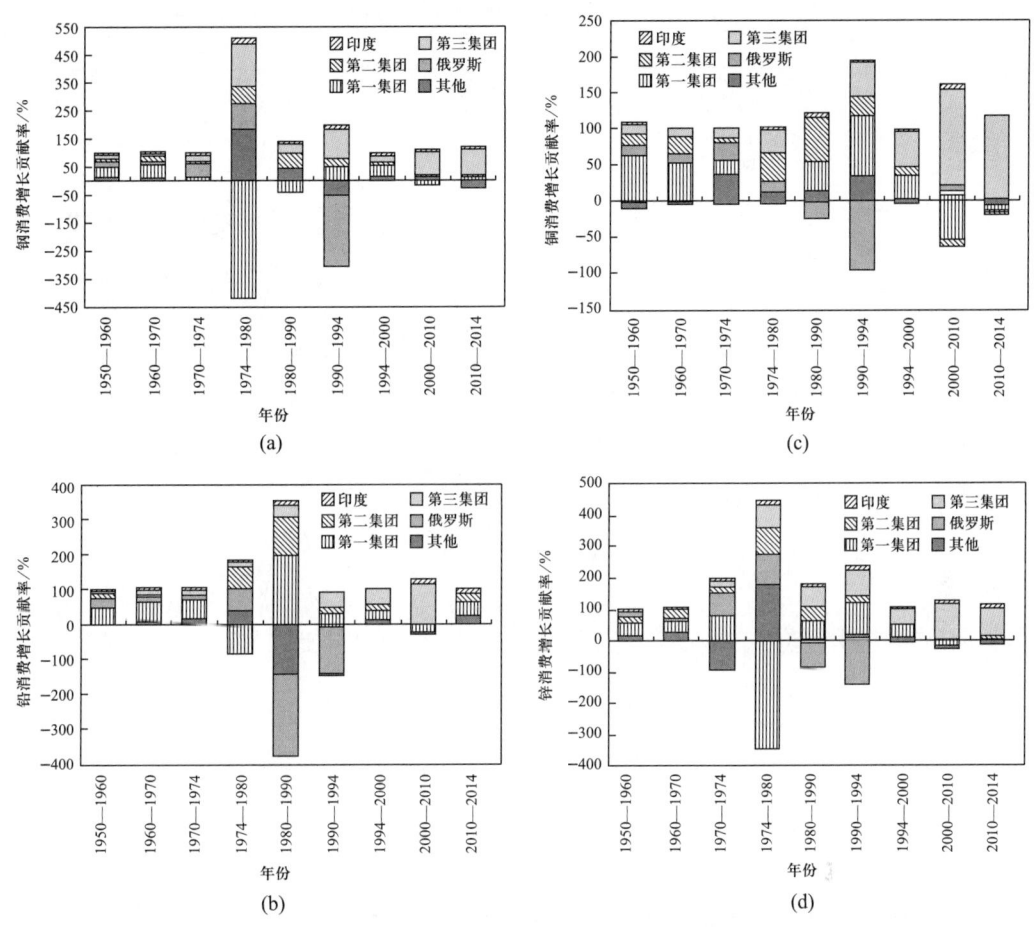

图 4 1950—2014 年全球钢、铜、铅、锌消费增长集团贡献度趋势

数据来源:英国地质科学研究所,英国地质调查局

钢、铜、铅、锌弹性系数发生剧烈分化。主导全球资源消费的第一集团的弹性系数由正转负大幅下降,与这一时期经济结构向后工业化过渡、经济增长与资源消费脱钩密切相关。第二集团在 20 世纪 70 年代进入工业化中期阶段,弹性系数快速上升,并在 80 年代早期达到顶点,之后快速下降。而俄罗斯和中国 20 世纪 60—70 年代弹性系数的大幅上升,与这一时期重化工业的畸形发展有关,后期分别走上不同的转型发展轨道:中国 80 年代改革开放后经济结构迅速调整,弹性系数快速下降;俄罗斯 90 年代"休克疗法"后,经济增长和资源消费双下滑,弹性系数大幅下降并剧烈震动(图 5)。

20 世纪 90 年代中期开始,以中国为代表的第三集团步入工业化快车道,对全球经济和资源消费的贡献度显著提升。资源消费弹性系数稳步上升,并在 2010 年前后达到最大值,之后趋于下降。这一时期,第一、二集团弹性系数大多延续负值,表明经济增长依然与资源消费脱钩,但近年有反弹之势。

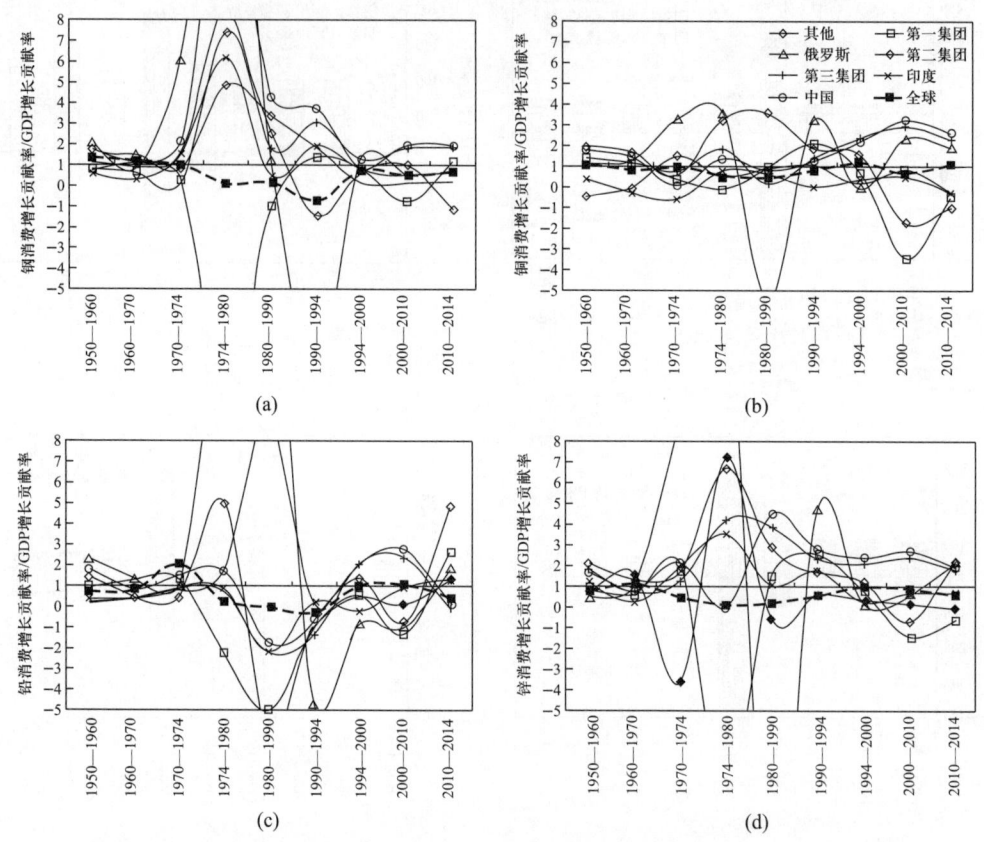

图 5　1950—2014 年全球及各集团的钢、铜、铅、锌消费弹性变化趋势[图例参照(b)]
数据来源:英国地质科学研究所,英国地质调查局

五、资源需求趋势展望

综上分析,全球资源消费周期受经济周期和工业化周期双重影响,每一个周期转换都与大国或国家集团的工业化有关。当前,随着主导全球资源消费的中国步入工业化中、后期转换时期,全球资源消费又一次面临周期转折的十字路口,调整的深度和广度可能超过 20 世纪 70 年代,理由有以下三条。

(1) 占全球钢、铜、铅、锌等消费总量 40%~50%,增长贡献率 80%左右的中国,步入工业化中后期转换阶段,经济增长从高速向中低速过渡,资源消费弹性系数将进一步降低,资源需求增速随之将显著减缓。有关预测表明(中国地质科学院全球矿产资源战略中心,2016),中国钢需求已越过顶点步入平稳下降阶段,铜、铅、锌 2020 年前后达到需求峰值,未来 5 年年均消费增速将从过去十年的 15%左右降低到 5%以下,这一增长缺口短期内没有其他国家的力量能够补缺。

（2）处于后工业化阶段的第一、二集团，资源需求总体仍将缓慢下降，且经济增长恢复尚需时日。即使这些国家有不同程度的再工业化趋势，也对全球资源需求量影响不大。

（3）印度是下一个工业化大国，经济发展虽已步入快速增长轨道，但由于其特殊的国情和当前较低的资源消费份额，短期内对全球资源消费增长贡献不大，其他国家亦是如此。据此，本文认为，当前全球矿产资源需求的低迷状态还将进一步深化，至少延续5年以上。之后，随着印度及其他发展中国家进入工业化中期阶段，全球资源需求才有可能进入新的增长周期。

参 考 文 献

[1] 王安建,王高尚,张建华,等. 矿产资源与国家经济发展[M]. 北京:地震出版社,2002.
[2] 王安建,王高尚,陈其慎,等. 能源与国家经济发展[M]. 北京:地质出版社,2008.
[3] 王安建. 世界资源格局与展望[J]. 地球学报,2010,31(5):621-627.
[4] 王高尚,韩梅. 中国重要矿产资源的需求预测[J].地球学报,2002,23(6):483-490.
[5] 高芯蕊,王安建. 基于"S"规律的中国钢需求预测[J].地球学报,2010,31(5):645-652.
[6] 中国地质科学院全球矿产资源战略研究中心. 中国铁、铜、铅、锌2020—2030年保障程度论证系列报告[R]. 2016.

王高尚 中国地质科学院全球矿产资源战略研究中心常务副主任，二级研究员，中国地质调查局杰出人才。长期从事矿产资源战略研究，主持国土资源部、国家发展和改革委员会、科技部、中国工程院、国家开发银行等部门相关研究项目/课题10余项，参与组织"全国矿产资源国请调查""全国46种矿产资源对2020—2030年国民经济建设保障程度论证"等专项。在资源需求"S"形理论、资源供需分析、能源资源战略等领域取得一系列创新成果。获国土资源科技奖8项。出版《矿产资源与国家经济发展》《能源与国家经济发展》等专著5部。

《民法总则》对民事法律行为定义的正本求源

李显冬

中国地质大学(北京),澳门科技大学,
中国政法大学国土资源法律研究中心

一、《民法总则》已将法律行为的定义回归本意

《中华人民共和国民法总则》(简称《民法总则》)第一百三十三条规定:"民事法律行为是民事主体通过意思表示设立、变更、终止民事法律关系的行为。"改变了《中华人民共和国民法通则》(简称《民法通则》)第五十四条"民事法律行为是公民或者法人设立、变更、终止民事权利和民事义务的合法行为"的规定。

《民法总则》是在借鉴域外民法典立法成果并总结我国近30年来的司法审判经验的基础上,对民事法律行为制度等进行了重构,将"民事法律行为"回归到了产生民事权利义务变动的表意行为,而不再要求其本质上的"合法性",这自然使过去那些不太明确的规定更加精准。

结合《最高人民法院关于审理矿业权纠纷案件适用法律若干问题的司法解释》,要明白如何将明示法律行为的成立与生效、预约与本约,物权行为与债权行为、负担行为与处分行为,特别是民事行为与行政行为,在司法实践中区别开来。

二、法律行为效力制度体现意思自治与国家管制的平衡

"法律行为效力制度表达了一个国家或地区对自由及其限制这一核心价值判断问题的基本看法。"梅迪库斯曾指出:"如果当事人在实施法律行为时无任何意思表示,则法律行为就失去了其将意思表示作为其实施手段的本意。"意思表示是当事人行为目的的最佳体现,法律行为的产生根源及现实价值均是为了实现当事人的意思表示。但法律行为并不局限于意思自治的全部含义,"法律行为制度是意思主义与法典主义偏好的共同产儿。"法律行为包含了法律的规范意旨与法律的调整意向,只有符合要求的行为才会被纳入法律行为的规范体系,故法律行为同时体现意思自治与国家管控的双重调整。

关于法律行为效力来源,存在"意思说""信赖说""折中说""规范说"等观

点,但"意思说"无疑是最有生命力的观点,"法律行为对于行为人的约束来源于行为人选择这种约束的意思。"法律行为缘起于意思表示,法律规范只是抽象总结而已,"信赖说"也只在内心意思与外在表示不一致时予以调整。国家的调整须服务于对当事人意志的维护,意思自治是法律行为效力根源,也是其维护核心。

三、法律行为无效制度是法律行为的调整手段

法律行为效力体系体现了国家对法律行为的调控,不同效力评价对应不同后果以引导当事人的行为导向。法律行为可分为有效、无效、可撤销及效力待定等不同类型。学理上不乏对法律行为效力类型的新思考,如绝对无效、相对无效,部分无效、全部无效、不生效等概念的探析,本文仅从有效无效的宏观角度理解法律行为的效力体系,不欲对其中的细化概念进行研究。"无效法律行为是指已经成立,但严重欠缺民事行为的有效要件,不按照行为人的意思表示发生法律效力的民事行为。"无效是对法律行为效力的彻底否定,其绝对性使当事人的初衷完全无法实现,无效对意思自治的引导与规制是非常绝对和强势的。

法律行为制度同时体现了意思自治与国家调控两个方面的平衡,意思自治作为核心发挥着根本作用,但调控手段对法律行为的规制也不可或缺。为了维持社会秩序的运转与基本道德价值、善良风俗的价值发挥,对法律行为进行管制是必要的,法律行为无效制度作为管控的手段之一,既有正当的调整理论与基础,也有实际的效用发挥。

附件一:沈德咏常务副院长主持召开最高人民法院审判委员会全体会议,审议并原则通过《最高人民法院关于审理矿业权纠纷案件适用法律若干问题的解释》[①]

2月20日,最高人民法院审判委员会全体会议审议并原则通过了《最高人民法院关于审理矿业权纠纷案件适用法律若干问题的解释》,会议由最高人民法院常务副院长沈德咏主持。

矿产资源具有耗竭性、稀缺性和不可再生性等特性,对国民经济具有重要的战略价值。随着我国改革开放的不断深入,在我国部分地区,有关矿产资源权益流转的一级市场和二级市场日趋活跃,纠纷大量涌现。同时,矿产资源开发利用存在私采滥挖现象,导致矿区环境污染、生态破坏,严重损害人民群众环境权益。

我国一向重视矿产资源监管。自1986年《中华人民共和国矿产资源法》颁布实施以来,我国先后出台了一系列矿产资源相关规范性文件,为矿业权流转提

---

① 参见我国最高人民法院官网。

供了基本规则。2015 年、2016 年,中共中央、国务院先后发布了《关于加快推进生态文明建设的意见》《生态文明体制改革总体方案》《关于完善产权保护制度依法保护产权的意见》,为进一步规范矿业权市场交易明确了方向。由于矿业权纠纷往往标的巨大、利益纠葛多,既涉及国家对矿产资源的行政管理、矿产资源的合理开发和有效利用,也涉及市场主体财产权益的确认和保护,同时还关系安全生产、环境保护等社会公共利益,全国各级法院对现有涉矿法律法规的理解差异较大,裁判标准不一,亟待确立统一的裁判规则。

为依法保护矿业权流转,维护市场秩序和交易安全,保障矿产资源合理开发利用,最高人民法院环境资源审判庭经深入调研,多次组织召开专家论证会、学术研讨会、法院系统座谈会,起草形成了司法解释征求意见稿,并分别征求全国人民代表大会常务委员会法制工作委员会、全国人民代表大会环境与资源保护委员会、国务院法制办公室、国土资源部、环境保护部、全国律师协会及最高人民法院各审判业务部门意见,修改形成《最高人民法院关于审理矿业权纠纷案件适用法律若干问题的解释》(以下简称《解释》)稿,提交本次会议审议。

《解释》稿共二十四条,主要规定了矿业权出让、转让、出租、承包、合作、抵押等合同的效力认定、法律后果;无证、越界勘查开采的处理;特殊区域涉矿合同效力的司法审查;涉矿环境公益诉讼等内容。

会议经讨论,原则通过了该解释。会议决定,根据会议意见对解释稿做进一步修改,按程序适时发布。

附件二:最高人民法院公布的典型案例——傅钦其与仙游县社硎乡人民政府采矿权纠纷案

(一)基本案情

2003 年 1 月 16 日,社硎乡政府与傅钦其签订合同,约定由傅钦其开发仙游县社硎乡塔林顶伊利石矿山。合同签订后,傅钦其依约投资道路等设施并实施探矿行为。2005 年 1 月 24 日,仙游县政府批准挂牌出让案涉矿山采矿权。2007 年 7 月,仙游县政府将案涉矿山列入禁采范围。傅钦其未能依法取得案涉矿山的采矿许可证。傅钦其提起诉讼,请求社硎乡政府赔偿损失,并支付投资款的资金占用期间利息。

(二)裁判结果

福建省莆田市中级人民法院一审查明傅钦其实际投资款为 153.3561 万元,判令社硎乡政府承担 50% 的赔偿责任。福建省高级人民法院二审认为,社硎乡政府明知其无权出让辖区内矿产资源,未经有权机关审批以签订承包合同的方式将案涉矿山交由傅钦其开发,所签合同应为无效。案涉矿山已被列为禁采区,不具备办理合法审批手续的可能,由此产生的法律后果应依傅钦其投入资产性质分类处理,其中押金属于社硐乡政府因合同收取的保证金,应直接返还;所修公路位于社硐乡政府辖区范围,属于其获益部分,应按照实际支出折价补偿;其余投资属于履行合同受到的损失,应按照过错比例承担民事赔偿责任。遂判令社硐乡政府返还傅钦其押金和修路支出费用共计67.0712万元,对傅钦其86.2849万元投资损失承担80%的赔偿责任。

(三) 典型意义

矿产资源归国家所有,国家对矿产资源的勘查、开采实施严格的许可证管理制度。矿业权的出让应由县级以上地质矿产主管部门根据法定权限依法进行,乡级政府并非适格的矿业权出让主体。在不拥有案涉矿山勘查、采矿许可证的情况下,擅自将国家所有的矿产资源交由他人勘查、开采,不仅严重侵害国家对矿产资源的所有权,造成矿业权税费流失,而且极易造成矿产资源的乱采滥挖,甚至导致环境污染、生态破坏。对此类合同应给予否定性法律评价。人民法院应在认定合同无效的前提下,区别返还财产和赔偿损失等不同责任方式,在维护矿产资源国家所有权的同时,综合考虑过错因素,保护当事人的合法利益和矿业权流转市场的交易秩序。

(四) 点评意见

(1) 点评专家李显冬,中国政法大学民商经济法学院教授、博士研究生导师,中国政法大学国土资源法研究中心主任,国土资源部《矿产资源法》修改工作咨询专家,中国农业经济法学会副会长,中国法学会能源法研究会常务理事,北京市行政复议委员会非常任委员。

(2) 本案判决书就案涉合同性质及效力应依其实质内容予以判断以及合同双方就责任承担的过错比例的认定,是判决的亮点。

法院恰当把握矿业权尽管作为民事权利,却离不开矿产资源的开发管理秩序与生态环境的保护的经济管制的特点,认定案涉乡政府越权签订的矿产资源开发的约定,名为承包,实为出让,其依据合同享有的权利与依法取得矿业权后享有的权利无异。矿业权出让主体为县级以上地质矿产主管部门,对乡政府擅自出让矿业权应当给予否定性评价,案涉承包合同因违反法律、行政法规的强制性规定而无法产生当事人预期的法律效果。当然在此应注意的是,我国《合同法》明文规定,合同部分无效,并不影响其他部分的效力。

所以,案涉乡政府承诺出让矿业权的行为虽系无权处分行为,但依约投资道路等设施并不违法,故 2003 年 1 月 16 日签订的合同,亦可归入所谓效力待定的民事法律行为之列。只是到 2007 年 7 月,由于县政府业已将案涉矿山列入禁采范围,导致该合同有关部分丧失了实际履行的可能性。鉴于最高人民法院 2012 年 6 月公布的《关于审理买卖合同纠纷案件适用法律问题的解释》第二条业已明确规定:"当事人签订认购书、订购书、预定书、意向书、备忘录等预约合同,约定在将来一定期限内订立买卖合同,一方不履行订立买卖合同的义务,对方请求其承担预约合同违约责任或者要求解除预约合同并主张损害赔偿的,人民法院应予支持。"

合同作为实现私法自治的最主要手段,宣告其无效是对其效力的负面法律调整,意味着交易当事人预期目的不能实现。而依据传统民法允许无效合同效力发生转换的理论,出于对当事人自由意思的尊重,亦为有利于促进交易的效率,如果将已经成立的案涉承包合同中依约投资道路等设施部分,视为一种合同预约,而将最终未实现的且待行政审批的探采矿许可证的取得,视为一种本约合同的签订,那么,即使在案涉本合同最终无法得以签订的情况下,亦可视为是对案涉预约合同有关内容的违反。如此该乡政府同样应对案涉承包合同所造成的损失,依法同样亦须承担相应的法律责任。司法实践中如此对诸如此类的案涉矿业权承包合同来予以释明,既切实保障了国家利益和公共利益,又突出了现代矿业行政管理之中,政府"依法行政、越权无效"的基本理念,无疑对实践中大量存在的不规范的矿业权出让转让的乱象,具有规制意义。

而就案涉合同被给予否定性法律评价后其后果的承担问题,二审法院改变一审法院关于双方过失相当的判决,认为政府一方应当承担主要的过错责任,这正确揭示了本案政府违法行政行为与合同最终不能成立之间的因果关系,充分保护了因信赖政府行为而遭受损害的合同相对方的利益。

案涉乡政府作为行政主体,应当在权限范围内作出行政行为。具体行政行为应当具有公定力,一经成立,不论是否合法,即具有被推定为合法而要求所有机关、组织或者个人表示尊重的一种法律效力。政府诚信是社会诚信的基石和灵魂,路线、方针、政策、制度措施的制定要科学合理、稳定连续。

2004 年国务院颁布的《全面推进依法行政实施纲要》再次强调:政府必须诚实守信。非因法定事由并经法定程序,行政机关不得撤销、变更已经生效的行政决定;因国家利益、公共利益或者其他法定事由需要撤回或者变更行政决定的,应当依照法定权限和程序进行,并对行政管理相对人因此而受到的财产损失依法予以补偿。

因此,本案中,傅钦其作为外来招商引资引入人员,其对社硼乡政府做出的具体行政行为即出让行为的合理信赖应当予以保护。判决乡政府承担大多数过错责任,既有事实依据,亦有法律根据,合法合理。

(五) 矿业权转让与矿业权变动

方案一:在矿山企业合并、分立,与他人合资、合作经营,或者因矿业权出售等情形需要变更矿业权主体,但相关矿业权转让合同未经国土资源主管部门批准并办理矿业权变更登记的情况下,当事人主张矿业权发生物权变动效力的,人民法院不予支持。

方案二:在矿山企业合并、分立,与他人合资、合作经营,或者因矿业权出售等情形需要变更矿业权主体的情况下,当事人签订的矿业权转让合同,自国土资源主管部门批准之日起生效,但合同中报批义务条款及因该报批义务而设定的相关条款除外。

(六) 相关法律条文

《矿产资源法》第六条规定:"除按下列规定可以转让外,探矿权、采矿权不得转让:……(二)已取得采矿权的矿山企业,因企业合并、分立,与他人合资、合作经营,或者因企业资产出售以及有其他变更企业资产产权的情形而需要变更采矿权主体的,经依法批准可以将采矿权转让他人采矿。

前款规定的具体办法和实施步骤由国务院规定。

禁止将探矿权、采矿权倒卖牟利。"

《矿业权出让转让管理暂行规定》第三十六条规定:"矿业权转让是指矿业权人将矿业权转移的行为,包括出售、作价出资、合作、重组改制等。

矿业权的出租、抵押,按照矿业权转让的条件和程序进行管理,由原发证机关审查批准。"

《矿业权出让转让管理暂行规定》第四十条规定:"矿业权出售是指矿业权人依法将矿业权出卖给他人进行勘查、开采矿产资源的行为。"

《矿业权出让转让管理暂行规定》第四十一条规定:"矿业权作价出资是指矿业权人依法将矿业权作价后,作为资本投入企业,并按出资数额行使相应权利,履行相应义务的行为。"

《矿业权出让转让管理暂行规定》第四十二条规定:"合作勘查或合作开采经营是指矿业权人引进他人资金、技术、管理等,通过签订合作合同约定权利义务,共同勘查、开采矿产资源的行为。"

《矿业权出让转让管理暂行规定》第四十四条规定:"矿业权人改组成上市的股份制公司时,可将矿业权作价计入上市公司资本金,也可将矿业权转让给上市公司向社会披露,但在办理转让审批和变更登记手续前,均应委托评估矿业权,矿业权评估结果报国务院地质矿产主管部门确认。矿业股份制公司在境外上市的,可按照所上市国的规定通过境外评估机构评估矿业权,但应将评估报告向国务院地质矿产主管部门备案。"

《探矿权采矿权转让管理办法》第三条规定:"除按照下列规定可以转让外,探矿权、采矿权不得转让:……(二)已经取得采矿权的矿山企业,因企业合并、分立、与他人合资、合作经营,或者因企业资产出售以及有其他变更企业资产产权的情形,需要变更采矿权主体的,经依法批准,可以将采矿权转让他人采矿。"

《探矿权采矿权转让管理办法》第十条规定:"申请转让探矿权、采矿权的,审批管理机关应当自收到转让申请之日起 40 日内,作出准予转让或者不准转让的决定,并通知转让人和受让人。……批准转让的,转让合同自批准之日起生效。不准转让的,审批管理机关应当说明理由。"

《探矿权采矿权转让管理办法》第四十四条规定:"出售矿业权或者通过设立合作、合资法人勘查、开采矿产资源的,应申请办理矿业权转让审批和变更登记手续。

不设立合作、合资法人勘查或开采矿产资源的,在签订合作或合资合同后,应当将相应的合同向登记管理机关备案。

采矿权申请人领取采矿许可证后,因与他人合资、合作进行采矿而设立新企业的,可不受投入采矿生产满一年的限制。"

《中华人民共和国物权法》第九条规定:"不动产物权的设立、变更、转让和消灭,经依法登记,发生效力;未经登记,不发生效力,但法律另有规定的除外。依法属于国家所有的自然资源,所有权可以不登记。"

《中华人民共和国物权法》在其用益物权编中规定"依法取得的探矿权、采矿权、取水权和使用水域、滩涂从事养殖、捕捞的权利受法律保护。"

(七) 条文释解

《矿业权出让转让暂行规定》对矿业权转让及其类型作为了较为清晰的界定。该规定第三十六条规定,"矿业权转让是指矿业权人将矿业权转移的行为,包括出售、作价出资、合作、重组改制等。矿业权的出租、抵押,按照矿业权转让的条件和程序进行管理,由原发证机关审查批准。"根据这一条的规定,矿业权转让的方式可以分为出售、作价出资、合作、重组改制四种主要类型,出租和抵押为矿业权市场化运作中价值权流转的其他类型。注意该条使用的概念有所变化新的条文用"合资"代替"作价出资"一词,用"合作经营"代替"合作"一词。

(八) 法理研究

1. 矿业权合作合同备案仅有对抗的法律效力,并无生效效力

《最高人民法院关于适用<中华人民共和国合同法>若干问题的解释(二)》指出,《中华人民共和国合同法》第五十二条第(五)项规定的"强制性规定"是指效力性强制性规定。《最高人民法院关于当前形势下审理民商事合同纠纷案件若干问题的指导意见》特别指出:"注意区分效力性强制规定和管理性强制规定。违反效力性强制规定的,人民法院应当认定合同无效;违反管理性强制规定的,人民法院应当根据具体情形认定其效力。"

更何况,从立法位阶上讲,《矿业权出让转让管理暂行规定》仅是国土资源部颁发的规范性文件,能否成为判定合作开采合同效力的依据尚有疑问。虽然《矿业权出让转让管理暂行规定》第四十四条规定,非法人型合作采矿"应当将相应的合同向登记管理机关备案"。但是,"向登记管理机关备案"只是对合作形式的管理性规定,并非效力性强制规定。

因此,合作合同备案与否仅应从能否对抗第三人的角度进行分析,而不应当以此影响合同的效力,更不能认为合作勘查开采合同违反法律强制性规定而无效。

2. 行政审批与矿业权转让合同效力分离的传统技术路径

(1) 矿业权转让"债权合同生效说"。该说认为合同不生效并不等于无效,批准和登记等仅仅都是合同的生效要件,而非合同的有效要件。故主张只要双方签订的转让合同不具有《中华人民共和国合同法》第五十二条规定的合同无效的情形,即系有效(债权)合同,自业已经生效,依法应受法律保护。

(2) 只要将债权合同与物权登记区分开来矿业权转让的债权合同即已生效。探矿权、采矿权作为用益物权,已为《中华人民共和国物权法》所肯定,而《中华人民共和国物权法》第十五条规定:"当事人之间订立有关设立、变更、转让和消灭不动产物权的合同,除法律另有规定或者合同另有约定外,自合同成立时生效;未办理物权登记的,不影响合同效力",因此审批管理机关的批准是物权转让的生效要件,而不是物权转让债权合同的生效要件。

(3) "物债分离"即可圆矿业权转让效力之说。只要将矿业权转让合同中的物权行为与债权行为从理论上和法律关系上予以区分,根据"新法优于旧法"的原则,矿业权买卖合同适用《中华人民共和国物权法》第十五条的规定,特别是鉴于《探矿权采矿权转让管理办法》仅仅是行政法规,并非严格意义上的法律,故此类案件中双方签订的矿业权买卖的(债权)合同即使未获批准,亦应具有法律上的效力。

(4) 未经行政审批的矿业权转让合同亦为有效的判例层出不穷。基于合同效力与合同履行相分离的既定选择,法院愈益倾向国家管制矿业权变动应当从否定矿业权转让合同的效力转向控制矿业权的实际变动。显而易见,这种趋势在政策选择上,采取的是行政审批与矿业权转让合同效力区分的立法政策;而在技术构成上,则是利用违约责任的承担与免除机制调整当事各方的利益关系。

在司法领域中意思自治原则往往是通过当事人签订合同的手段来实现的,宣告合同无效是通过法律手段对合同的效力加以否定,意味着交易当事人预期目的无法实现。基于对当事人意思自治的考虑,兼顾交易效率,针对已经成立但效力状态模糊的矿业权转让合同可做如下处理:将已经成立的承包合同中依约投资等内容视为一种合同预约,而将最终未实现的且待行政审批的探采矿许可证的取得视为一种本约合同,如果本合同最终无法签订,那么可以认为其是因为当事人违反预约合同引起的。

司法实践中对诸如此类的案涉矿业权承包合同予以释明,在切实保障了国家利益和公共利益的基础上,政府本着"依法行政、越权无效"的理念对矿业权进行行政监管,这种处理方法对于矿业权交易市场中存在的大量不规范的矿业权出让转让活动的规制,无疑可以起到重要的作用。

参 考 文 献

[1] 王轶. 民法总则法律行为效力制度立法建议[J]. 比较法研究,2016(3):171-181.
[2] 梅迪库斯. 德国民法总论[M]. 邵建东,译. 北京:法律出版社,2001:142-143.
[3] 董安生. 民事法律行为[M]. 北京:中国人民大学出版社,2002:23.
[4] 李军. 论法律行为的效力依据[J]. 政法论丛,2004,27(6):103-106.
[5] 王利明. 民法[M]. 北京:中国人民大学出版社,2000:107.
[6] 李显冬. 矿业权法律实务问题及应对策略[M]. 北京:中国法制出版社,2012:66-68.

李显冬 中国地质大学(北京)特聘教授,澳门科技大学法学院博士生导师,中国政法大学国土资源法律研究中心主任。1983 年毕业于中国政法大学,1989 年获民商法硕士学位,1992 年被聘为硕士生导师,1994-1995 年作为中华人民共和国访问学者在加拿大麦吉尔大学研修两年,1996 年被聘为副教授,2001 年被聘为正教授,2003 年获法学博士学位,2006 年被聘为中国政法大学民商法博士生导师。2016 年从中

国政法大学民商经济法学院退休,留任中国政法大学国土资源法研究中心主任。2018年被聘为中国地质大学(北京)特聘教授,现在仍为澳门科技大学法学院博士生导师。国土资源部矿产资源法、土地法修改工作咨询专家,矿产资源法学分会副理事长,中国地质矿产经济学会资源管理专业委员会副主任委员,中国农业经济法学会副会长,中国法学会能源法研究会常务理事,北京市法学会理事,北京市妇女法学会顾问等。

"一带一路"沿线国家能源和重要矿产资源潜力与投资风险评估

施俊法[1]　陈喜峰[2]

1. 中国地质调查局；2. 中国地质调查发展研究中心

国家"一带一路"倡议明确提出加大与沿线国家煤炭、油气、金属矿产等传统矿产资源勘查开发的合作，而且沿线国家矿业合作意愿强烈，合作空间广阔。因此，阐明"一带一路"沿线国家能源和重要矿产资源以潜力与投资风险对支撑国家重大战略决策、服务矿业企业"走出去"尤为重要。

鉴于我国资源禀赋的特点，能源潜力评估以沿线国家的油气为主（煤炭和铀仅作为参考），能源与重要矿产资源的潜力分开评估，突出沿线油气的重要地位。在方法上，油气以可采潜在资源量为准，重要矿产资源以潜在价值为准。在借鉴加拿大 FRASER 及其他国际著名机构评估方法的基础上，立足中国视角，建立"综合评估法"，设计10个主要评估指标进行评估，再结合德菲尔法（专家意见法）进行合理性调整。最后，通过对能源与重要矿产资源潜力和投资风险进行综合分析，结合中国与沿线国家的矿业合作现状提出投资建议。

一、"一带一路"沿线主要国家能源和重要矿产资源潜力分析

（一）能源潜力分析

（1）除新加坡、马尔代夫、不丹等11个能源匮乏国家外（不对这些国家进行能源潜力评估），从潜力分级看，沿线其他53个主要能源国家中（不含中国），潜力大的有8个，潜力较大的有11个，潜力一般的有16个，潜力较小的有18个。

（2）从全球尺度看，沿线油气潜在资源量占全球的76%。

（3）从国家尺度看，沿线油气可采潜在资源量的93%集中分布于俄罗斯、伊拉克、伊朗、沙特阿拉伯等14个国家。其中，俄罗斯能源潜力最大，位列沿线国家的第一位。

（4）从地区尺度看，沿线油气可采潜在资源量主要集中分布在中东地区和俄罗斯，其次为中亚和东南亚地区。

(二) 重要矿产资源潜力分析

（1）除新加坡、文莱、马尔代夫等14个重要矿产资源匮乏国家外（不对这些国家的重要矿产进行潜力评估），从潜力分级看，沿线50个重要矿产资源国家中（不含中国），潜力大的有5个，潜力较大有19个，潜力一般的有15个，潜力较小的有11个。

（2）从国家尺度看，沿线重要矿产资源潜在价值的93%主要分布在俄罗斯、哈萨克斯坦等17个国家。其中，俄罗斯的重要矿产资源潜力最大，位列沿线国家的第一位。

（3）从地区尺度看（除俄罗斯和中国外），沿线重要矿产资源潜力主要分布在中亚地区，其次为东南亚和南亚地区。其中，中亚地区的重要矿产资源的潜力最大。

二、"一带一路"沿线主要国家投资风险分析

（1）除新加坡、不丹等4个能源资源均匮乏国家外（不评估这些国家的能源资源潜力），在沿线其他60个国家中，投资风险较低、风险一般、风险较高国家约各占1/3。

（2）从国家尺度看，阿联酋的投资风险最低，阿富汗的投资风险最高。

（3）从地区尺度看，中亚地区投资环境相对较好，中东地区投资风险较高。

三、关于选择投资目标国的建议及可能面临的投资风险分析

（1）选择投资目标国的主要依据：① 根据能源和重要矿产资源潜力与矿业投资风险综合分析，将沿线国家划分为9类，其中部分国家可作为备选投资目标国；② 将沿线主要国家划分为主要能源资源的进口国、出口国和自给国三类，其中主要能源资源的出口国可作为备选投资目标国；③ 俄罗斯和中亚、中东、东南亚地区等与中国开展矿产品贸易的主要国家和地区可作为备选投资目标国；④ 目前中国企业正在实施矿业投资项目的国家可作为备选投资目标国。

（2）投资目标国分类：综合以上四个主要依据，将沿线主要国家划分为优先投资目标国、重点投资目标和候选投资目标国三类，其中，优先投资目标国有7个、重点投资目标国有4个。

（3）可能面临的风险分析：从各个评估指标出发，对在沿线国家进行矿业投资可能面临的风险进行了分析。

施俊法 博士,研究员,现任中国地质调查局办公室副主任(主持工作),主要从事矿产勘查与矿业发展战略研究。著有《信息找矿战略与勘查百例》《世界矿情·亚洲卷》《世界找矿模型与矿产勘查》等专著。2007年成为"新世纪百千万人才工程国家级人选",2011年享受国务院政府特殊津贴。

陈喜峰 博士,高级工程师,就职于中国地质调查局发展研究中心。主要从事矿床学、境外地质矿产综合研究。目前,发表学术论文40余篇,参与出版专著2部。

专题四

矿业与环保

我国绿色勘查做法跟踪与思考

张福良

国土资源部矿产勘查技术指导中心

生态文明建设是党中央做出的重要战略决策。党的十八大将生态文明建设纳入中国特色社会主义事业"五位一体"总体布局；党的十八届三中全会提出紧紧围绕建设美丽中国深化生态文明体制改革；党的十八届五中全会强调必须牢固树立并切实贯彻创新、协调、绿色、开放、共享的发展理念。习近平总书记等中央领导对生态环境保护工作高度重视，多次就加强生态环境保护工做出重要批示。2017年2月，中共中央办公厅、国务院办公厅联合发布《关于划定并严守生态保护红线的若干意见》，标志着生态保护红线制度基本建立并逐步落地生根。2017年第十二届全国人民代表大会通过的《中华人民共和国民法总则》，首次将绿色原则确立为民事活动的基本原则。国土资源部姜大明部长多次强调国土资源系统要把"生态保护第一，尊重群众意愿"作为政治纪律和工作纪律。绿色勘查是今后我国地质勘查工作的必由之路。

一、绿色勘查的重要意义

根据生态文明建设的新要求，地质矿产工作必须适应新形势，在工作布局、内容和方法上做出深度调整，最大限度地减少对生态环境的扰动和负面影响。推进矿产资源绿色勘查开发，既是国家发展的战略需要，也是在生态环境保护前提下推动经济社会发展的客观需要，更是新常态下做好地质矿产勘查工作的现实需要，是化解矛盾、维护矿区社会稳定、推动矿产资源勘查开发持续发展的有效途径。

绿色勘查是矿产勘查领域贯彻落实中央生态文明战略的重要举措，是保持我国地质勘查行业持续健康发展的迫切需要，是坚持以人为本建设绿色矿业的基本要求，也是全球矿业发展的大趋势。找矿突破战略行动要统筹生态保护和经济发展，按照生态环境保护和绿色勘查工作要求，修编《找矿突破战略行动实施方案（2016—2020年）》，优化调整总体布局和工作部署，改进对生态环境影响较大的地质找矿工作手段和技术，加强地质找矿工作后续对生态环境的恢复，将地质找矿工作对生态环境的影响降到最小。

二、地质勘查活动对生态环境的主要影响

传统地质勘查工作给生态环境带来了一系列副作用,包括对植被和地表的扰动或破坏,对地表水、地下水的影响,机场占地,油污污染,废弃物、扬尘等,具体表现在如下方面。

(1)工程施工。钻探工程施工及大型设备搬迁需修建便道、平整机台或作业场地,对地表土壤及植被有一定程度的破坏。施工中会形成废渣、废水和废气的排放,机器漏油等对环境造成污染;封孔不当造成对地下含水层的影响。槽探、坑探等工程对地表第四系地层开挖,对地表及植被造成一定程度的破坏,在山区局部可形成边坡失稳、引发地质灾害或水土流失等。

(2)地震勘探。在陆地主要是对植被景观、土地、浅层地下水、构筑物有一定的影响;在海洋主要是对海洋哺乳动物的影响(生产实践中总结的海洋地震勘探的"软启动"工作流程,就可以避免对海洋哺乳动物的干扰)。

(3)野外工作车辆、机械设备通行。对植被草场林地的碾压、砍伐会造成一定的环境破坏。

(4)驻地人员产生的生活垃圾等。不规范管理和处置对环境造成影响。

(5)加工、测试中产生的粉尘、氯化氢气、含酸碱的废水和噪声对环境的影响。

(6)槽坑钻噪声对居民区的影响。

三、国外先进经验介绍

绿色勘查作为一种先进的理念、文化和发展方式,在国外已得到广泛传播和实践,实施绿色勘查已经成为矿业发达国家一致遵循的原则。

2003年,环保非政府组织在加拿大勘探与开发者协会会场外示威,该协会随即发布了E3(Excellence in Environmental Exploration),2009年扩展为E3 Plus。E3 Plus提出了负责任的矿产勘查的八大原则,即有效的管理和控制、保护勘查区的环境、有道德的商业运作、尊重勘查地区人权、正确的风险评估、参与当地社区活动、致力于社区发展、保护职工的健康安全;发布了勘查环保工具包(EES),包括社会责任、环境管理、健康安全等有关内容;涵盖了地质勘查过程中涉及环境、社区、健康、安全问题的综合解决方案;汇编了全球勘探业现行的国际认可的专业实践,包含很多来自于全球各地行之有效的经验做法,是勘探活动指南。具体以美国、澳大利亚、巴西为例。

(一) 美国

美国是一个生态保护十分严格的发达国家。在矿产资源管理方面,无论是在内政部的政策宣示中,还是在内政部矿产管理局和土地管理局的政策宣示中,均突出强调了环境保护的重要性、对环境破坏者或损害者进行严厉处罚等。在矿产管理程序中,除规定对矿山开采后必须进行复垦、对有害废物必须进行处理外,对探矿权、采矿权申请者都必须进行严格的环境影响评估,采矿的不同阶段也需要提交环境影响报告和预防措施报告等。在美国各州矿产资源管理中,也同样规定了在进行矿产资源开发前要提交环境影响报告。例如在阿拉斯加州,在州属土地上开发矿产资源须向州相关机构包括州自然资源部、州环境保护部和联邦环保局等提交环境影响报告,内容包括采矿方法、选矿、尾矿处理、石料储存、废水管理、废料处理、产品堆放、表土扰动、采矿安全、野生动物保护、矿山关闭和复垦、应急措施、植被、动物栖息地、产品运输线路、道路建设、燃料、动力、水系安全与生态安全等。但美国没有设置生态保护区,要求不论在什么区域,只要符合环保标准要求和准入条件,任何企业都可以进行包括矿产勘查开发在内的活动。

(二) 澳大利亚

20世纪80年代,澳大利亚政府决定改变发展模式,对资源-产业与环境生态进行综合管理,即在矿业进行生产运营包括勘查和开发、冶炼的同时,兼顾环境与生态的影响,使矿业发展与生态达到动态平衡,以求在发展生产、发展经济的同时最佳地保护环境,为子孙后代造福。在近几年的政策宣示中,澳大利亚政府均明确表明,政府将大力促进资源产业的发展,同时坚定不移地贯彻生态可持续发展,保护环境,促进高效、对环境负责的资源勘查、开发与利用。例如在新南威尔士州,环境规划和评估法(1979年)和采矿法(1992年)均规定,在进行找矿勘查和开发活动前,必须先进行环境评估。后来进一步规定,在找矿勘查和采矿活动可能影响环境的地方,矿产资源部有权要求矿业权持有者或申请者进行进一步的环境研究。如果环境影响较大,则必须考虑计划项目的可接受性。

(三) 巴西

由于以往长时期的产业活动与环境、生态保护相脱离,导致在矿业活动过程中产生严重的生态破坏,给国家造成重大损失。针对这种状况,巴西政府决定采取资源-产业与环境生态管理相结合的方针。1983年,巴西首先立法制定了6938号法律,成立国家环境委员会;1986年,该委员会决议规定,所有采矿活动都必须有环境许可证;1988年修改的新宪法第225条规定,采矿活动必须对环境上遭受破坏的地区进行复垦;1990年12月6日,环境委员会决议进一步要求,所有采矿活动只有在获得环境许可证后才能被授予矿产权。

总之,国外在矿产勘查过程中加强环境保护工作的经验可总结为以下几点:一是总的理念是最大限度地减少勘探工作对环境和当地社区的不利影响,同时最大限度地减少成本;二是获取"社会执照"是进行勘探工作的前提,而能否取得"社会执照"取决于勘探人员给人的第一印象;三是美国等国生态保护十分严格,对勘查申请进行严格的环境影响评估,只要符合环保标准要求和准入条件,就可以开展矿产勘查开发活动;四是除加拿大、澳大利亚等发达国家外,南美洲、非洲等地区许多发展中国家都将环境许可作为资源开发的先决条件和前置程序;五是加拿大政府网站就勘查和可行性研究阶段潜在环境问题进行风险提示。

四、我国绿色勘查典型做法跟踪

当前我国已经开始从顶层设计方面规范、扶持、引领绿色勘查,在2016年5月地勘局长座谈会上地勘行业共同发布的《绿色勘查行动宣言》的基础上,在《固体矿产勘查工作规范》中增加了绿色勘查的要求,还将对储量技术标准进行调整(改掉不合时宜的,提升标准过低的,增加先进适用的,鼓励创新领跑的);国土资源部、财政部等六部委联合印发的《关于加快建设绿色矿山的实施意见》中增加了关于推进绿色勘查工作的有关部署和开展绿色勘查试点工作的要求。同时,在找矿突破战略行动第三阶段中进行了全国找矿工作布局调整,国家级整装勘查区全面退出自然保护区,并在矿种上更注重地热、煤层气、页岩气、石墨、锂等清洁能源和战略性新兴产业矿产的勘查。地方政府、企业及相关地勘单位积极探索,涌现了一些好的经验和做法。

(一)青海

青海省政府积极实施"生态立省"战略,将生态环境保护作为该省必须担负的特殊责任,提出青海最大的价值在生态、最大的责任在生态、最大的潜力也在生态,明确了生态环境保护是全省经济发展必须遵循的原则和任务。2016年年初,青海省国土资源厅印发了《关于开展绿色勘查开发年活动的通知》,将2016年确定为绿色勘查开发年,全面启动了本省绿色勘查示范研究工作。

下面以青海省有色地质矿产勘查局(以下简称"青海省有色地勘局")在生态脆弱区开展绿色勘查为例予以介绍。该局在青南多彩地区的整装勘查中,把地质勘查与生态保护、牧民利益、藏区和谐等要素进行有机结合,创造出了在生态脆弱区、藏民聚集区、找矿远景区开展绿色勘查的"多彩模式",较好地解决了生态保护和矿产勘查二者的矛盾,积累了丰富的绿色勘查经验,树立了典型,不仅受到了当地政府的高度肯定、广大牧民的真心拥护,还有效保护和改善了生态环境,实现了找矿突破。该局在青海国土资源系统率先研究出台了《关于地质勘查工作中生态环境保护的实施意见》,从增强生态环保意识、落实生态保护措施、注重民族团结等几个方面提出了17条具体措施,并下发了《关于实施野外项目终期环保验收工作的通知》。为了加强管理,使绿色勘查有效开展,该局还印发了《青海省有色地质矿产勘查局外包工程施工队伍安全环保工作监管办法(试行)》。

在多彩国家级整装勘查项目实施过程中,青海省有色地勘局矿产勘查院还成立了生态恢复环境治理领导小组,切实做好地勘工作中保护自然环境的工作,及时让牧民验收,确保生态环境不破坏、牧场质量不降低、牧民利益不受损,促进了地勘工作和生态保护协调发展,实现了地方政府、牧民和地勘单位共赢的结果。

青海省有色地勘局在地质勘查设计中突出环境恢复治理,在项目中期、终期检查时,把地质找矿工作与野外安全生产工作和生态恢复治理结合起来,并制定了《野外地勘项目生态环境治理岗位责任制及奖罚措施(暂行)》。

青海省有色地勘局在重型工程施工单位招标时,把生态环境恢复治理也作为一项硬性指标,并在施工单位开工前与施工单位签订生态保护合同书,收取生态保护保证金,同时纳入该项目生态恢复治理的监管范围之内。

青海省有色地勘局在野外勘查工作中,对项目驻地做好整体规划,划定工作区,生活垃圾集中处理、及时掩埋;在修路和布设探矿工程时,尽量选择草场少的地方,保留和保护好原有的植被,并在放置草皮的地方铺好彩条带,待工作结束后及时回填,并将植被重新复植,尽量恢复原貌。

(二)江西

江西省地质矿产勘查开发局(以下简称"江西省地矿局")坚持矿产资源勘查开发与生态环境保护并重原则,在地勘项目实施和矿山环境治理中,推进绿色勘查理念落地、落细、落实,并取得较好成效。

该局九一六队在项目预普查设计中专门增加物化探等对环境破坏较小的工程,并利用其成果缩小勘查面积,减少不必要的槽钻探等破坏性较大的山地工程。树林中槽探布设遇树绕行,施工时尽量减少对树木根系的破坏,不损坏树木主根系。槽探施工中,槽顶开口由传统的1.5~2.0 m减至1.0~1.2 m,施工破坏面积减少30%~50%。钻探施工实施绿色环保措施,如淘汰老式柴油机,引进新式符合国家排放标准的柴油机;途经村镇的材料运输车辆拍实、遮盖,防止污染道路;施工前做好泥浆池、循环槽等水泥硬化工作,防止泥浆渗透污染土壤;探索破坏性较小的新式施工手段,采用取样钻代替槽探、剥土施工方法;施工后抽干泥浆池液体,敲碎池壁水泥块,并带走处理;施工与生活垃圾集中堆放,并及时清理到监理或环保部门同意的地点;钻机撤退时对施工场地平整回填、复垦复耕。

大余牛岭钨矿是该局赣南队与深圳正威集团合作开发的矿山,日采选能力1 000 t。矿山坚持绿色发展理念,注重保护资源环境,每年投入上百万元对尾矿库尾砂进行再选,不仅很好地利用了尾矿资源,保护了环境,而且提高了资源的综合利用价值。矿山废石通过外卖给碎石场,减少了废石场占地面积。在废水排放方面,矿山建立了生产循环水管网,专门铺设工业废水管路,工业废水集中处理、封闭循环使用、集中达标排放,废水循环利用率达99%。同时把土地复绿、生态保护等纳入企业经营,每年安排专项资金对尾砂库进行分级复绿,播撒草种,实现了绿色环保、和谐发展。

(三) 新疆

在长期的地质勘查中,新疆地质矿产勘查开发局(以下简称"新疆地矿局")形成坚持绿色发展是解决地矿工作与生态环境建设之间的有效途径,必须贯彻"环保优先、生态立区"的要求,遵循"资源开发可持续、生态环境可持续",推进"绿色勘查""绿色矿业""清洁文明生产",拓宽服务生态文明建设新领域,促进人与自然和谐相处。

新疆地矿局各项目单位把环境保护和恢复治理作为一项重要内容来抓,确定责任人,以"绿色勘查"为理念,相继出台了施工现场及施工过程中的环境卫生、森林防火、植被保护等与生态保护相关的规章制度,确保了施工区域环境保护等工作的规范化、制度化。他们还主动和当地有关部门密切沟通联系,及时办证,及时把工作开展的情况让当地群众知晓,赢得理解与支持。

第九地质大队在准东煤田、大南湖煤田、白杨河煤田等勘查区钻探施工现场均设置了移动式泥浆循环箱和槽,对钻探排放出来的废浆以及驻地生活垃圾都进行了无害化深埋处理,对挖的槽进行回填。在钻孔终孔后,技术人员要进一步检查现场环境的恢复情况,如果存在垃圾清理不彻底、场地平整不到位等情况,不予验收。

第二、三水文工程地质大队倡导绿化、健康理念将减少环境污染纳入"三标一体"管理,每个勘察施工项目均将环境保护写入项目设计书中,制定环境应急管理预案并抓好落实。在施工中,避免对土地的破坏,采样后及时回填,避免对草原上的生物造成伤害。对工作中的有毒有害用具集中收集,统一处理。对泥浆池做防渗处理,钻探施工结束后对剩余泥浆进行掩埋,减少对水源及地面的污染。对机油进行回收再利用。施工结束撤离前,对生活垃圾及废弃物均进行处理和深埋。

(四) 贵州西南能矿集团

西南能矿集团是贵州省国有能源企业,几年来积极践行绿色发展理念,已制定《固体矿产绿色勘查技术标准》《煤层气绿色勘查技术标准》《固体矿产绿色勘查项目预算标准》《绿色勘查项目管理暂行办法》四个企业标准和规范性制度,全面开展绿色勘查工作,做到集团公司及其全资子公司、控股公司和各勘查单位的所有勘查活动全覆盖。

《固体矿产绿色勘查技术标准》和《煤层气绿色勘查技术标准》分别规定了在固体矿产勘查和煤层气勘查工作中开展绿色勘查的总则、基本规定、方案编制、环保和控制方法、技术要求、形象建设、环境恢复治理、检查验收、和谐勘查、资料及报告编制等内容;《绿色勘查项目管理暂行办法》规定了在绿色勘查项目实施过程中,企业各相关部门及单位职责、管理的内容及要求、奖惩措施等;《固体矿产绿色勘查项目预算标准》在原《地质调查项目预算标准(2010年试用)》的基础上增加了钻机机场建设、道路恢复治理、钻探工程和山地工程施工的环境保护与恢复治理、绿色勘查实施方案和总结报告编制等预算费用标准。

(五) 成都探矿工艺研究所

成都探矿工艺研究所针对实施探矿过程中槽探工程、钻井基台修建、交通道路修建和物资搬迁等对环境影响较大的问题,积极探索减少探矿工程对植被的破坏的技术方法,主要有以下几方面。

一是"以钻代槽",减少槽探对植被的破坏。槽探工程开挖面积较大,对植被的破坏严重。目前,"以钻代槽"采用的技术主要是常规的回转钻进技术,钻机主要是背包式钻机和其他轻便钻机。近几年,该所针对常规方法效率低、在复杂地层成孔困难等问题,开展了空气潜孔锤跟管取心钻进方法研究,为"以钻代槽"提供了一种新的技术方法。空气潜孔锤钻进技术是一种高效的钻进技术。该技术钻进速度快、护壁效果好,在滑坡勘查、工程勘察等领域得到了成功应用。同时,为满足绿色勘查要求,该所专门研制了一种轻便、多功能履带式钻机,可满足多工艺钻进的需要。

二是利用定向钻进技术,实现"一基多孔、一孔多支、一孔多用",减少机台数量与搬迁次数。利用定向钻进技术,可以在一个基台进行多个钻孔或在一个孔内进行多个分支孔的钻进,从而减少基台的数量、道路修建和物资搬迁工作,是中深孔钻进中实现绿色勘查的有效技术手段。该所在近两年开始研究定向钻进技术,并成功应用于示范项目中,采用有缆随钻/螺杆马达定向技术,在1个钻孔中分别完成2个分支孔的钻进和跨越勘探线的三维定向,钻探效果显著。

三是采用模块化、轻便钻探设备及机具,便于人工搬迁和减少基台面积。在钻机设计上,采用了模块化、多功能的设计,轻型钻探设备主要有背包式、便携式、轻便多功能式等多种结构,可根据不同钻探要求和地层情况进行优选。钻具采用铝合金钻杆,采用能力较小、重量较轻的钻机,可大大减轻钻探设备的搬迁重量,对于交通不便地区的钻探施工具有明显的优越性。若尔盖铀矿田采用勘探所研制的铝合金钻杆,减轻钻具重量,减少钻机负荷,便于材料运输。

四是改变物资搬运方式,减少道路修建。为减少设备及材料运输对生态脆弱区地表植被的破坏,通过拖拉机(塑胶履带)、雪橇、卷扬机(钢丝绳)以及直升机等方式搬运,最大限度地减少修路对植被的破坏。

五、存在的问题

尽管在全国地勘行业推广绿色勘查已成为政府、行业协会和许多地勘单位、矿业企业、科研院所的共识,但有些实际难题尚需解决。一是勘查成本的提升。要进行绿色勘查,就必须有生态环境保护方面的投入,这将直接导致勘查成本的增加,勘查成本的加大已成为许多地方商业性矿产勘查工作难以推进的重要因素。而且,现行项目预算费用标准已完全不能满足绿色勘查的需要。例如高寒草甸草原植被恢复费标准为2 890元/亩,实际恢复费用则达到6 000元/亩左右,加之工作区道路修建和为当地群众修建道路始终未纳入预算标准,大部分均需要从其他经费中支出,致使地勘单位负担较大。青海省这几年的探索实践表明,成本与以往相比大概上浮10%~15%。需要创新科技水平和管理水平,降低绿色勘查的成本;另外,政府相关部门调研,按照实际情况研究提高勘查预算。二是国家层面绿色勘查标准的缺失。比如,除近几年颁发的钻探类几项规范规程对环境保护有较具体要求外,大多数现行标准未有环境保护方面的要求,地质勘查中及结束后的地质环境恢复治理与土地复垦的相关要求,也没有纳入《矿山地质环境保护与治理恢复方案编制规范》中。再比如,现有相关勘查技术规范中没有纳入绿色勘查的诸多新方法、新技术,也没有增加"以钻代槽"等绿色环保施工内容,无法计算资源量。需要国土资源部在向全国推广"绿色勘查"的同时,组织专门力量开展不同地区、不同地貌环境下绿色勘查方法技术系统研究,编制绿色勘查规程,为绿色勘查提供技术支持。

六、几点思考

在下一步的工作中,应把握新形势,贯彻新要求,以生态保护优先统领地勘工作,大力推进绿色勘查,努力实现生态保护与资源保障的共赢。

(一)进一步倡导和宣传绿色勘查理念

结合不同生态环境区域地质工作,继续挖掘典型,总结宣传绿色勘查经验,制作宣教片,加强研讨和培训,营造引导绿色勘查的舆论氛围,在全行业形成实施绿色勘查的共识。

(二)研发推广绿色勘查的新技术、新方法、新设备和新工艺

加大科技创新力度,研究和推广在环境敏感区减少环境破坏的地质勘查方法、手段、设备和工艺,最大限度地减少勘查工作中地表槽探、钻探修路及重型工程的施工对环境的影响或扰动;同时通过科技创新,使绿色勘查成本不断降下来。

(三)推进勘查行业标准的修订

在总结地方已有绿色勘查标准基础上,分区域、分矿种设立一批绿色勘查财政试点示范项目,进而推动勘查技术标准规范修订、调整预算标准、出台指导意见及鼓励政策和探索绿色勘查项目全流程运作方式。

(四)发布矿产勘查环境风险警示及解决方案

建议借鉴加拿大政府做法,发布不同生态环境区域内矿产勘查工作潜在的环境风险,探索研究由国土资源主管部门在门户网站发布的可行性,并提供相应的解决方案,服务矿业权人。

张福良 内蒙古赤峰人,中国地质大学博士毕业,矿业权评估师、注册安全评估师、国土资源经济研究员、国家级矿产督察员。现任国土资源部矿产勘查技术指导中心矿产政策研究室主任。曾在基层市县矿政管理部门工作15年,在内蒙古国土资源厅矿管处借调一年。2008—2011年期间,先后在国土资源部整规办、整合办、稀土办工作。主要研究领域为矿产资源勘查开发管理,曾任"我国矿产资源开发利用布局研究""矿产资源勘查开发格局及对策研究""中国战略性矿产安全评价与支持系统建设""我国中部地区矿产资源勘查开采动态监测""保护性开采特定矿种开发管理及矿业权相关制度研究"等15个项目负责人或副负责人。发表学术论文50余篇,出版专著5部。

高效利用资源　聚力环境保护
——生态矿业是未来矿业发展的必由之路

裴佃飞

山东黄金集团有限公司

资源与环境问题已成为当前制约我国经济社会发展的"短板",以牺牲资源和环境为代价的矿业发展道路已难以维继。面对资源约束趋紧、环境污染加剧、生态系统退化的严峻形势,生态矿业已成为我国未来矿业可持续发展的必由之路。山东黄金集团从矿业可持续发展的角度出发,提出了"山东黄金·生态矿业"的发展理念,通过优化开发格局、加大科技创新、发展循环经济、坚持和谐发展等手段,建设绿色矿山,打造生态矿业,力图解决矿业开发所带来的一系列问题,最终实现矿产资源开发过程中的生态效益、社会效益和经济效益的共赢。山金人始终坚信,只有发展生态矿业,建设生态文明,才能实现人与自然的互利共生,协调发展。

一、生态矿业是我国矿业发展的必然选择

资源是人类社会赖以生存的物质基础,是经济繁荣与国家财富的重要保证。然而,随着工业进程的不断深入,在全球范围内,经济活动正在对包括环境资源在内的所有自然资源施加愈发沉重的压力。20世纪是人类生产力发展最快的百年,同时也是人类对地球破坏最严重的百年。在工业文明的推动下,人类取得了史无前例的巨大进步,却也激化了自身发展与自然环境之间的矛盾,引发了前所未有的生态问题,这直接威胁了人类生存的根基。矿业作为工业发展的基础,在工业发展中扮演了重要的角色,与此同时,矿业开发所造成的环境扰动也尤为明显。从矿业发展的历史经验和教训看,仅以经济建设为中心而摒弃生态建设、忽视环境保护的传统粗放型矿业开发模式,必将造成矿产资源和土地资源的浪费,导致严重的生态问题,同时给国家和当地人民带来沉重负担,制约社会健康发展。

粗放的矿业开发所造成的生态破坏和环境污染问题触目惊心。主要表现在以下几个方面。

一是地质环境问题。矿山开采遗留的大量地下采空区和露天采场会不同程度地引发地表下沉、塌陷、岩体开裂,甚至山体滑坡。

二是水土流失问题。在我国许多地区,矿石的私挖滥采导致地表植被大面积破坏,造成了严重的水土流失。

三是固体废弃物排放问题。我国绝大多数小型矿山没有规范的排石场和尾矿库,这使大量的矸石、尾矿、冶炼渣等固体废弃物被随意排放,不仅占用了宝贵的土地资源,同时加剧了水土流失,甚至可能引发泥石流等地质灾害,现阶段矿山固体废弃物排放占到了全国工业排放的85%。

四是水资源破坏与污染问题。一方面,矿山开采过程中对水资源的破坏较为严重,矿山地下开采的疏干排水导致区域地下水位下降,出现大面积疏干漏斗,使地表水和地下水动态平衡机制遭到破坏;另一方面,矿山选冶过程中对水资源的污染问题同样突出,矿山选矿厂和冶炼厂在生产过程中会排放大量工业废水,部分企业将未经处理或未达标处理的废水随意排放,严重污染了当地的水体和土壤。现阶段矿山废水排放占到了全国工业排放量的10%。

我国是一个矿业大国。进入21世纪后,随着矿业"黄金十年"的到来,我国矿业进入了高速发展的时期。与此同时,矿业开发也导致了诸多的生态问题和巨大的环境风险,加之我国人口众多、人口密度巨大,诸多地区的环境承载力已趋近饱和,使得自然环境十分脆弱,一旦遭到破坏便很难恢复,生态保护和环境治理也因此显得尤为迫切。面对资源约束趋紧、环境污染加剧、生态系统退化的严峻形势,2012年党的十八大将生态文明建设上升到"五位一体"的国家战略层面,将可持续发展提升到绿色发展的高度。十八大报告指出"走向生态文明新时代,建设美丽中国,是实现中华民族伟大复兴的中国梦的重要内容。"当前,资源与环境问题已成为制约我国经济社会发展的"短板",以牺牲资源和环境为代价的发展道路已无法维继。因此,生态矿业是我国矿业发展的必然选择,矿业绿色发展之路势在必行。

二、生态矿业的含义及我国生态矿业建设

生态矿业是指在矿产资源开发的全过程中以生态文明理念为指导,以高新技术为支撑,按照生态规律科学合理地延长矿产资源产业链,以最小的生态扰动量获取最大的资源量,从而实现资源节约与综合利用、清洁生产和废弃物多层次循环利用相协调,矿山发展与社区和谐相统一的循环型矿业发展模式。生态矿业并非单纯地以资源规模的扩大和经济效益的增长作为矿山企业发展目标,而是以环境承载力为基础,合理地开发和利用矿产资源,最终实现生态效益、经济效益和社会效益的协调统一。

生态矿业是解决矿山开发过程中环境与社会问题的必然选择,也是我国未来矿业可持续发展的必由之路。而国家一系列相关文件的发布和绿色矿山建设工作的开展作为指导和推动矿业健康、绿色、和谐发展的有力实践,为我国生态矿业的推进指明了道路。

(一)《"十三五"生态环境保护规划》的发布与实施

2016年11月24日,国务院印发《"十三五"生态环境保护规划》(以下简称《规划》)。《规划》指出,党中央、国务院已把生态文明建设和环境保护摆在了重要的战略位置,把发展观、执政观、自然观内在统一起来,融入到执政理念、发展理念中,生态文明建设的认识高度、实践深度、推进力度前所未有。《规划》同时指出:"加强矿山地质环境保护与生态恢复。严格实施矿产资源开发环境影响评价,建设绿色矿山。"这为生态矿业的发展提供了有力的指导。

(二)绿色矿山建设指导意见的发布与绿色矿山建设工作的开展实施

绿色矿山建设是矿业领域践行国家生态文明建设,发展生态矿业的重要实践。2010年8月,国土资源部印发《关于贯彻落实全国矿产资源规划发展绿色矿业建设绿色矿山工作的指导意见》(国土资发〔2010〕119号,以下简称《意见》)。《意见》明确指出,要通过绿色矿山建设促进矿业发展方式的转变,努力构建规范矿产资源开发利用秩序的长效机制,并制定了绿色矿山建设的九条标准,国家级绿色矿山建设由此拉开序幕。

自2010年开展国家级绿色矿山试点建设以来,在国土资源部的指导下,绿色矿山建设获得极大的推动和成效,树立了一批先进典型矿山,绿色矿山和生态矿业的理念也已得到国内诸多矿山的认可。截至2016年年底,共有661家矿山企业成为国家绿色矿山试点单位,其中187家已通过试点评估被正式命名为国家级绿色矿山。绿色矿山建设已经成为我国生态矿业建设的一道亮丽风景。

(三)黄金行业转型升级意见的发布

2017年2月,工业和信息化部下发《工业和信息化部关于推进黄金行业转型升级的指导意见》(以下简称《意见》)。《意见》要求各黄金矿山企业实施行业清洁化改造,全面提升节能环保水平;加快建设大型黄金生产基地,大力发展集约化开采技术,建设"区域矿山",走规模化开采之路。《意见》的发布必将为黄金行业生态矿业的发展注入新的活力。

三、"山东黄金·生态矿业"理念及发展之路

在 2010 年,山东黄金集团从矿业绿色、可持续发展的战略出发,提出了"山东黄金·生态矿业"的发展理念,倡导对生态自然的礼让尊重,提倡矿业生产要遵循生态学原理,资源的开发和利用、经济的运行和增长不能损害自然的和谐与平衡,旨在打造一种人与自然、发展与环境、经济与社会和谐共生、良性循环、持续繁荣的绿色矿业,实现"绿水青山就是金山银山"的发展目标。

山东黄金集团作为一家大型国有矿业企业集团,始终秉持"公正、开放、诚信、责任、包容、和谐"的核心价值观和"让尽可能多的个人和尽可能大的范围因山东黄金集团的存在而受益"的终极目标,以生态文明理念为指导,勇于承担保护生态环境的责任,积极履行节能减排、节约资源的义务,努力实现安全环保"双零"目标的承诺。2016 年,山东黄金集团旗下矿山在安全环保方面的投入超过 3 亿元,以实际行动引领我国生态矿业的发展,"守护绿水青山,造福地球家园"已成为山东黄金集团矢志不渝的承诺。"十三五"期间,山东黄金将以每年递增 15% 的速度继续加大矿山安全环保投入,大力开拓独具山金特色的生态矿业之路。

(一)优化开发格局,打造"万吨"矿山

资源利用集约化是生态矿业的必然选择。要实现这一目标,首先要求企业在发展过程中秉持协调发展理念,优化矿业开发格局。因此,山东黄金集团放眼全国,先后在福建、海南、甘肃、内蒙古、河南打造了覆盖"东南西北中"的五大后备资源开发基地,优化了国内矿业开发的格局。而在作为集团发展基础的山东省内,山东黄金以胶西北地区得天独厚的资源为依托,优化开发格局,最大化地发挥资源优势。

山东黄金在不断整合胶西北地区矿产资源的基础上,秉持"规模化、大型化、数字化、生态化、低碳化的万吨大矿"建矿理念,统一规划,优化配置,按照"分区采、集中选、统一炼"的集约化运营模式,先后开展了三山岛金矿 8 000 t/d、焦家金矿 6 000 t/d、精炼厂 1 200 t/d 等多项重大工程项目,形成了集采、选、冶为一体的黄金产业集群,最大化地发挥了资源集约化效应。黄金采选处理量由 2012 年的 1 255 万 t 增加到目前的 1 700 多万吨,增幅达 36.1%;黄金产量由 2012 年不足 27 t 增加到目前的 36 t,增幅达 32%。4 家矿山位于中国十大黄金矿山之列、3 家矿山位于中国经济效益十佳黄金矿山之列,奠定了山东黄金在中国黄金行业的重要地位,彰显了山东黄金集约化发展的显著成效。

（二）加大科技创新，实现跨越发展

以高新技术为支撑是生态矿业与传统矿业的显著区别。正基于此，山东黄金高度注重矿业开发过程中的技术创新，将创新发展的理念贯穿于矿产资源勘探、开采和选冶的全过程。

在资源勘查方面，山东黄金坚持走创新、绿色、高效勘查之路，通过不断研发和引进新技术、新方法、新工艺，创新资源勘查开发模式，从技术手段选择、工程场地选址、道路选线、物料堆存、废弃物处置、土地复垦等方面出发，创新发展、合理规划，最大限度地提高资源勘查效率，降低生态扰动，最终实现地质勘查设计、实施、验收全方位的科技化、高效化和生态化。

在资源开采方面，山东黄金高度重视旗下各个矿山自身创新能力的建设，努力构建集团上下联动创新、齐头并进的新格局。以所属三山岛金矿为例，矿山始终坚持以创新促发展的理念，不断加大科技投入，成功突破了诸多技术难点，打造了亚洲首家海底采矿黄金矿山。三山岛金矿海底采矿在实现高效利用黄金资源的同时，很好地保护了当地的海洋环境。作为第一批国家级绿色矿山，三山岛金矿凭借其现代化的生产工艺和生态化的矿区环境，已经成为具有国际影响力的黄金行业生态矿山典范。

在选冶工艺方面，山东黄金旗下各矿山结合自身的工艺流程特点，积极开展技术创新，通过优化工艺流程，引进先进设备，最大化地完善工艺流程、发挥生产设备的效能。例如山东黄金集团研制的具有自主知识产权的"气力搅拌取代传统的机械搅拌"技术，与传统技术相比，节能35%，大大降低了生产能耗；各项工艺的优化和先进设备的引进在提高生产效率的同时提升了山东黄金集团的矿业生态发展水平。

此外，山东黄金集团始终坚持走合作创新之路，积极与国内知名高校和科研机构合作开展采矿、选冶、节能减排等高新技术研究，寻求提高矿产资源利用率的解决方案。近年来，山东黄金与各类科研院所合作开展各类科研项目70余项，其中，以与中南大学、北京科技大学合作开展的"海底大型金矿床安全高效开采综合技术研究"为代表的多项科研成果获国家级、省部级科技进步奖等重大奖项，真正实现了高起点的科学技术产业化。

"十三五"期间，山东黄金集团将继续参与国家"十三五"重点研发专项"深地资源勘查开采"项目，同时大力开展智能矿山示范工程建设，努力打造国内首家智能矿山企业集团，以高新技术为支撑，实现跨越式发展，拓宽生态矿业之路。

(三) 发展循环经济,践行"双零"承诺

生态矿业作为一种循环型矿业发展模式,需要建立一套与之相配套的发展体系。因此,山东黄金集团在发展生态矿业的过程中,以绿色发展理念为指导,构建了完善的矿产资源循环利用体系。

一方面,山东黄金集团严格遵循法律法规进行环境规划,始终坚持"环保优先",杜绝"先污染、后治理"的行为。按照"开发与保护并重,发展与利用同步"的原则进行开发和利用,真正做到了"开发一处、绿化一处"。以所属红岭矿业和阿尔哈达矿业为例,矿山根据内蒙古草原广布、生态脆弱的特点,在矿山开发过程中着力保护当地的草原牧场、积极开展矿区绿化,不仅没有破坏当地的自然条件,而且进一步改善了当地的生态环境,成为内蒙古地区国家级绿色矿山的典范。另一方面,山东黄金集团按照生态规律科学合理地延长矿产资源产业链,开展废弃物综合利用和清洁生产工作。通过推广废石、尾砂充填和尾砂制砖等技术,努力实现固体废弃物"零排放"。以所属河南嵩县山金、福建源鑫矿业、内蒙古阿尔哈达矿业为例,三家矿山先后实现了由空场法转为充填法的采矿方法改造,不仅有效地利用了尾砂资源,而且减少了尾矿库建设用地,有效地保护了当地的生态环境。通过废水循环利用等技术实现了氰化提金工艺流程中含氰废水的"零排放"。以所属新城金矿为例,作为我国黄金行业唯一的国家级环境友好企业,矿山不仅通过技术改造实现了全部生产废水的循环利用,而且采用"磁性生物载体污水处理新技术"对生活污水处理系统实施了改造,将生活污水全部用于矿山生产,真正实现了矿区全部用水的"零排放"。通过太阳能、水源地源热泵取代燃煤等绿色技术实现了各类废气的"零排放"。通过加强与完善安全管理体系向全社会兑现了"责任工亡事故为零、重大环保事故为零"的"双零"承诺。

(四) 坚持和谐发展,实现效益共赢

生态矿业的终极目标是在矿产资源的开发过程中,实现生态效益、经济效益和社会效益的共赢。为此,山东黄金集团在不断推进开放发展的同时,始终坚持共享发展。

山东黄金集团经过 20 年的不懈努力,不断加快"走出去"的战略步伐。目前,山东黄金矿业产业布局已遍及国内 14 个省(市、区)和加拿大、澳大利亚、蒙古等国家(地区),真正实现了集团"走出山东,迈向世界"的宏伟壮举。开放发展在带来丰厚效益的同时,也为山东黄金注入了新的活力。截至 2016 年,山东黄金集团的黄金产量、资源储备、经济效益、技术人才等均居中国黄金行业前列。

在经济效益不断提升的同时,山东黄金集团仍坚持推进矿山生态建设,通过"拆墙透绿、空地造绿、破硬还绿、见缝插绿"等措施,优化矿区环境;通过组织开展植树绿化活动,改善当地生态;目前,山东黄金旗下矿山每年新增树木数十万棵、花草和绿地面积上百万平方米,核心矿山的矿区绿化覆盖面积达到了可绿化面积的90%以上,尾矿库绿化面积超过95%,基本形成了绿化区、观赏带、健身广场、运动场、公园相济交融,乔、灌、花、草相得益彰的格局,创造出"空气清新、环境优美、生态良好、人居和谐"的生产、生活环境,取得了良好的环境效益和社会效益。以所属新城金矿和焦家金矿为例,由于矿山周边多为基本农田保护区,为保护好当地百姓的农田,矿山高度重视井下充填工作,通过对充填技术的创新与改造实现了采空区的100%充填,确保了地表农田的零塌陷,保障了正产的农业生产,实现了矿山与当地居民的和谐统一。此外,所属三山岛金矿通过开展"黄金海岸"建设,对已闭库的尾矿库进行生态治理和配套设施建设,成功将其打造成集休闲、旅游度假和海滨民俗文化风情于一体的国内一流海滨旅游度假区,带动了当地的旅游业发展,实现了企地共赢;所属归来庄矿业公司投资1.5亿元对采掘积累形成的废石山及露天采场周围地面进行环境绿化和生态修复,被授予国家级"工业旅游示范点""国家级矿山公园"称号,成为目前国内所有露天黄金矿山中植被覆盖率最高、地质地貌保持最完整、生态环境修复最好的矿山之一,不仅改善了当地的环境,并且得到了地方各界的一致认可。

山东黄金集团通过一系列卓有成效的工作,将生态效益、经济效益和社会效益完美地统一起来,真正实现了企地间的共享发展。截至2016年年底,山东黄金集团已有多家矿山被评为"全国节能减排?环保承诺示范单位"、山东省环境友好企业;有5家矿山被国土资源部授予"国家级绿色矿山"称号、6家矿山被国土资源部授予"国家级绿色矿山试点单位"称号。"十三五"期间,山东黄金将力争实现旗下24座矿山全部达到"国家级绿色矿山"标准,打造国内首家绿色矿山企业集团。

(五)打造生态矿业,前路任重道远

"山东黄金·生态矿业"战略实施以来,取得了一系列令人瞩目成绩,但山金人不会因此骄傲自满、踯躅不前。未来,山东黄金集团将继续以五大发展理念为指引,在推进生态矿业的道路上风雨无阻,砥砺前行。"十三五"期间,山东黄金集团将重点从资源开发和环境保护两个方面着手,以技术创新为依托,将生态矿业不断推向深入。

在资源开发方面,山东黄金集团于2016年成立了深井开采研究室。力求在矿产资源深部开发方面取得突破。深井采矿作为"十三五"国家重点研发专项

"深地资源勘查开采"的重要组成部分,是未来我国矿产资源开发利用的方向,其研究成果将对未来我国更好地开发利用深部矿产资源提供重要的理论依据和实践参考。目前,该项研究已取得初步成果,所属金洲矿业集团建设的超过1 200 m深主竖井已经正式投用。

在地质环境保护方面,山东黄金集团同样于2016年建立了全尾砂充填研究室,旨在解决日益严重的地表塌陷和尾矿库建设征地等问题。山东黄金集团对充填采矿法的应用始终走在我国矿业行业的前列,目前,山东黄金所属矿山全部实现了充填法采矿。全尾砂充填研究室的建立将在全尾砂充填领域带来新的技术和措施,进一步提高山东黄金各矿山的尾砂充填效率,为山东黄金集团在"十三五期间"实现全部矿山无尾化建设打下坚实的基础。

四、生态矿业未来发展的方向和举措

生态矿业已经成为我国矿业行业未来发展的必由之路,广大矿业企业应顺应潮流,以生态文明建设和可持续发展为指导,以绿色矿山建设为驱动,大力发展生态矿业,从而实现资源利用、环境保护和社会发展的和谐统一。

生态矿业任重而道远,在未来的矿业管理和建设中,政府部门和矿山企业应共同努力,携手做好以下几方面工作。

一是依法加强资源开发的管理。各级政府及相关资源管理部门要加强监管力度,严格矿产资源勘查、开采审批登记制度,整顿矿业秩序,坚决制止乱采滥挖、破坏资源和生态环境的行为。对矿产资源的勘查、开发实行统一规划,合理布局,实现资源勘查综合化,矿产开发合理化。

二是加大矿山科技改造力度。目前在矿产资源开发利用过程中面临的一个突出问题是技术水平的落后,导致矿产资源开发利用效率低下,严重制约了生态矿业的发展。政府及有关资源管理部门需逐步实行改革,强制化技术改造和技术革新政策,淘汰或改造落后的生产设备和生产工艺,从而提高矿山三率指标,降低矿山生产能耗。

三是建立多元化的矿山环境保护投资机制。政府及有关资源管理部门应以资源环境产权确权、税收政策引导、资源环境价格改革、绿色金融等手段强化市场激励约束机制与市场主体培育,通过环境治理基础制度改革加快形成政府、企业、公众共治的治理体系。实行政府引导、市场运作的方式,确保矿山环境能够得到有效恢复治理。对于废弃矿山和老矿山,应加大生态环境恢复治理力度,并鼓励社会资金投入。对于生产矿山和新建矿山,应建立以矿山企业为主的环境治理投资机制。

四是建立矿山生态环境信息系统。政府及有关资源管理部门应对所有矿山生态环境开展调查评价,建立矿山生态环境档案和生态环境预警系统,使矿山生态环境恶化的趋势得到有效控制,把美好的家园留给子孙后代。

人类走过了崇拜、敬畏自然的原始文明,走过了自然优势的农业文明,而今正在处在掠夺、主宰自然的工业文明和尊重、保护自然的生态文明交叉的十字路口。面对工业文明埋下的恶果,人类必须寻求新的道路,迈向新的文明时代,因此生态文明已成文明演进的必然选择。

在生态文明时代,矿业发展应遵循生态学原理,即资源的开发与利用、经济的运行与增长不以损害自然界的和谐、平衡为限度,在满足人类合理的适度的物质需求、精神需求和生态需求的同时,实现人与自然的互利共生、协调发展。相信在生态文明理念的指导下,生态矿业的发展必将开启矿业发展的新篇章。

裴佃飞 1966年生,内蒙古兴和人。现任山东黄金集团有限公司副总经理,山东黄金山金国际有限公司董事长。硕士研究生学历,高级工程师。1990年毕业于内蒙古钢铁学院,1990年7月至2009年8月历任山东黄金集团玲珑金矿技术员、科长、副矿长、矿长兼党委书记。2009年9月至2012年12月历任集团安全委员会主任、集团总经理助理、集团安环部经理、集团安全总监。2012年12至2013年12月历任集团总经理助理、股份公司副总经理、副董事长。2014年1月至2016年2月历任集团总经理助理、有色集团董事长、总经理。2016年2月至今任山东黄金集团有限公司副总经理。

全球生态脆弱区绿色矿业发展的成功实践及我国的绿色矿业发展建议

王东生

中铝矿产资源有限公司

一、引 言

面对日益严峻的生态环境问题,党的十八大提出要将生态文明建设放在突出地位,将生态建设融入经济建设、政治建设、社会建设各方面和全过程。生态建设及环境保护已经成为党和国家的大政方针,成为生态脆弱区的社会经济发展红线。由此,国内生态脆弱区——青藏高原矿产资源勘查、开发几乎全面停滞。

如何正确处理好环境保护与经济发展的关系?能不能在生态脆弱区域开展矿业活动?这既是我国政府必须正确面对的问题,也是矿业行业必须尽快研究解决的现实紧迫问题。

以美国、加拿大、澳大利亚为代表的西方国家的矿业企业成功实践了生态脆弱区绿色矿产资源开发,中铝矿产资源有限公司(以下简称"中铝公司")在矿产资源勘查开发过程中也探索实践了"绿色矿业、和谐发展",实践证明按照高标准、坚持绿色矿业理念,有序推进生态脆弱区的矿业经济发展和原住民的安居乐业,可以实现经济、社会与环境的和谐发展及可持续发展。解决我国生态脆弱区域矿产资源勘查开发问题的途径是:必须坚持走绿色矿业发展道路。

下面简要介绍西方国家在生态脆弱区域绿色开发矿产资源的成功案例、中铝公司在绿色开发方面的探索实践,并对我国的绿色矿业发展提出建议意见,供研讨。

二、全球生态脆弱区绿色开发成功案例

全球生态脆弱区域的矿产资源该不该开发、能不能开发,一直是国内外各界争论的焦点问题之一。以美国、加拿大、澳大利亚和北欧等高度重视生态环境为代表的国家和地区,成功地在生态脆弱地区进行了矿产资源勘探开发的实践,向

全球树立了生态脆弱地区矿产资源绿色勘查开发的标杆。

（一）美国阿拉斯加

美国阿拉斯加矿产资源丰富,但纬度高,生态环境脆弱。阿拉斯加通过严格规范管理、科学有序推动绿色矿业,发展了地方经济。

阿拉斯加矿业活动包括勘探、采矿、矿产品加工,矿产品包括煤炭、黄金、铅锌和建筑材料(砂、砾石和石材)。矿业为地方经济发展做出重要贡献,以2014年为例,矿业提供了4 400个直接就业岗位,直接加间接就业岗位8 700个,就业人员获得6.2亿美元工资,政府获得1.19亿美元财政收入,社区获得1.4亿美元的收益。

阿拉斯加红狗锌矿是世界上最大的锌矿山之一,该矿1989年投产,露天开采方式,矿山可采至2031年;投产25年来(截至2014年资料),矿山与北极自治区人民共同创造就业、财富,实现累计50亿美元的本地收益。

阿拉斯加红狗锌矿绿色矿业的具体做法:在复垦过程中,利用本地特有的植物资源,使复垦后形成可持续的自循坏生态系统;发起种子计划帮助居民寻找并培育寒冷地区的经济作物种子,改善生态环境,帮助居民增收;投资2.4亿美元用于降尘,确保矿区周围植被、水体和空气等不受粉尘影响。

（二）澳大利亚

澳大利亚是矿业发达国家,一批世界一流矿业企业在澳大利亚从事矿业开发。

美铝公司的铝土矿矿山位于西澳大利亚著名的红柳桉树(jarrah)森林保护区内。矿山在采矿过程中,实施了复垦、动物放归、水资源水质监控等科学研究处置措施,自1980年以来,美铝公司进行了大量的铝土矿山复垦区生态系统的建立、可持续演化与生态系统的管理研究,复垦率达到100%,并实施了动物放归行动。开采活动一直都在平稳运行中,实现了绿色开发森林保护区的矿产资源。

此外,美铝公司在澳大利亚的运行为当地带来4 600个直接就业岗位。

（三）北欧

芬兰地处北欧,北部位于北极圈内,境内湖泊密布,有"千湖之国"的美称,森林广布,物种丰富,环境优美,生态环保要求高。

Kittila金矿是北欧规模最大的黄金产地,位于芬兰拉普兰省科体拉小镇的东北方向,该矿采用氰化提金工艺生产,地采开采方式,矿山周期2009—2035年,设计产能为4 000 t/d,雇员381人,芬兰政府积极采取措施促进矿业发展,政府为矿业区建设基础设施,修建公路、铁路,为矿业研究提供资助。

(四) 格陵兰

格陵兰位于北冰洋与大西洋之间,全岛约80%位于北极圈内,是仅次于南极的现代大陆冰川。为发展地区经济,促进矿业开发,格陵兰2009年通过了矿产资源法,支持安全、健康、环保、可持续开发矿产资源,鼓励外国企业投资勘查与矿业开发,促进地区经济繁荣。截至目前,格陵兰已经颁发勘查许可证23个、勘探许可证71个、采矿许可证6个、小规模许可证30个。

以美国、加拿大、澳大利亚和北欧等高度重视生态环境为代表的国家成功地在生态脆弱地区进行了矿产资源勘探开发的实践,由此可以得出两点结论:

(1) 生态脆弱区域不是矿业开发的禁区;

(2) 生态脆弱区可以走绿色矿业发展道路,可以在坚持环保高标准的前提下发展矿业经济和地方经济,实现矿业经济与环境、社区协调发展。

三、中铝公司绿色矿山开发的探索实践

中铝公司在矿产资源勘查开发过程中,积极探索实践"平等互信、优势互补、绿色发展、规范运作"四项原则,努力实现经济、社会与环境的和谐发展及可持续发展。

(一) 海外资源绿色开发

中铝公司海外投资的资源勘查开发项目均实践了绿色开发。

一是投资力拓矿业公司,以单一最大股东身份管理企业,支持力拓公司按照国际最高标准对待环境安全健康社区问题,积极借鉴学习力拓公司在全球创新实践的绿色矿业开发技术。

二是由中铝公司独资开发的秘鲁特罗莫克铜矿,在投资开发过程中坚持按照国际标准处理环境和社区问题。

项目开发环境评价阶段,充分尊重项目所在地国家的法律法规,按照国际标准组织开展了环境评价和环境治理,集中回答、解决了利益攸关方提出的众多环境问题。

社区关系处理阶段,主动履行社会责任,重视社区公益事业,在项目开工前首先投资5 000万美元建设了污水处理厂,解决了当地社区70多年的水污染问题;投资2.4亿美元实施原住居民搬迁安居工程,兴建了有1 050所房屋的新城镇,配套有学校、医院和教堂;为当地创造直接就业岗位1 800个、间接就业岗位4 000个,极大地改善了矿区生活工作条件,得到了秘鲁政府和社区居民的高度

赞扬,实现了企业与社区和谐发展。

(二) 国内资源绿色勘查开发

中铝公司注重国内生态环境,将国际绿色矿业发展理念和经验引进国内,主动践行绿色勘查开发理念,建立了绿色勘查、绿色开发、生态修复的矿业发展模式。

一是坚持绿色勘查,用国际先进标准组织资源勘查,秉持"既要为国家找大矿,又要为国家保环境"。

西藏金龙项目(已探获铜资源量1 300万 t),位于青藏高原高海拔地区,中铝公司在西藏金龙矿区地质勘查过程中,自觉主动保护矿区及其周边区域的生态环境、生物环境和地下资源环境,在环境保护、安全生产和改善社区民生方面坚持高标准。

矿区安全环保工作实现低扰动、零污染。高度重视找矿勘查技术改进,以大型矿床为找矿目标,重视成熟物探技术应用,最低限度地使用探槽、井探探矿工程;项目驻地选择地势平坦、植被稀疏或无植被地段搭建帐篷,在远离水源地点修建旱厕,建设集中垃圾堆放点,定期清理、掩埋;在开展钻探、坑探、槽探、修路等地勘工作施工前将占地范围内的表层土壤铲起堆放在指定位置进行养护,作业结束后平整场地,恢复表层土壤的植被;钻探工程选择先进的设备、技术和队伍,选用环保泥浆等措施;车辆、机械设备通行时,选择影响生态环境轻微的路线,车辆沿固定路线行驶,严禁随意碾压草场;明确要求施工单位在完工后对环境进行及时的恢复治理,项目检查验收加大环境保护验收力度。

高度重视社区工作、建设和谐社区关系。帮助矿区所在村民解决困难,修筑简易道路近40 000 m、沟渠6 000余米,援助草种1 000 kg,为村民增加收入和帮扶约300万元,解决近100名村民就业以及困难户、低保户的实际困难等,当地政府1/3的税收收入来源于中铝公司的找矿勘查项目,得到了当地政府及居民的大力支持和认可。

二是坚持绿色开发,创新实践绿色矿山开发模式,推进矿山生态地质环境改善。

云铜集团迪庆矿业有限公司地处高原藏区,降雨稀少、植被稀薄、生态环境脆弱,矿产开采导致地下采空区面积增加,井下地质灾害的威胁大,迪庆矿业及时采取措施,2014年投入5 000万元资金建成矿山膏体充填系统,利用尾砂和井下开拓产生的废石渣制成膏状充填体,对井下采空区进行充填,不仅有效利用了固体废弃物,而且及时防治了井下地质灾害。

云铜集团凉山矿业公司拉拉矿区位于四川省金沙江上游河谷山腰地带,生态环境敏感脆弱,拉拉铜矿一期尾矿库是20世纪70年代末闭库的老尾矿库,遇到旱季刮风天气时就漫天黄沙,凉山矿业采取措施对老尾矿库进行治理,覆盖适宜植被生长的土壤并进行场地绿化,使昔日黄土漫天的尾矿库变成了迷人的生态花园。

三是坚持生态修复,实现矿山开发与自然环境和谐发展。

中铝公司将生态环境建设、管理和保护纳入矿山经营管理全过程,着力建设绿色矿山,发展生态中铝,坚持对矿山采空区进行工程复垦和生态修复,露天矿排土场复垦率100%,到2015年年底,公司累计完成矿山复垦面积达2万余亩,绿化面积10多万亩,其中,中国铝业广西分公司创新"租地—采矿—复垦—还地"的矿山开发模式,累积实施矿区复垦5 700亩,复垦率100%、复地率70%,向农户还地1 800多亩,2014年广西分公司铝土矿成为全国首批国家级绿色矿山。

四、对我国矿产资源绿色勘查、绿色开发的建议

我国矿产资源的基本特点是铁矿石、铜、铝土矿等大宗矿产资源总量少、品质差、投资开发成本高,这就决定了我国的大宗矿产资源难以完全实现国内自给自足,严重的大宗矿产资源对外依存程度,在前二三十年引发矿产资源疯狂涨价极大地增加了我国的国民经济发展成本,未来的地缘政治影响也对我国的经济安全构成威胁。因此,应该像对待农业一样,研究设立国家的矿产资源保障底线,尽快制定国家的绿色矿业发展规范、标准和发展规划,引导国内矿业按照绿色矿业要求良性发展。

当前可喜的矿业喜讯是,近十多年我国国内的矿产资源勘查在铜矿找矿方面取得重大进展,先后在西藏勘查发现一批大型铜矿,特别是中铝公司投资的多龙铜矿找矿重大成果,预示西藏班公湖—怒江成矿带蕴藏的铜矿资源潜力超过1亿t。这表明,在铜矿产资源方面,存在立足国内矿产资源提升国际话语权和增强国家经济安全的可能。但是,青藏高原属于生态脆弱区域,要不要继续在西藏开展矿产资源勘查开发、如何在生态脆弱区域开展矿产资源勘查,需要认真研究对待。

基于全球生态脆弱区域的成熟矿业发展经验,结合我国的现实情况,笔者的总体建议是:以切合青藏高原实际的更高的环保标准,坚持绿色勘查、开发西藏等生态脆弱区域的矿产资源,对于保障国家大宗矿产资源安全、打赢西藏等欠发达地区脱贫攻坚战和稳定边境意义重大。具体建议如下。

(1) 支持在生态脆弱区域绿色勘查大型矿床。

粗放式的找矿勘查和不分轻重缓急的全面铺开式找矿勘查会对生态环境造成不利影响,如果以大型矿床为目标,并且通过采用先进的绿色勘查理念、成熟

的物探技术和丛式钻井探矿技术、科学的组织管理野外探矿作业,可以极大地降低勘查对生态环境的扰动。因此,建议在西藏等生态脆弱区域以大型矿床为主要勘查目标,支持按照绿色勘查标准组织找矿勘查。

(2) 支持在生态脆弱区域采用国际先进技术标准绿色开发大型矿产资源。

传统的矿业开发对生态环境造成的不利影响是有目共睹的,但是以美国、加拿大、澳大利亚为代表的矿业发达国家,以大型矿床为优先开发目标,通过执行严格的环境评价、生态修复标准,创立了绿色开发成功经验,实现了资源开发与自然生态环境的协调发展。因此,建议支持在西藏等生态脆弱区域按照国际环保标准绿色开发大型矿产资源,采用国际先进技术标准规模化建设绿色矿山、智能矿山,采用科学合理的方法修复、改善自然生态环境。

(3) 支持大型矿业企业在生态脆弱区域集约化绿色勘查开发大型矿产资源,建立矿业企业与社区和谐发展机制,实现和谐发展。

全球矿业行业成熟发展经验显示,矿产资源开发应该有科学的社会化分工,大型矿床往往需要大额投资、先进而系统的管理,需要妥善地处理矿山与环境、社区的关系,国外成熟的经验是大型矿床由大型矿业企业投资开发。因此,建议在生态脆弱区域设立更高的准入门槛,限制小规模的矿山开发建设,支持大型矿业企业集约化绿色开发建设大型矿山,支持矿山企业与社区和谐发展走共赢发展道路。

王东生 原西北有色地质勘查局地勘院院长、副局长,现任中铝矿产资源公司总经理。1982年毕业于中南矿冶学院,1999年晋升教授级高级工程师。具有国内地勘单位和大型矿业企业工作经历,长期从事金属矿产勘查、开发技术管理和投资管理。在西北有色地勘局期间,组织勘查中型矿床10多个,组织建设控股矿山3个、合资矿山4个。在中铝公司期间,组织风险投资及商业勘查,用五年时间(2010—2014年)提交金属大型矿床4个、超大型矿床1个,国内4个矿床经评审累积获得详查以上级别资源量:铜1197万t、金157 t、银4930 t、铅锌140万t。具有与力拓公司的合作经验,参加过国际矿业绿色发展培训。长期关注国际商业勘查融投资和国际金属矿产资源的绿色勘查开发。

绿水青山就是金山银山
——遂昌金矿可持续发展的实践

何益民

浙江省遂昌金矿有限公司

浙江省遂昌金矿成立于1976年,1996年省政府机构改革后,成立浙江省遂昌金矿有限公司,是一家集采、选、冶炼为一体,日处理300 t原矿的省属国有黄金矿山企业。

遂昌金矿始终以"生态立矿"为指针,坚持在保护中开发,在开发中保护的原则,发展循环经济,走出了一条可持续发展的道路。

遂昌金矿始终坚持"绿水青山就是金山银山"的绿色发展之路;坚持矿产节约和资源合理开发利用;坚持环境保护、生态恢复;把丰富保存完好的矿业开发遗迹和矿业文化资源、废弃的矿硐、厂房进行综合利用,与矿区自然环境相结合,建设成国家矿山公园景区,极大促进了矿区环境保护和生态恢复,促进了矿区绿化美化,实现了以人为本、环境和谐、全面协调可持续发展。矿山真正实现了"花园式"矿山。

一、勇于承担社会责任,全面治理历史遗留酸性重金属污染,走绿色矿业发展之路

(一)历史遗留地质环境问题

据《浙江通志》《重修浙江通志稿·物产篇》《遂昌县志》等文献记载遂昌县治岭头矿区自初唐至民国一直有开采活动。

1954—1976年,衢州化工厂龙游黄铁矿在此开采硫铁矿。"文化大革命"后期,县办的遂昌硫酸磷肥厂和当地濂竹公社濂竹金矿也在该区域开采硫铁矿及金矿。

历代开采形成的众多坑道和近百万立方米废石渣场遍布矿区南部和北部山坡。坑道酸性重金属废水和含硫废石渣场经雨水淋漓、氧化、溶浸、水解产生的酸性废水直接流入下游水体。沿途沟谷全部呈黄色,鱼虾绝迹。而且,这一严重

的污染问题一直未得到有效治理。

硫铁矿酸性污染属于历史遗留问题。从新中国成立初期开始,巨化公司龙游黄铁矿因开采硫铁矿,在矿区上部留下了大面积采空区和近百万吨含硫废石,经雨水淋滤产生大量酸性重金属废水,是矿区最主要的污染源。

(二) 治理历史遗留污染,创建环境治理示范工程

1. 酸性废渣治理

遂昌金矿在废石治理过程中,共覆盖了废石 190 多万吨,面积达 2.2 万 m^2。在施工过程中通过灌注尾砂浆、中和渣来堵塞废石孔隙,用电石渣和尾砂的混合物覆盖堆场形成保护层,再覆土植被,从而达到废石与空气及水隔离的目的,大幅度减少废石酸性滤沥水量,降低滤沥水中的重金属浓度。这项研究成果是治理矿山废石污染的有效措施,分别获得了省、市环境保护科技进步奖三等奖和全国黄金系统、国家经济贸易委员会科技进步奖三等奖,在全国类似矿山具有一定的推广应用价值。

2. 酸性重金属污水处理

为彻底解决酸性污水问题,通过井下硫铁矿采空区采取封闭措施,对地表废石堆进行电石渣覆盖,并实施了清污分流等地质环境治理项目系统解决方案,大大减少了废水产生。酸性废水进入污水拦截库,利用电石渣进行综合处理,然后进入尾矿库进一步中和、沉淀、降解,达标排放。中和渣压滤工程实施后,对中和后的废水进行压滤处理,滤液澄清后进入尾矿库。金矿总排放口达标率提高 5%。

3. 黄铁矿采空区封闭

对黄铁矿采空区进行封闭处理,主要是巷道清理(包括清理道砟、铺设新道砟和轨道)、漏斗砼封闭、砼砌镟、采场废石充填等。

黄铁矿巷道处理已完成工程量有:108 运输巷整治工程、109 巷道清理(包括清理道砟、铺设新道砟和轨道)、漏斗砼封闭、砼砌镟、采场废石充填等。

4. 清污分流

采取清水截流措施,可减少 1/3 以上集雨面积,溢洪次数可从每年 10~11 次减少到 1~2 次。

对于酸性废石堆,沿每个废石堆顶部两侧山体建造截洪沟,集中引流至老矿部池塘,以减少淋滤水的产生。对于上部冲沟,建造清水截流排洪工程彻底分流。

为了保证选厂废水零排放,修筑 +420 m 废石场污水大坝工程,将废水回打再利用。大坝溢流采用坝顶溢洪道溢流。

5. 中和渣压滤处理

中和渣的压滤分两部分：一部分是新产生的中和渣，经浓缩机浓缩再压滤；另一部分是以前一直沉淀在尾矿库内的中和渣，在尾矿库内采集输送到压滤机前浓缩机，与新产生的中和渣一起压滤。

酸性水的处理全面实施，产生的中和渣全部压滤，取得了较好效果，增加了库容，减少了污染，造福下游人民。

（三）生态恢复示范工程

1. 土地复垦

矿区土地面积为 3.18 km^2，其中地面建筑、道路和设施 0.5 km^2，渣场 0.2 km^2，尾矿库 0.6 km^2，废弃渣场、厂区等 0.1 km^2，其余为林地和绿化区域。从 2007 年开始，通过建设国家矿山公园，改造利用废弃渣场、厂区、生活办公用房等。从 2008 年开始，对废弃的渣场、尾矿库、生活区、部分厂房等进行土地复垦，面积 8.5 hm^2，新增可耕地 7.8 hm^2。

2. 生态恢复

109#北面渣场、109 酸性废石渣场、银坑山 580 酸性渣场、黄坛通风井废石渣场治理工程，已完成覆土复绿，结合矿山公园建设，建成园林景观，成为休闲度假区。

根据浙江省环境监测中心站监测报告，遂昌金矿有限公司总排放口各类污染物最大日均浓度均达到《污水综合排放标准》（GB 8978—1996）中的一级标准。地表水排污渠道（汇入前）各监测断面中各类污染物最大日均浓度均达到《地表水环境质量标准》（GB 3838—2002）中Ⅲ类水质标准。

（四）实现清洁生产工艺，走科学发展之路

1. 采用清洁生产工艺，实现工业废水零排放

为了做到环境保护设施与主体工程的"三同时"，在配套建设氰化冶炼工程时，投资 100 多万元，建设含氰污水处理设施。经过持续探索、试验，多次改进处理工艺，含氰污水排放合格率一直稳定在 100%。2003 年 8 月全泥氰化工艺技改后，实现了工艺废水循环使用，每天含氰污水和铅锌选矿精矿水排放基本为零。

1988 年，在配套建设氰化冶炼工程时，投资 100 多万元，建设含氰污水处理设施，做到了环境保护设施与主体工程的"三同时"。经过不断努力探索和试验，氰化污水处理工艺从酸化吸收碱氯法改为酸化吸收酸氯法，1993 年又改为酸化沉淀二次发生二次吸收的工艺流程。一直至今，该工艺处理效果稳定，含氰

污水排放合格率为100%,排放水质均好于国家排放标准的要求。

全泥氰化工艺技改后实现工艺废水循环使用,每天含氰污水和铅锌选矿精矿水排放基本为零。

2. 不断优化设计,新增废渣堆放有望实现零占地

目前每年产出的废石已供不应求,原有的废石存量还在不断减少,今后有望不新增占地。同时,减少了周边其他石料矿山的采掘量,有效地保护了生态环境和生态景观。

氰化渣干堆是国家重点推广的新技术,在我国南方气候条件下尚无成功运用的先例。我们巧妙利用4号尾矿库库尾山坳建设专用堆场,少建一座25万m^3库容的尾渣场,在进行无害化处理的同时,做到了新增废渣不新增占地。

经监测,总排出水中的氰根含量低于国家污染物排放一级标准,并达到Ⅱ类地表水体的要求。

通过论证和改造,4号尾矿库增加库容75万m^3,可满足选矿生产15年,与矿产储量大致配套。这样,少建一座5号尾矿库,可节约资金5 000万元,节约新增占地面积108亩。

(五) 美化环境,生态兴矿

一个矿山犹如一个"小社会"。良好的环境,是这个"小社会"形象的标志。遂昌金矿在积极治理污染、恢复生态环境的同时,积极美化矿区环境。从1980年以来,我们共投资300多万元对矿区的绿化进行了合理规划,选择适宜的花草苗木栽种。

现在整个矿区绿化布局合理,可绿化面积的绿化率达99.9%以上,矿区道路整洁、环境优美、鸟语花香,真正实现了"花园式"矿山。

(六) 历年治理取得的成效

公司历来高度重视三废治理和环境保护、生态修复,严格按照科学规律办事,狠抓规范管理,推进科技进步,舍得投入资金,取得了十分显著的成效。公司先后荣获"省级文明单位""省级清洁矿山""省三星级企业""省首批绿色矿山企业""省绿化模范单位""全国资源利用优秀单位""国家级绿色矿山"等荣誉。

1980—2013年,公司用于生态保护、植被恢复、污染治理的资金3 800多万元。其中,矿区植被绿化资金500多万元,尾矿库设施建设、废水废渣治理方面的资金2 080多万元。矿区绿化布局合理,绿化率达99%以上(包括荒山荒坡绿化),可绿化面积的绿化率达99.9%以上。

二、建设国家矿山公园，转型升级，走循环经济发展之路

从 2003 年开始，遂昌金矿开辟了一条废弃坑道和部分渣场、废弃厂区做试点，经过环境整治和景点建设，建成了科普教育基地，展示南宋时期的部分矿业遗址；2005 年成功申报国家矿山公园；2007 年一期工程建成投入试运营；2009 年二期工程完工，取得了较好的经济效益、环境效益和社会效益；目前，已成为国土资源部"资源保护类国土资源科普基地"和"国家 AAAA 级景区"，并获得"中国黄金之旅称号"。

遂昌金矿已经成为全国矿山旅游的典范，成为长三角地区一个新的旅游热点。同时，景区还吸收了 30 多名矿山工人和当地农民 120 多人就业，并显著带动了周边旅游业及相关产业的发展。

通过国家矿山公园的建设，有效地利用与保护了历史悠久的、独特的矿业遗迹，矿业遗迹实现资源化地永续利用，成为企业发展循环经济的新增长点，将来有可能成为战略性的替代资源和接替产业，实现可持续发展。

矿山公园的建设，使矿山资源危机得到缓解，并可长期持续经营，矿业遗迹将成为遂昌金矿闭坑后的接替资源；大幅度减少酸性污水排放量，彻底改善排放指标，基本消除事故排放，消除了对下游 18 000 亩农田和松阴溪、瓯江的污染威胁，并将最终实现矿山闭坑的生态化。

矿山公园的建设，实现了不增加废渣场占地，减少新建尾矿库用地 108 亩。

矿山公园成为挖不完的"金矿"，其游客接待量与经营指标快速增长，2016 年共接待游客 24.7 万人，实现营业收入 4 113.7 万元，实现利润 469.2 万元。

为进一步提升国家矿山公园的品质，遂昌金矿编制了"公园提升及景区创 5A 规划"，未来将出现一个集金矿遗迹观光、矿业文化展示、黄金文化体验、高科技娱乐、特色度假接待于一体的国家矿山公园。

矿山公园建设是矿山环境保护、治理和废弃矿山利用的有效途径，更是发展循环经济的新途径，体现了"绿水青山就是金山银山"的科学内涵。

浙江省遂昌金矿有限公司十分重视生态治理和环保工作，自成立以来一直承担社会责任，致力于历史遗留的酸性水的治理工作。为彻底解决酸性污水问题，治岭头、黄岩坑地质环境治理项目采用了系统解决方案：对井下硫铁矿采空区采取封闭措施，对地表废石堆进行电石渣覆盖，并实施了清污分流，大大减少了废水产生。酸性废水进入污水拦截库，利用电石渣进行综合处理，然后进入尾矿库进一步中和、沉淀、降解，达标排放。从此，污染下游生态环境长达三十年之久的酸性重金属废水从此得到了有效治理。

通过绿色矿山的建设，矿区的主要环境问题得到解决，矿区环境质量有明显

改善;建设景观优美、空气清新、碧水蓝天的矿区环境综合整治示范区;推动矿山开发和环境保护双赢的可持续发展道路,促进矿山向资源节约型、环境友好型社会以及生产发展、生态良好、生活富裕、人与自然和谐的新型矿区迈进。

遂昌金矿坚持以国家矿山公园景区发展为依托,解决附近乡村农民的就业问题,提高农村和农民的收入;充分将旅游、文化、科技、休闲的元素融入到遂昌金矿旅游产品开发中,将遂昌金矿打造成一个集金矿遗迹观光、矿区文化风情体验、黄金文化深度体验、高科技娱乐体验、高端特色度假接待于一体的国家5A级旅游区,成为全国知名、浙江省有影响力、遂昌县的龙头景区,使废弃矿区成为永不枯竭的资源,完成遂昌金矿企业转型、产业转移、产业工人转岗的战略,实现资源危机型矿山的可持续发展。

既要金山银山,更要绿水青山,绿水青山就是金山银山。

何益民 1983年至2003年,历任浙江省遂昌金矿采矿工区主任、生技科科长、副总工程师、矿长助理、副矿长,浙江省遂昌金矿有限公司副总经理;2004年至2007,任浙江遂金特种铸造有限公司总经理;2008年至2011年,任安徽富凯矿业有限公司总经理;2012年至今,任浙江省遂昌金矿有限公司董事长。

高原生态脆弱区的矿业开发之路

王 平

中国黄金集团西藏华泰龙公司

一、引 言

众所周知,西藏是西南重要的生态屏障,被誉为世界上"最后一方净土",西藏地区矿产资源丰富,生态环境脆弱,地质环境复杂,氧气稀薄。中国黄金集团公司进驻西藏进行资源开发以来,始终秉承"在开发中保护,在保护中开发"的矿业开发理念;自中国黄金集团西藏华泰龙矿业开发有限公司 2007 年组建后,始终遵循"既要金山银山,也要绿水青山"的开发理念和建设宗旨,在西藏走出了一条矿业与环保的和谐之路。借此机会将公司概况、主要做法及几点建议向大家作简要介绍。

二、公司概况

中国黄金集团西藏华泰龙矿业开发有限公司(以下简称公司)地处拉萨市墨竹工卡县甲玛乡,隶属于中国黄金集团控股的境外上市公司——中国黄金集团国际资源有限公司,公司于 2007 年 12 月在西藏自治区注册成立,是集地质勘探、矿山开采、选矿和科研于一体的综合性大型矿业公司。

公司开发建设的甲玛铜多金属矿是我国最大的铜多金属矿之一,位于拉萨市墨竹工卡县甲玛乡境内,距拉萨市 68 km,海拔 4 000~5 407 m,矿权面积 144 km^2;2010 年 7 月 19 日,公司一期项目(6 000 t/d)正式投产运行,2010 年 12 月 1 日,公司在香港成功上市交易。2016 年 12 月,公司投资 67 亿元的二期扩建工程投产试车,设计规模为 40 000 t/d,年产铜约 6 万 t、金 1 t、银 53 t、钼 2 900 t。截至 2016 年年底,公司已探明矿产地质资源量:铜 752 万 t,钼 70 万 t,金 175 t,银 10 854 t,铅 111 万 t,锌 64 万 t;根据现有生产能力,是一座百年矿山企业。

三、开发与保护实践

公司秉承"向设计要环保、向科技要环保、向投入要环保"的绿色矿山建设思路,从源头上把好设计关,在工艺设备上确保一流,在投入上做到全力保障。

一是科技先行,打造高生态环保工艺流程。公司整体设计采用了国内领先、世界一流的选矿工艺及技术装备,其中大型半自磨设备规格为亚洲第一、世界第三;依托中国黄金集团自身科技优势,并通过与国内科研单位合作开展科技攻关,在采选环节使用最新的技术和环保措施。露天开采实施矿山土地保护和土地复垦举措,对露天采场边坡实施24小时雷达检测;选矿厂采取尾矿压滤干排式堆存、废水循环利用等绿色环保工艺,真正实现了工业废水不外排,对保护西藏地区生态环境提供了技术上的支撑。

二是因地制宜,开展矿区绿化和水土保持工作。公司二期扩建项目预计投入水土保持费用9 303万元,公司先后投资2 340万元修建了9.5 km的矿山专线公路,并在道路两旁种植8 000多棵金丝柳及各种花草。投资3 300万元进行矿区水土保持和植树复草绿化工程,并将膜下滴灌技术运用到绿化工程中。引进北京杨与本地沙棘、藏达仁及青稞、油菜花等进行不同海拔的绿植试验并获得成功。启动中国黄金甲玛公益林工程,干部员工义务栽植爱心树木上千棵,使矿区移植复垦绿化总面积达到了47万 m^2。本着"边建设边治理"的原则,相关治理工程正在同步推进。

三是广泛使用节能设备,保护矿区一片蓝天。公司投资1 500万元在生产、生活区铺设了1.5万 m^2 太阳能,真正实现了无烟矿区,较燃油供暖方案,每年可减少有害气体排放5 000 t。选矿厂的碎矿、磨浮、精矿脱水、尾矿压滤等车间均采用高效节能设备,对各种风机及泵类设备采用变频器调速,节能约30%以上;目前处理吨矿电耗仅为20余千瓦时,属青藏高原领先水平。

四是治理本底水超标,保护矿区一方碧水。公司矿区及周边为原生水文地质条件,由于富硫矿床中含有大量硫化矿物,在风化、溶浸、氧化和水解等一系列物理、化学及生化反应作用下,逐步形成含硫酸的酸性液体,造成本底水重金属超标。为此,公司勇担社会责任,专门成立了水治理领导小组,采用先进的HDS工艺,实施了一系列水治理工程。其中仅矿区外围斯布沟水流域本底水超标治理工程建设总投资就达到7 200万元。

五是资源综合利用,实现最大经济价值。公司作为国家级高新技术企业,会同科研院所攻克国际多金属分离技术难题,使甲玛矿区矿体赋存的铜、铅、锌、金、银、钼等多种有价金属得到回收利用,选矿综合回收率可达到铜91.47%、金67.55%、银67.23%、钼48.24%,实现了资源的综合回收。对生产建设过程中每年产生的约1 000万 m^3 的废石,根据废石硬度及使用价值,通过修建内部道路、修建道路挡墙及免费用于周边村民房屋建设等方式,最大限度地利用矿山资源。

四、几点建议

回顾公司近几年在高原生态脆弱区实施生态环保建设的经历及工作中遇到的困难,有以下几点建议供大家参考。

一是建议考虑将环保纳入绿色矿山建设范畴,针对矿产资源开发专门出台绿色矿山建设的基本规范,重点对不同地域、不同地质条件的企业设定不同环保等级的绿色矿山建设标准,将绿色矿山建设作为资源开发的同步条件,改变多数人"资源开发即破坏生态环境"的看法和"投入靠企业自觉"的状态。

二是建议有关部门在涉及矿山企业环境保护税或其他企业税费征收方面充分考虑金属价格波动的影响;2018年即将实施的新环境保护法对固体废物排放征收排污费,由于国内矿产资源禀赋本来就不好,受国际金属价格市场影响巨大,当前不少企业都处于亏损边缘,若再征收高额税费,必将对国家能源矿产行业的健康发展产生影响。

三是建议加大对高效率、低成本、应用成熟的矿山重金属污水处理工艺的研究和推广。矿产资源开采、选冶以及废石和尾砂堆存过程不可避免产生重金属离子,造成地下水、地表水和土壤的严重污染,目前国家对矿山重金属污水处理也缺乏明确的排放执行标准,矿山重金属污水处理应用方面既能做到排放达标又能在处理后由末端产品获得利益的企业也为数不多,建议行业加大对矿山涉重污水的处理研究力度,特别是在工艺并段和低成本的新材料应用方面应尽快形成成熟可行的示范项目,拟定相应的行业标准,为同类型矿山企业提供参考和决策依据。

四是建议出台针对环境保护优秀企业的奖励或补偿机制。目前国家正在逐步加大对环保责任的追究,对于企业环保投入也只有一定比例的要求;建议除了设定环保投入底线的要求外,对于环保投入达到一定标准的企业,可以采取税收优惠或者专项资金奖励的方式,鼓励企业加大环保投入,营造碧水蓝天的矿业企业新形象。

环境保护任重而道远,在青藏高原生态脆弱区进行矿产资源开发,环境保护我们责无旁贷;我们将不忘进藏资源开发的初心,继续坚持走高原矿业与绿色和谐的发展之路。

王平 1968年10月生,祖籍重庆忠县,采矿高级工程师、注册安全工程师。毕业于江西理工大学,硕士研究生学历。现任中国黄金集团西藏华泰龙矿业开发有限公司总经理。曾任辽宁五龙金矿三号坑采矿技术员、助理工程师、副坑长、矿安环部副处长、调度室主任、工程师,湖北三鑫金铜股份有限公司生产部工程师、调度室主任,江西金山金矿副矿长、总经理等职务。

附录

主要参会人员名单

编号	姓名	单位	职务
1	刘 旭	中国工程院	副院长、院士
2	彭苏萍	中国工程院能源与矿业工程学部中国矿业大学（北京）	学部主任、院士
3	陈毓川	中国地质科学院	院士
4	翟光明	中国石油天然气集团公司咨询中心	院士
5	汤中立	长安大学资源学院	院士
6	郑绵平	中国地质科学院矿产资源研究所	院士
7	古德生	中南大学	院士
8	曾恒一	中国海洋石油总公司	院士
9	裴荣富	中国地质科学院矿产资源研究所	院士
10	翟裕生	中国地质大学（北京）	院士
11	赵文津	中国地质科学院	院士
12	顾金才	中央军委后勤保障部工程兵科研三所	院士
13	多 吉	西藏自治区国土资源厅西藏自治区地勘局	院士
14	张铁岗	河南省中平能化集团	院士
15	康玉柱	中石化石油勘探开发研究院	院士
16	王 安	中国中煤能源集团有限公司	院士
17	蔡美峰	北京科技大学	院士
18	李 阳	中国石油化工股份有限公司	院士
19	顾大钊	神化集团有限责任公司	院士
20	王振海	中国工程院一局	副局长
21	宗玉生	中国工程院一局能源与矿业工程学部办公室	调研员（主持工作）
22	姬 学	中国工程院三局学术与出版办公室	副处长
23	鞠光伟	中国工程院办公厅	刘旭副院长秘书
24	张 宁	中国工程院一局能源与矿业工程学部办公室	
25	朱 训	原地质矿产部	部长

续表

编号	姓名	单位	职务
26	宋瑞祥	原地质矿产部	部长
27	廖翀	发展和改革委员会国民经济综合司	处长
28	夏宪民	国家发展和改革委员会	原所长
29	周海扬	国家物资储备局规划处	处长
30	彭齐鸣	国土资源部、中国矿业联合会	总工程师
31	姚义川	国土资源部法规司	副司长
32	杨尚冰	国土资源部地勘司	副司长
33	宋全祥	国土资源部开发司	副司长
34	王少波	国土资源部储量司	副司长
35	吴登定	国土资源部规划司	处长
36	赵锋华	国土资源部法规司协调处	副主任科员
37	李金发	中国地质调查局	副局长
38	施俊法	中国地质调查局	研究员
39	陈丛林	地质调查局资源评价部能源地质处	处长
40	王泽九	中国地质科学院	研究员
41	孙峥	中国地质科学院	研究员
42	薛迎喜	国土资源部矿产勘查技术指导中心	副主任
43	吕志成	国土资源部矿产勘查技术指导中心	研究员
44	张福良	国土资源部矿产勘查技术指导中心	处长
45	杨建锋	中国地质调查局地调局发展中心	研究员
46	傅秉锋	中国地质科学院矿产资源研究所	所长
47	毛景文	中国地质科学院矿产资源研究所	研究员
48	王安建	中国地质科学院全球战略研究中心	教授
49	王高尚	中国地质科学院全球战略研究中心	常务副主任
50	亓锋	中国地质科学院矿产资源研究所	处长
51	苏杭	中国地质科学院矿产资源研究所	博士
52	王爱云	中国地质科学院矿产资源研究所	博士

续表

编号	姓名	单位	职务
53	刘 敏	中国地质科学院矿产资源研究所	博士
54	向君锋	中国地质科学院矿产资源研究所	博士
55	张 勇	中国地质科学院矿产资源研究所	博士
56	薛融晖	中国地质科学院矿产资源研究所	博士
57	刘玉强	中国矿业联合会	副会长
58	郭 敏	中国矿业联合会	主任
59	史京玺	中国矿业联合会绿色矿山促进工作委员会	专职副会长
60	栗 欣	中国矿联绿色矿山促进工作委员会	副秘书长
61	田郁溟	中国矿业联合会地勘协会	秘书长
62	霍 鹏	中国矿业联合会地勘协会	博士
63	杨秋玲	中国矿业联合会信息中心	副主任
64	干 飞	中国矿业联合会研究中心	研究员
65	张金带	中核集团地矿事业部	副主任
66	陈跃辉	中核集团地矿事业部	副主任
67	郭庆银	中核集团地矿事业部	处长
68	陈 昊	中核集团地矿事业部	处长
69	徐 浩	中核集团地矿事业部	高工
70	马 娜	中核集团地矿事业部	工程师
71	姜树叶	中化地质矿山总局	副局长
72	刘兴旺	中化地质矿山总局	副局长
73	姚超美	中化地质矿山总局	总工程师
74	屈云燕	中化地质矿山总局地质调查总院	工程师
75	田升平	中化地质矿山总局地质研究院	副院长
76	陈正国	中国建筑材料工业地质勘查中心	总工程师
77	熊 军	中国建筑材料工业地质勘查中心	教授级高工
78	杨凤辰	中国建筑材料工业地质勘查中心地质工程勘查研究院有限公司	矿勘院院长

续表

编号	姓名	单位	职务
79	李登科	中国建筑材料工业地质勘查中心地质工程勘查研究院有限公司	总工程师
80	张兄明	中国建筑材料工业地质勘查中心地质工程勘查研究院有限公司	高工
81	刘益康	中国冶金地质总局	原总工
82	琚宜太	中国冶金地质总局	副局长
83	邢新田	中国冶金地质总局	原局长
84	张文华	中国冶金地质总局	处长、高工
85	张振福	中国冶金地质总局西北局	总地质师
86	麻丰林	中国冶金地质总局地球物理勘查院	书记、高工
87	张青杉	中国冶金地质总局地球物理勘查院	总工、高工
88	米登江	中国冶金地质总局新疆地质勘查院	院长
89	王战华	中国冶金地质总局新疆地质勘查院	总工程师
90	胥燕辉	中国冶金地质总局第一地质勘查院	总工程师
91	张 奇	中国冶金地质总局一局	地矿科技部主任
92	刘邦涛	中国冶金地质总局三局	副局长
93	曹国雄	中国冶金地质总局三局	总地质师
94	张东风	中国冶金地质总局第三地质勘查院	教高
95	孟庆春	中国冶金地质总局第三地质勘查院	教授级高工
96	程爱国	中国煤炭地质总局	研究员
97	陆斌法	中国煤炭地质总局经营部	部长
98	宁树正	中国煤炭地质总局科技地质部	地质勘查处处长
99	董 明	中国煤炭地质总局规划发展部	企业改革处
100	武力聪	中煤矿业发展有限公司资源与新能源开发事业部	经理
101	王炯辉	中国五矿集团公司总经理助理兼五矿勘查开发有限公司总经理、五矿稀土股份有限公司董事长	总经理

续表

编号	姓名	单位	职务
102	李显冬	中国政法大学	教授
103	王东生	中铝矿产资源有限公司	总经理
104	冯 锐	加拿大希尔威金属矿业有限公司	董事长
105	谢志勤	中国恩菲工程技术有限公司	教高
106	马文军	中国恩菲工程技术有限公司	高工
107	唐 建	中国恩菲工程技术有限公司	高级工程师
108	王玉平	中国科协中国科普研究所	副所长
109	邢铮鑫	中国新闻网运营中心	记者
110	让宝奎	中新社视频中心	记者
111	周飞飞	中国国土资源报社	导刊副主任
112	焦 鸣	中国矿业报社	副社长
113	刘艾瑛	中国矿业报社	记者
114	吴启华	中国矿业报社	记者
115	李晓娜	中国矿业报社	记者
116	姜焕琴	中国矿业报社	记者
117	王 运	科学出版社	编辑
118	吴爱祥	北京科技大学	副校长、教授
119	王京彬	北京矿产地质研究院	院长
120	周小琪	北京矿产地质研究院	研究员
121	牛丽贤	北京矿产地质研究院地质产业研究所	所长
122	徐国端	有色金属地质调查中心	教授级高工
123	谌艳珍	有色矿产地质研究院	中级工程师
124	马学利	北京市地勘局	高工
125	王德利	北京市地勘局	高工
126	刘 予	北京市地勘局	教高
127	于春林	北京市地勘局	高工
128	寇 婷	北京市地质矿产勘查开发总公司	技术部主任

续表

编号	姓名	单位	职务
129	刘泽群	北京市地质矿产勘查开发总公司	高级技术主管
130	邓 斌	首钢地质勘查院	院长、教高
131	侯效钦	首钢地质勘查院地质研究所	所长、正高
132	王金波	北京首钢鲁家山石灰石矿有限公司	总经理
133	张全实	北京首钢鲁家山石灰石矿有限公司	副总工
134	安月阳	北京安瑞斯机电设备有限公司	总经理
135	白生海	北京安瑞斯机电设备有限公司	技术总监
136	刘 健	北京安瑞斯机电设备有限公司	销售经理
137	张 宇	北京绿矿联合工程技术研究院	常务副院长
138	马文明	正元国际矿业有限公司	总经理
139	李先军	正元国际矿业有限公司	副总经理、总工
140	蔡爱良	正元国际矿业有限公司	副总经理
141	张振凯	北京海地人公司	董事长
142	王锦标	北京劳雷物理探测仪器有限公司	总经理
143	孙宝成	天津地矿局	处长
144	杨 莉	天津地矿局	主任科员
145	高振宇	河北省地矿局	副局长
146	李春生	河北省地矿局	总工
147	赵国通	河北省地矿局	地矿处处长
148	张向明	河北省保定地质工程勘查院	院长、教高
149	孟建卫	河北省保定地质工程勘查院	书记、高级工程师
150	李予红	河北地质二队	书记、副高
151	范增义	河北省煤田地质局	总工
152	吕希来	河北省煤田地质局	副处长
153	张永东	山西省煤炭地质局	总工办主任
154	程存栋	山西省煤炭地质局	地质处处长
155	李艳红	山西省煤炭地质局	调研室主任

续表

编号	姓名	单位	职务
156	张胤彬	山西省煤炭地质物探测绘院	院长
157	王润福	山西省地质勘查局	总工程师
158	薛克勤	山西省地质勘查局	副总工程师
159	周继华	山西省地质勘查局	地质处副处长
160	李有核	山西省地矿海外工程建设有限公司	总工程师
161	高海龙	内蒙古太平矿业有限公司	副经理
162	孟琪	辽宁省地质矿产勘查局	综合处处长
163	徐风云	辽宁省有色地质局	局长
164	朱建华	辽宁有色地质勘查总院	院长
165	宋宝俊	辽宁有色勘察研究院	院长
166	栾辉	辽宁国测黄金股份有限公司	董事长
167	于宁	辽宁国测黄金股份有限公司	副总裁
168	于万臣	黑龙江省地质矿产局	局长
169	于援帮	黑龙江省地质矿产局	总工程师
170	魏臣	黑龙江省煤田地质局	局长、教高
171	孙德忠	黑龙江省煤田地质局	副处长
172	肖建伟	黑龙江省煤田地质勘察设计研究院	院长
173	徐刚	浙江省地质勘查局	副局长
174	郑理明	浙江省地质勘查局	副处长
175	林荣吉	浙江省地质勘查局	主任科员
176	何益民	浙江遂昌金矿有限公司	董事长
177	王卫青	浙江省第七地质大队	队长
178	王成良	浙江省第七地质大队	总工程师
179	施申轶	安徽省地质矿产勘查局	副局长
180	吴明安	安徽省地质矿产勘查局	处长、教高
181	许卫	安徽省地质矿产勘查局	处长、教高
182	高道明	华东冶金地质勘查局	总工

续表

编号	姓名	单位	职务
183	汪忠兴	华东冶金地质勘查局	副主任
184	周珍琦	福建省地质矿产勘查开发局	总工程师、教高
185	张必龙	福建省地质矿产勘查开发局	主任科员
186	陈景河	紫金矿业集团股份有限公司	董事长
187	张锦章	紫金矿业集团股份有限公司	地质勘查部总经理
188	杨泽军	紫金矿业集团股份有限公司	地质勘查部副总经理
189	林 春	江西有色地质勘查局	处长、高工
190	刘文民	江西省核工业地质局	处长、正高
191	宋明春	山东省地质矿产勘查开发局	矿产勘查处处长
192	董长利	山东省矿业协会	协会办公室主任
193	裴佃飞	山东黄金集团	副总经理
194	修国林	山东黄金集团有限公司	安全生产部总经理
195	石 鑫	山东金鼎矿业有限责任公司	总经理
196	张进勇	山东金鼎矿业有限责任公司	工程师
197	林少一	山东省第六地质矿产勘查院	党委书记
198	韩廷宝	山东省鲁南地质工程勘察院	副院长
199	刘长春	山东地矿集团有限公司	党委书记
200	邹建平	山东地矿集团有限公司	总工程师
201	杨承海	山东地矿国际投资有限公司	总经理
202	任曙光	烟台市牟金矿业有限公司	副总经理
203	张 良	河南省地质矿产勘查开发局	教高
204	焦宇敬	河南省地质矿产勘查开发局	教高
205	钱明平	灵宝黄金投资有限责任公司	副总经理
206	张 炜	湖北省地质局	处长
207	朱建东	湖北省地质局	主任科员
208	熊 超	湖北省地质局	主任科员

续表

编号	姓名	单位	职务
209	陈石羡	湖北省矿业联合会	高工
210	吴礼贵	湖北省矿业联合会	高工
211	国茂生	中南冶金地质研究所	所长、正高
212	黎光明	湖南省煤田地质局	局总工
213	龚玉红	湖南省煤田地质局	局地科处处长
214	赵训林	湖南省煤炭地质勘查院	副院长
215	吴亚梅	四川安宁铁钛股份有限公司	副总经理
216	李 树	四川省地质矿产勘查开发局	总工程师
217	何思彬	四川省地质矿产勘查开发局	处长
218	唐善茂	广西地质矿产勘查开发局	局长
219	段建宝	广西地质矿产勘查开发局	副局长
220	杨 春	广西地矿投资（集团）公司	董事长
221	何俊美	广东省地质局	总工
222	卓子松	广东省地质局	处长
223	桓曼曼	广东省地质局	副调研员
224	汤志军	广东省地质局第七地质大队	队长
225	刘洪文	广东省地质矿产公司	总经理
226	朱春孝	贵州省地矿局	副局长
227	刘远辉	贵州省地矿局	副总工程师
228	朱堂华	贵州省地矿局	副总会计师
229	宋卫华	贵州省地矿局	董事长
230	吴 军	云南省地矿局	党委副书记
231	张兴恒	云南省地矿局	处长
232	崔子良	云南省地质矿产勘察院	院长
233	李余华	云南省核工业二〇九地质大队	副大队长
234	王 平	西藏矿业开发有限公司	总经理
235	赵廷周	陕西地矿集团有限公司	党委书记

续表

编号	姓名	单位	职务
236	马贵锁	陕西地矿集团有限公司	副总经理
237	齐 文	陕西地矿集团有限公司	总工程师
238	侯登峰	陕西省地质调查院	办公室主任
239	刘晓东	陕西地矿集团第六地质队	队长
240	冯永强	陕西地矿集团行政工作部	副主任
241	段中会	陕西省煤田地质集团公司	总工程师
242	高菊生	西北有色地质矿业集团有限公司	副总经理
243	刘 非	西北有色地质矿业集团有限公司	副部长
244	王瑞廷	西北有色地质矿业集团有限公司	科技部主任
245	王建国	中陕核工业集团公司	副总经理
246	方民强	中陕核工业集团公司	地勘部部长
247	郭科峰	中陕核工集团211大队有限公司	副总经理
248	李 伟	甘肃省有色地勘局	副局长
249	王 峰	甘肃省有色地勘局矿业处	主任科员
250	王子腾	甘肃省有色地勘局矿研院	院长
251	王国栋	甘肃省有色地勘局天水矿勘院	党委书记
252	郭小刚	甘肃省有色地勘局白银矿勘院	项目经理
253	陈生民	甘肃省有色地勘局张掖矿勘院	副院长
254	吴自成	甘肃省有色地调院	总工
255	吕向东	甘肃酒钢集团宏兴钢铁股份有限责任公司	矿山处处长
256	陈维斌	新疆地矿局	副局长
257	淦 柱	新疆有色地质勘查局	总工程师
258	任秀丽	新疆地矿局综合计划处	副处长
259	陈新远	新疆地矿局办公室	主任/科员
260	李香仁	新疆宝凯有色矿业公司	董事长
261	张云龙	新疆深圳城有限公司	总经理
262	刘晓煌	武警黄金指挥部	地质处副处长

后　　记

科学技术是第一生产力。纵观历史，人类文明的每一次进步都是由重大科学发现和技术革命所引领和支撑的。进入 21 世纪，科学技术日益成为经济社会发展的主要驱动力。我们国家的发展必须以科学发展为主题，以加快转变经济发展方式为主线。而实现科学发展、加快转变经济发展方式，最根本的是要依靠科技的力量，最关键的是要大幅提高自主创新能力。党的十八大报告特别强调，科技创新是提高社会生产力和综合国力的重要支撑，必须摆在国家发展全局的核心位置，提出了实施"创新驱动发展战略"。

面对未来发展之重任，中国工程院将进一步加强国家工程科技思想库的建设，充分发挥院士和优秀专家的集体智慧，以前瞻性、战略性、宏观性思维开展学术交流与研讨，为国家战略决策提供科学思想和系统方案，以科学咨询支持科学决策，以科学决策引领科学发展。

工程院历来重视对前沿热点问题的研究及其与工程实践应用的结合。自 2000 年元月，中国工程院创办了中国工程科技论坛，旨在搭建学术性交流平台，组织院士专家就工程科技领域的热点、难点、重点问题聚而论道。十多年来，中国工程科技论坛以灵活多样的组织形式、和谐宽松的学术氛围，打造了一个百花齐放、百家争鸣的学术交流平台，在活跃学术思想、引领学科发展、服务科学决策等方面发挥着积极作用。

中国工程科技论坛已成为中国工程院乃至中国工程科技界的品牌学术活动。中国工程院学术与出版委员会将论坛有关报告汇编成书陆续出版，愿以此为实现美丽中国的永续发展贡献出自己的力量。

中国工程院

郑重声明

高等教育出版社依法对本书享有专有出版权。任何未经许可的复制、销售行为均违反《中华人民共和国著作权法》，其行为人将承担相应的民事责任和行政责任；构成犯罪的，将被依法追究刑事责任。为了维护市场秩序，保护读者的合法权益，避免读者误用盗版书造成不良后果，我社将配合行政执法部门和司法机关对违法犯罪的单位和个人进行严厉打击。社会各界人士如发现上述侵权行为，希望及时举报，本社将奖励举报有功人员。

反盗版举报电话　（010）58581999　58582371　58582488

反盗版举报传真　（010）82086060

反盗版举报邮箱　dd@hep.com.cn

通信地址　北京市西城区德外大街4号

　　　　　高等教育出版社法律事务与版权管理部

邮政编码　100120